天津市社科规划项目：企业家精神对家族企业战略转型的影响机理研究
（项目编号：TJGL18-002）

企业家精神驱动家族企业战略转型的机理研究

李艳双　于树江　著

燕山大学出版社

·秦皇岛·

图书在版编目（CIP）数据

企业家精神驱动家族企业战略转型的机理研究 / 李艳双，于树江著. —秦皇岛：燕山大学出版社，2023.1

ISBN 978-7-5761-0411-0

Ⅰ．①企… Ⅱ．①李… ②于… Ⅲ．①①家族－私营企业－企业战略－战略管理－研究－中国 Ⅳ．① F279.245

中国版本图书馆 CIP 数据核字（2022）第 213550 号

企业家精神驱动家族企业战略转型的机理研究

QIYEJIA JINGSHEN QUDONG JIAZU QIYE ZHANLÜE ZHUANXING DE JILI YANJIU

李艳双 于树江 著

出 版 人：陈 玉			
责任编辑：宋梦潇		策划编辑：宋梦潇	
责任印制：吴 波		封面设计：刘韦希	
出版发行：燕山大学出版社		电 话：0335-8387555	
地 址：河北省秦皇岛市河北大街西段 438 号		邮政编码：066004	
印 刷：涿州市般润文化传播有限公司		经 销：全国新华书店	

开 本：700mm×1000mm 1/16		印 张：13.75	
版 次：2023 年 1 月第 1 版		印 次：2023 年 1 月第 1 次印刷	
书 号：ISBN 978-7-5761-0411-0		字 数：230 千字	
定 价：55.00 元			

前　　言

在我国经济处于产业结构调整和升级的关键时期，家族企业作为我国市场的重要主体，普遍面临着战略转型问题，而企业家精神则是引领家族企业进行战略转型的主要驱动力，深刻地影响着我国经济和社会的发展。因此，探究企业家精神驱动家族企业战略转型的内在机理具有重要的理论与现实意义。

本书从产业转型、产品转型、区域转型三个战略转型维度出发，通过多案例研究和实证研究方法，重点探讨企业家精神和家族企业战略转型之间存在的影响机理。多案例研究方面，选取已经完成或正处于战略转型阶段的家族企业作为样本展开研究，围绕着企业的转型活动对案例企业的企业主、接班人或高管进行半结构化访谈，并通过企业官网、新闻报道、企业内部材料等途径获取二手材料，依据扎根理论数据编码技术对所收集的资料进行三级编码分析。实证研究方面，以上市家族企业为研究样本，利用SPSS统计分析软件进行描述性分析、相关性分析和回归分析，验证了企业家创新创业精神与家族企业战略转型的相关研究假设，并进一步分析了企业股权集中度对两者的调节作用。

本书通过对不同案例企业的实地访谈和编码处理，明晰了所研究家族企业的企业家精神内涵和构成，并将其划分为创新精神、创业精神、合作精神、担当精神、冒险精神、进取精神、探索精神、专业精神与学习精神等；基于动态能力的视角，建立了企业家精神驱动家族企业产业转型的影响机理模型；通过转型动因识别、转型规划设计、转型实现路径、转型实施保障四个阶段分析了企业家精神驱动产品转型的机理；从转型意愿产生、转型准备及转型实施三个阶段展开了企业家精神驱动区域转型的机理研究，并分析了企业家社会关系网络对区域转型的影响。

案例研究发现，企业家精神促进了家族企业的环境洞察能力、资源整合能力、变革更新能力和组织学习能力等动态能力的形成，而动态能力又影响着产业转型需求识别、产业转型战略制定、产业转型战略实施等产业转型的整个过程。企业家精神分别对转型动因识别、转型规划设计、转型实现路径、转型实施保障四个阶段产生影响，并主要通过产品结构创新和产品组合调整两条路径来实现产品转型。企业家精神不仅直接驱动了家族企业区域转型过程中转型意愿产生、转型准备及转型实施三个阶段的依次展开，而且还通过企业家社会关系网络对转型准备与转型实施产生了间接影响。

实证研究发现，企业家创新精神与产品转型呈显著的正相关关系，其与产业转型和区域转型的正相关关系未得到验证。企业家创业精神与企业产品转型和产业转型呈显著的正相关关系，而企业家创业精神中的风险倾向对于企业区域转型具有抑制作用。股权集中度在企业家创新精神与企业产品转型以及产业转型的关系中具有负向调节作用，在企业家创新精神与区域转型的关系中具有正向调节作用。股权集中度对企业家创业精神与家族企业战略转型的关系具有正向调节作用。

本书从企业家层面、企业层面、政府层面等分别提出了激发企业家精神以及促进家族企业顺利进行战略转型的对策建议。本研究深化了企业家精神与家族企业战略转型的相关研究，填补了研究缺口，将促进企业家、家族、企业及政府对企业家精神的重视，为家族企业推进战略转型提供参考和借鉴。

目　　录

第 4 章　企业家精神驱动家族企业产品转型的机理研究

第 5 章　企业家精神驱动家族企业区域转型的机理研究

第6章 企业家创新创业精神驱动家族企业战略转型的实证研究

第7章 结论与展望

第1章 绪　　论

1.1 研究背景

家族企业发展一直以来都是学术界和管理实践者关注的热点问题。目前中国正处于产业转型升级、经济结构调整、市场需求结构转变的经济转型期，中国家族企业普遍面临转型升级的压力。与此同时，在经历了40多年的发展历程后，我国大部分家族企业正处于代际传承的关键时期。因此，面对企业转型升级和代际传承的双重挑战，家族企业如何突破发展障碍、实现基业长青显得异常重要。

2017年9月25日，中共中央、国务院印发了《关于营造企业家健康成长环境 弘扬优秀企业家精神 更好发挥企业家作用的意见》，指出了企业家是经济活动的重要主体，肯定了企业家精神在企业发展乃至经济发展中的重要作用。2020年7月，习近平总书记在企业家座谈会上指出："企业家要带领企业战胜当前的困难，走向更辉煌的未来，就要弘扬企业家精神。"

中国共产党第十九次全国代表大会宣告了一个新时代的到来。企业家精神，特别是创新创业精神，已经成为一种新趋势，在经济发展中日益成为社会各界共同关注的焦点，被认为是促进就业扩张和推动经济增长的重要动力，是我国未来经济发展的战略支撑[1]。当前，家族企业的发展处于我国转变经济发展方式的关键时期，企业若想避免经营动荡保持基业长青，就需要不断实施战略转型以保持企业核心竞争力。战略转型是企业提高组织绩效、实现可持续发展的压舱石。

企业家和企业家精神日益成为社会各界共同关注的焦点，被认为是促进经济增长与推动社会进步的引擎与动力[2]。随着我国经济步入新常态，互联网、物联网、人工智能等高科技技术的迅速发展，为家族企业带来许多发展机遇。

但与此同时，外部环境的日益复杂化和动态化，也为家族企业带来了诸多威胁，并且当家族企业成长到一定阶段时便会面临成长极限的问题，"富不过三代"的现象时有发生。为了应对生存挑战，突破成长极限，保障自身的可持续发展，家族企业需适时进行产业转型、产品转型、区域转型等相应的战略调整。

产业转型是企业应对环境变化，为实现企业持续成长所选择的重要战略，也被视为家族企业跨代创业的手段之一[3]。当下，越来越多的家族企业试图通过产业转型突破原有的行业界限，寻求新的经济增长点和发展空间，这是家族企业实现转型升级的一种重要方式和路径，也是家族企业实现持续成长的重要选择。

随着市场分工越来越精细化，家族企业仅靠家族自身资源的经营模式越来越无法满足市场发展的需要[4]。与此同时，数字化浪潮的来袭，让企业生命周期、产品迭代都以空前的速度缩短，企业正面临着快速的技术变革与前所未有的全球竞争[5]。为了"活下去"和更好地发展，家族企业需在传统的产品经营方式上，顺应消费者的购物习惯。因此，产品转型势在必行。

区域转型是企业战略转型的一个重要方面，也是家族企业发展过程中的一种常见现象。大多企业在初创时期，都是以单一经营公司服务于公司所在地或周边地区市场。随着业务不断增长，实力不断增强，企业便开始将发展目光投向国内其他地区或国外市场，通过区域转型来获取重要的战略资源，开拓新的市场，建立新的客户关系[6]。

回顾现有文献可发现，已有研究对于企业家精神与家族企业产业转型两者间的关系探讨不足。大多数学者研究发现企业家社会资本、企业家认知等因素显著影响了企业跨行业并购、涉入新行业等行为[7]。也有部分学者从代际传承的视角将产业转型视为家族企业跨代创业的一种手段，认为家族二代不同的成长经历、价值观的差异、权威合法性的构建会促使家族企业实施产业转型战略[8-10]。而至于内在的企业家精神却较少有研究涉及。回顾现有研究可以发现，企业家精神、动态能力和产业转型之间存在影响关系，但对它们之间的具体影响机制尚未进行深入的探究，因而难以获取企业家精神促进企业产业转型的有效路径。

目前学者针对企业家精神与企业产品转型主要集中在替代变量的选择和理论综述类的定量研究。此外，部分学者从家族企业代际接班的视角探究了企业家的成长经历、价值观差异等因素对家族企业产品转型的推动作用。这些研究主要是从企业家个人特征角度对影响企业产品转型的因素进行了论证,至于家族企业的企业家精神对于企业产品转型的内在影响机理却很少探究。

已有研究表明企业家精神与企业区域转型两者密不可分,企业家精神是推动企业进行区域拓展的最重要因素之一。国内长期以来一直将研究重点放在企业家精神对企业国际化的影响上,然而探索国际化市场只是企业区域转型的一部分内容,从战略层面探究企业跨省、跨市等区域扩张行为的研究则比较少见,深入探析企业家精神驱动企业区域转型内在机理的研究更是十分匮乏。

企业家精神具有动态性,其内涵及构成会随着时代的变化而发生变化,并且家族企业企业家精神的形成与家族状况密切相关[10],家族企业企业家精神因深受家族因素的影响而呈现出与非家族企业企业家精神不同的内涵与构成,这将导致家族企业的战略决策等行为不同于非家族企业,因而,家族企业的企业家精神驱动企业进行产业、产品、区域转型的内在机理也是不同于非家族企业的。那么,在当今时代背景下,家族企业企业家精神的新内涵及构成是怎样的,企业家精神究竟是如何驱动家族企业进行战略转型的,其内在机理是怎样的,企业家创新创业精神具体包括哪些维度,其分别对家族企业战略转型中不同类型的转型存在怎样的影响?对这些问题进行探究不仅可以丰富相关领域的研究成果,而且对我国家族企业的管理实践也有着重要的参考价值。

1.2 研究意义

本书将理论问题与现实问题相结合,同时采用案例研究方法和实证研究方法,探究家族企业的企业家精神驱动家族企业战略转型的机理,具有理论和实践意义,具体表现如下。

1.2.1 理论意义

第一,家族企业作为一种特殊的企业组织类型,因受家族特色的影响,家族企业企业家精神的内涵和构成势必与其他企业组织类型有不同之处,亟须进入家族企业一线展开更深入的探究。第二,现有学者研究证明企业家精神与企业战略转型两者密不可分,企业家精神是企业战略转型的重要前提,但对其内在影响机理和战略转型路径却少有涉及,本书将通过扎根理论数据编码技术分析并识别家族企业企业家精神的内涵和特征,构建家族企业企业家精神驱动企业战略转型的影响机理模型，探索家族企业战略转型的具体路径，并通过实证研究方法，以上市家族企业为样本，探讨企业家创新创业精神与企业战略转型的关联关系，研究成果将细化和深化现有的关于企业家精神和家族企业战略转型的相关研究，为家族企业战略转型提供理论依据。

1.2.2 实践意义

第一，本书立足于中国情景，基于多案例研究方法提炼总结家族企业企业家精神的内涵和构成，全面透彻地分析家族企业企业家精神对企业产业、产品、区域转型的影响作用，并通过实证研究方法进一步验证企业家精神与战略转型的关系，研究成果可以为政府培育优秀的企业家提供有利抓手，也有助于家族企业主了解并重视家族企业企业家精神的培育与传承。第二，面对互联网时代和人工智能的冲击，我国目前正处于产业结构调整、经济转型升级的关键时期，我国大多数的家族企业同时面临转型升级和代际传承的双重压力，而战略转型作为家族企业突破发展障碍、实现基业长青的重要战略选择，本书将为家族企业实施产业、产品、区域等战略转型提供借鉴与参考，有助于家族企业寻找新的经济增长点和发展空间，进而实现企业的可持续成长。

1.3 研究内容与结构安排

本书以完成或正处于战略转型阶段的家族企业为研究对象，选取多家案例企业，通过扎根理论数据编码技术，针对企业家精神对家族企业战略转型的影响作用展开研究，并建立相关理论模型。本书还以上市家族企业为样本，实证探究企业家创新创业精神与战略转型的关系。本书的具体结构安排如下。

第一部分：绪论。本部分首先对研究的选题背景进行介绍，分别阐述了在理论与实践两个层面的研究意义。本书以在企业经营发展过程中正在进行或实现了战略转型的中国家族企业为研究样本，以企业家精神对家族企业战略转型的影响作用为主要研究内容。通过文献研究法、多案例研究法、扎根理论数据分析法和实证研究法构建相关的理论框架，验证相关的关系假设。

第二部分：文献综述。本部分主要围绕家族企业企业家精神、产业转型、产品转型、区域转型等领域的相关研究，以及对企业家精神与企业战略转型之间的影响机制进行综述。通过对国内外相关文献的查阅和整理，基于相关领域的研究现状，从概念、类型、构成维度等多个角度对相关理论进行文献评述，为后续研究工作的展开提供支撑。

第三部分：企业家精神驱动家族企业产业转型的机理研究。基于现有的文献综述和相关理论，以正在推行或已经完成产业转型的家族企业为研究对象，采用扎根理论数据编码技术对访谈数据和二手资料进行编码分析，基于案例数据编码结果，探究企业家精神驱动家族企业产业转型的内在机理，并构建相关理论模型。

第四部分：企业家精神驱动家族企业产品转型的机理研究。基于多案例研究方法和扎根理论数据编码技术，分析企业家精神驱动家族企业产品转型的内在机理并构建理论模型。

第五部分：企业家精神驱动家族企业区域转型的机理研究。以已完成或正在进行国内区域扩张或国外区域扩张的典型家族企业为研究对象，同样采用多案例研究方法，对企业家精神驱动家族企业区域转型的相关资料进行编码分析，探究其内在机理，构建出相关理论模型。

第六部分：企业家创新创业精神驱动家族企业战略转型的实证研究。以上市家族企业为样本，结合家族企业的特殊性，将企业家精神的研究维度划分为创新精神和创业精神，从产业转型、产品转型和区域转型三方面来综合衡量家族企业战略转型，以此来探究不同维度的企业家精神如何影响我国家族企业的战略转型。

第七部分：结论与展望。本部分总结案例研究和实证研究的结果，从不同的角度和方面，对家族企业企业家精神的培育，家族企业产业转型、产品转型、区域转型等战略转型的实施，提出可供借鉴和参考的研究结论。同时阐述本书的不足和需要改进的地方，提出对未来研究的展望。

1.4 研究方法

根据研究内容，本书选用文献研究法、多案例研究法、扎根理论数据编码技术和实证研究法相结合的方法来展开相关研究。

1.4.1 文献研究法

通过查阅和整理与研究主题有关的参考文献，掌握与研究主题相关的背景和现状，系统分析现有关于家族企业的研究理论，梳理总结现有关于企业家精神与企业战略转型关系的研究成果，初步构建企业家精神驱动家族企业战略转型的理论模型，设计多案例研究部分的访谈提纲，提出实证研究部分的关系假设，为后续研究奠定坚实的理论基础。

1.4.2 案例研究法

案例研究的目的是探索建立新的理论和模型，目前已经被普遍应用于研究中。作为一种研究方法，案例研究主要用于探讨某种单一情境下的动态变化的过程，寻找现象背后的作用机制。案例研究法最适合研究"为什么"和"怎么样"的问题，通过从现有理论中挖掘新的研究视角，选取典型案例企业以寻找理论突破口，建立新的理论[11]。本书采用归纳式多案例研究方法构建理论框架，寻找家族企业企业家精神和企业战略转型关系背后的"怎么样"证据。同时，多案例研究有助于提升研究的信度和效度[12]。目前，越来越多的学者开始关注家族企业的成长问题，由于家族企业战略转型的研究还处于刚刚兴起的阶段，因此探索家族企业企业家精神与企业战略转型关系机制适宜采用案例研究的方法。

1.4.3 扎根理论数据编码技术

在数据处理阶段采用程序化扎根理论的数据编码技术，借助 Nvivo 软件对整理后的案例资料进行扎根分析，对原始资料语句逐层概括并归纳核心概念，不断提炼出范畴和主范畴，进而形成理论模型。编码是对案例资料进行分解、概念化和重新排列的过程，其中开放式编码是对案例访谈的原始资料进行逐行编码以形成概念，并且明晰概念与概念之间的关系，进而提炼出初始范畴；主轴式编码是在前一阶段编码结果的基础上进一步凝练总结主范畴，并且将不同的范畴予以联系；选择式编码是从主范畴和其他范畴中提炼核心范畴，将其与其他范畴系统地联系起来，形成新理论的过程。其具体研究流程如图1.1所示。这三个编码过程之间是一个迭代往返、相互嵌套的过程。

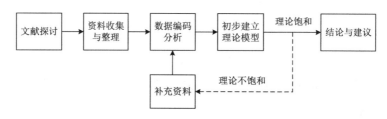

图 1.1 扎根理论研究流程图

1.4.4 实证研究法

在阅读大量企业家精神和企业战略转型相关文献的基础上，提出基本假设。搜集有关上市家族企业的相关数据，利用统计学计量方法，对所选取的家族企业样本数据进行实证研究。对企业家精神和战略转型的相关数据，进行描述性统计分析、相关性分析、回归分析，明确在家族企业中企业家精神对企业战略转型的影响机制。

参考文献

[1] 蔡跃洲 . "互联网 +" 行动的创新创业机遇与挑战——技术革命及技术经济范式视角的分析 [J]. 求是学刊，2016，43（3）：43-52.

[2] 范立东，刘丰硕 . 企业家精神对东北地区经济高质量影响的实证分析 [J]. 工业技术经济，2021，40（2）：119-129.

[3] 吴炯，李保杰 . 家族企业接班者的政治关联、人力资本与跨代创业行为 [J]. 管理学报，2015，12（11）：1638-1645.

[4] 陈建林，贺凯艳 . 家族企业管理模式异质性对创新的影响——家族企业创新研究的争论与整合 [J]. 软科学，2021，35（6）：58-62，75.

[5] 陈春花，朱丽，钟皓，等 . 中国企业数字化生存管理实践视角的创新研究 [J]. 管理科学学报，2019，22（10）：1-8.

[6] 朱晓阁 . 中国制造企业业务拓展路径选择及驱动因素研究——针对珠江钢琴的案例分析 [J]. 中山大学研究生学刊（人文社会科学版），2016，37（3）：122-144.

[7] 熊彼特 . 经济发展理论 [M]. 北京：商务印书馆，1990：1-306.

[8] 宋玉禄，陈欣 . 新时代企业家精神与企业价值——基于战略决策和创新效率提升视角 [J]. 华东经济管理，2020，34（4）：108-119.

[9] SCOTT S, VENKATARAMAN S. The promise of entrepreneurship as a field of research[J]. Academy of Management Review, 2000, 25(1):217-226.

[10] ZAHRA S A. Entrepreneurial risk taking in family firms[J]. Family Business Review, 2005, 18(1): 23-40.

[11] YIN R K. Case study research: design and methods[M]. 5th ed. Thousand Oaks: Sage Periodicals Press, 2014:1-205.

[12] 苏敬勤，张雁鸣，林菁菁 . 新兴国家企业选择专业化战略的情境识别及机制探讨——基于深圳企业的多案例研究 [J]. 管理评论，2020，32（1），309-323.

第2章 国内外研究现状

2.1 企业家精神相关研究

有关企业家精神的研究由来已久，企业家精神的概念是由 Knight 率先提出来的，他认为企业家精神是企业家个人价值观、才华与能力的体现 [1]。随着社会生产力的不断发展与提高，学者们对企业家精神概念的理解逐渐深化，使得企业家精神这一概念被赋予了更多的含义。通过梳理国内外学术界关于企业家精神的相关文献，本书从如下三个视角对企业家精神内涵进行系统归纳。

2.1.1 个体特性

从个体特性的角度出发，学者分析了企业家个体的成长经历、教育背景以及制度背景等因素，并对它们予以提炼上升为企业家群体的共同特质，即企业家精神。Marshall[2] 率先指出，企业家精神就是企业家身上机智勇敢、严谨、独立、果断、坚定、敏锐、进取、追求卓越的品质。何小钢同样认为企业家精神是企业家的个人特质，这种特质除了包含自主、进取、敏锐的洞察力之外，还包含了企业家对权力与理想的追求 [3]。McClelland 等 [4] 学者针对企业家的特质展开深入研究，他们认为企业家所具备的高风险取向、成就需求、高自控能力等特质就是企业家精神。国内学者梁洪学 [5] 根据企业家的职能和特征，将企业家精神概括总结为使命精神、创新精神、冒险精神、敬业精神、合作精神、执着与坚守精神。潘健平等 [6] 认为企业家精神表现为企业家的判断力、警觉能力、风险承担与应对不确定性等能力。白少君等 [7] 基于前人的研究成果将企业家精神归纳为创新精神、合作精神、冒险精神以及一些包括包容理解他人、适应动态环境、讲究社会伦理等在内的特质。韩文龙 [8] 认为企业家精神是企业家精神特质的组合，其以创新精神为核心，并包括了企业家对待风险的态度、智商、自信以及受挫能力等。

2.1.2 行为特性

基于行为特性的企业家精神内涵的研究，即通过研究企业家应该有哪些行为来界定企业家精神的内涵，并将这些企业家的个体行为提炼总结为企业家精神。创新理论提出者熊彼得[9]认为企业家精神是一种创造性的破坏行为。而Peter F. Drucker[10]则认为企业家精神是具有实践性的革新行为，这种行为能够赋予现有资源创造新财富的能力，能够为企业创造出独特的新事物，开创新的市场和顾客群。Pitt[11]认为单纯地从企业家人格特质的角度研究企业家精神是远远不够的，也应该从企业家行为的角度进行研究，其研究发现企业家精神包括对不确定性的容忍度、内部控制性以及承担风险的倾向等行为。Sharma 等[12]认为企业家精神包括企业内部创新、创建新组织与更新组织的活动。Oviatt 等[13]则认为企业家精神实际上就是企业寻找市场机会、挖掘市场资源、辨识市场风险、审时度势地推动组织变革、勇于冒险和创新的行为集合体。刘现伟[14]认为个体企业家是个人层面企业家精神的研究起点，集中体现为企业家个体特质、企业家个体精神要素及其在进行创业时表现出的行为等。李军等[15]认为企业家精神是指企业家在经营管理企业过程中所拥有的信念、价值追求以及持续的创新精神和创造能力。

2.1.3 与环境相结合的企业家精神

随着企业所处的外部环境日益复杂，企业家受环境变化的影响也逐渐增大，因此，开始有学者认识到需要在动态变化的市场环境下研究企业家精神的内涵，这也说明企业家精神具有动态变化性。Patrick 等[16]指出随着时代的发展企业家精神的内涵不断变化，新时代的企业家精神应该融入伦理维度，即合作精神和济世精神，而这明显促进了企业履行社会责任。李兰等[17]指出企业家在动态变化的环境中不断实现自我超越和发展，因此随着企业家层次的不断提升，企业家精神也被赋予新的时代内涵。李政[18]进一步指出新时代企业家精神反映经济社会发展新要求，不仅包含创新精神和创业精神，还包括担当精神、工匠精神、诚信精神等。

综上所述，从目前国内外学者针对企业家精神的研究成果来看，笔者认为企业家精神是一个包含创新精神、创业精神、担当精神等在内的多维度概念，综合体现了企业家的个人特性和行为方式受社会环境和经济环境的影响，并随着时代发展和企业成长阶段的演进不断发生变化，以适应时代的发展要求。

2.2 企业家创新创业精神的相关研究

2.2.1 创新精神

关于企业家创新精神（Creative Spirit）在经济发展中的作用，学界已达成广泛共识，但对其内涵的理解却大相径庭。熊彼特"创造性破坏"思想的核心，是企业家创新精神的源泉，是继土地、劳动力、资本之后的第四大核心生产要素，是经济增长和社会发展的主要动力之一。他认为创新精神是企业家精神的核心，是实现新组合的动力，是驱动和激发包括企业家创新能力在内的多项能力的内在意识[19]。在此基础上，Kirzner 提出创新精神是行动者对以前没有发现的机会的独特敏感性。此后，这两种观点被应用于创业创新精神的研究[20]。Cunningham[21] 认为，创新精神是指运用创新的战略措施，开拓新的市场空间，利用新的技术资源，开发新的产品和服务，以获取更多的利润。Dess[22] 认为，创新精神是指企业将全部资源和精力，集中在新产品开发和技术创新活动上的过程。

著名管理学家 Peter F. Drucke 通过分析企业家所做事情的组合而最终得出企业家精神就是不断创新的精神，他提出了七种创新机会来源，即突发事件、不协调事件、成就需求、行业和市场结构、人口数据、认知变化、新知识，并将这些具体来源视为系统创新和创业管理的中心。国内学者许秋红采用创新活动、创新意识、创新机会来综合界定企业家的创新精神[23]。孙慧琳将企业家创新精神的核心要素分为四个维度，分别从组织、战略、柔性和经营四个方面来衡量创新[24]。王洪岩认为，所谓创新精神，源于科学精神和科学思想的某些特征，如创新意识、创新思维、创新勇气等[25]。

企业家创新精神作为学界探讨的热门主题，学者从理论和实践出发，探索了影响创新精神的因素。除了社会资本以外，从股权集中度、治理结构和相关激励机制等制度因素方面[26]，有学者认为，控制家族内部冲突较少，良好的控股权设计和公司治理，有利于企业家创新精神的发展。从外部资源、内部学习、组织特征、企业家认知等方面，Kellermanns 和 Eddleston[27] 认为，家族企业的第二代成员是家族企业的合法继承人，他们的能力禀赋，如知识、经验、价值观等，会给家族企业带来新的变革机会，有利于优秀管理模式的实施和创新。能力禀赋的差异使他们能够从不同的角度看待问题，并提出创新的问题解

决方案 [28]。

综合来看，针对家族企业的创新精神，学者已经进行了较为全面的探讨，影响企业家创新精神形成和发展的因素可从内外部两方面因素考虑，外部因素如制度环境，内部因素如家族主义、利他主义、社会情感财富、家族管理者特征等。

2.2.2 创业精神

著名经济学家熊彼特认为，创业精神（Entrepreneurship）是创新精神创造性地破坏了旧的平衡体系，创业精神以创新为核心，企业的创新创业活动是长期经济周期变化的驱动力。Peter F. Drucker 认为，创业精神含四个创业型策略：孤注一掷、攻坚克弱、占据生存利益及改变价值与特征，这些方面也被认为是引入市场的可行性方法。在传统经济学研究中，创新创业的概念十分广泛，是指一切能够改变资源使用效率的行为，而实施这类行为的主体被称为企业家 [29]。

早期创业精神文献研究基于心理学理论，对创业精神的研究，从对个体一般特质的关注到对一般特质论中只与创业精神有关的具体主观性研究的关注和对个体与环境互动的关注，从而将创新创业看成一个可管理的行为过程。Child 基于实践角度界定并提出，创业精神体现在创业实践中，是其中的文化要素、决策方法和管理方法。然而，一些学者认为，创业精神不仅仅是一个文化和心理过程 [30]，是一种新创事业初起、成长并发展的动力源泉 [31]，也是积极追求持续成功的行为状态。将创业精神划分为进取、成长、创新和责任导向四个维度 [32]，认为其包含奋进、创新、自强及承担精神。在此基础上，胡益鸣将创业精神概括为敢于冒险、工作进取心强、容易冲动、自信果断等要素 [33]，为深化创业精神的内涵研究奠定了理论根基。

目前关于创业精神影响因素研究主要表现在个体层面、环境层面和综合层面。在个体层面，Ling 和 Kellermanns 认为，企业家受教育程度越高，越可能通过收集整理新颖复杂的信息，来影响家族企业的创新活动和创业意图，个体拥有的显性资源和隐形资源均会对创业精神产生不同程度的影响 [34]。在环境方面，Hauck 和 Prügl 提出，家庭适应性强、家庭成员和企业的亲密度高，则家族企业的创业机会多，然而，代际权威和家族史与创业机会的关系则相反 [35]。另外，经济、文化及制度环境对企业家创业精神的作用研究也呈现出显著的相关关系，研究表明，对创业失败容忍度低的文化环境，降低了行为主体从事创业活动的倾向，拥有宽松的创业氛围有利于企业家激发创业精神。在综合方面，Gartner 将创业精神影响因素划分为个体、过程、组织和环境四维度模型[36]。Sahlman 建立了四要素框架，内含个体、机遇、环境和交易。Timmons 构建了三驱动力模型，将环境因素搭建为由不同要素组成的创业活动载体，承载着创业的机会、团队及资源。

2.3 家族企业企业家精神相关研究

企业家精神存在于各种类型的企业之中。企业家精神是否存在与企业所有制性质没有关系，但是在不同类型企业中企业家精神也存在一定差别。因此，学者围绕家族企业这一特殊组织形态对其企业家精神展开了相关研究。窦军生等[37] 学者指出创业精神、冒险精神、开拓精神、敬业精神、合作精神构成了家族企业的企业家精神。涂玉龙[38] 认为家族企业企业家精神也包含创业精神、创新精神，只不过与非家族企业相比，增加了中国传统家文化的"以和为贵"的合作精神和学习精神。宋玉禄等[39] 学者利用主成分分析法提炼了新时代企业家精神的构成要素，认为其包括经营精神、战略决策精神和创新创业精神。

当前，我国家族企业正处于代际更替的关键时期，能否成功实现代际传承关乎着家族企业是否能够持续经营，而顺利完成代际传承的重要前提是家族企业内部关键核心要素的保留和传承。对于家族企业代际传承核心要素的认识，学术界和实践界实现了由企业经营权、所有权的传承转向隐性知识的继承与发展，其中企业家精神是隐性知识的重要组成部分，企业家精神的顺利传承和发展是家族企业实现长期经营的关键，这已经得到学术界和实践界的广泛认可。李新春等[40] 指出家族创始人的企业家精神和知识会对家族二代企业家有较大的影响，主要是对继任者的企业家精神以及他们对创业所持的态度产生影响，但继任者的企业家精神同时也受其海外求学经历及其他个人经历的影响。

与非家族企业相比，家族企业企业家精神也关注管理技巧和精神追求，因此，它们在内涵上并无太大差异。但是从社会学角度来讲，作为一个文化伦理组织，家族企业的企业主肩负着家族和企业共同发展的责任和使命，使得家族企业企业家精神深受家族影响。与此同时，企业家精神具有动态变化的特征，因此在不同的时代背景下企业家精神内涵与构成必定有所不同，但是现有研究对新时代背景下中国家族企业企业家精神的内涵与构成的研究还略显不足，有待进一步深入。

2.3.1 家族企业企业家精神的内涵

近年来，越来越多的学者关注到企业家精神在促进企业成长与发展方面的重要作用，关于企业家精神的研究日益增多。不同时期、不同学派的学者对企业家精神的内涵及构成进行了探讨与解释，企业家精神的内涵及构成得到了丰富和扩充，并有学者开始聚焦于家族企业，对家族企业企业家精神的内涵及构成进行了探讨。

部分学者关注到，相对于一般企业来说，由于深受家族基因与环境的影响，家族企业企业家精神的内涵可能具有一定的家族企业特征。有学者综合了企业家特质与企业家行为，提出家族企业企业家精神是家族企业内发生在企业管理层面的企业家态度和活动[43]。还有学者认为企业家精神综合体现出了企业家这个特殊群体所共同秉持的性格特质、行为特征、思想品格以及价值取向[44-45]，而家族企业企业家精神呈现出的则是家族企业中企业家所共通的思想品质、行为特征以及价值观念。

2.3.2 家族企业企业家精神的构成

部分学者围绕家族企业这一主体对企业家精神的构成进行了分析。王奇和吴秋明[46]运用扎根理论探究出企业家精神和家族使命是家族企业 DNA 模型的双螺旋，并指出企业家精神包括价值观、冒险精神和创新精神等三个层面。窦军生和贾生华[47]通过内容分析法分析得出家族企业企业家精神包含开拓精神、创业精神、敬业精神、冒险精神以及合作精神等五个维度。

从目前企业家精神的研究成果来看，国内外学者对企业家精神的构成提出了各自的观点，但这些观点尚未统一。由于企业家精神具有一定的动态变化性，不同时代背景下企业家精神的构成要素可能是不同的。然而，目前立足于新时代背景下探究中国家族企业企业家精神构成的研究处于初步探索阶段，有待进一步深入。

2.4 企业战略转型的相关研究

当今社会经济日新月异，市场竞争日益激烈，环境变化日益复杂，为了不断适应企业内外条件转变的要求，谋求自身的生存和发展，我国企业面临诸多机遇和挑战，推进企业战略转型非常重要，这也受到理论界和实务界的高度重视[49]。国外学者对战略转型（Strategic Transformation）的内涵从多个角度给出定义，Ansoff[50] 最先界定战略转型的含义时，认为战略转型在企业发展中不断调整和升级，表现为经营产品的升级及主营业务的变化。Hambrick 认为战略转型与环境的平衡关系发生了改变，需重新协调战略转型和与环境的动态过程[51]。基于此，Ginsberg 不断丰富战略转型的界定含义，提出其是企业持续适应外部环境变化的过程，企业根据外部经济和市场动态的变化，调整自身经营战略和发展方向的过程[52]。企业战略转型是企业静态、动态要素与外部环境变化的协调，其中，企业构造、企业资源和核心竞争力的企业静态要素，与管理者认知和决定的企业动态要素合称为企业战略要素[53]。因此，战略转型被认为是企业应对内外条件变化，作出切合时宜的正确决定，它是企业构造、管理模式和范围的变革。

内外部动因是研究企业战略转型实施和发展的基石。外部环境中的经济、制度和科技创新，通过转变企业的发展路径，或者影响消费者的生活和消费方式，导致企业陷入动态发展失衡的危机，企业不得已调整文化、架构和发展方向，以应对失去平衡的局面。然而，Gersick 认为，外部条件变化只是催生企业实施转型的意向，真正促使企业实施转型的是管理层战略理念。如遇企业外部条件发生积极转变，企业实施新产业拓展的意愿更强。由此可知，外部动因促使企业产生自救式战略转型的意愿，内部动因和外部动因的持续发展，导致企业战略转型的实施和发展[54]。

家族企业战略转型的具体形式包括在市场上拓展新业务、实施国际化，在原有产业的基础上发展产业多元化，或完全退出原有产业或进入新产业。大致可分为多元化转型和跨行业转型[55]。在实践中，战略转型可从转型时机、转型形式、实施路径、程度及方向等方面进行类型划分（见表 2.1）。此外，按照涉及的领域划分，有学者认为家族企业转型多表现为产品、产业和地域转型[54, 56-57]。综合现有研究划分，本书从产业转型、产品转型和区域转型三个视角对战略转型进行研究。

表 2.1 企业战略转型的类型

代表学者	划分依据	划分类别
Tushman	转型时机	前瞻性转型和危机性转型
Ginsberg	转型形式	内容转型和决策程序转型
Boeker	实施路径	自上而下和自下而上

（续表）

代表学者	划分依据	划分类别
王巍	转型程度	一阶变革和二阶变革
薛有志	转型程度和方向	激进型、渐进型、侵蚀型和结构型
郭勇峰	企业绩效和未来环境变化	前瞻式、反应式、转型过度和转型陷阱
王霄	转型行为	企业国际化、营销战略变革和研究与开发
Coulson Sebastian	涉及领域	产业转型、产品转型和地域转型

2.4.1 企业产业转型研究综述

1. 企业产业转型的内涵

近年来，企业转型成为战略管理和变革管理领域的热点问题。从内容上看，企业转型由企业的产业转型、组织转型、区域转型等构成。其中，企业的产业转型具有核心和先导作用[58]。20 世纪 90 年代以来，企业产业转型的研究逐渐得到重视，产业转型是指企业为了适应外部环境的变化，调整企业经营范围或业务领域，以提高企业绩效、实现持续成长的行为过程。因此，为了获取持续竞争优势，企业应适时对所处行业环境的变化作出响应，及时地进行产业转型。

产业转型作为公司层战略转型的表现形式，是指企业根据发展需要选择进入或退出哪些行业，包括企业决定进入何种新产业，进入或退出的方式，以及怎样将有限资源合理分配到企业所涉及的业务或产业[59]。段利[60]指出产业转型是指由于企业所在产业的发展前景不乐观，企业决定将经营重心由原产业转向新的产业，企业有可能彻底从原产业中退出并且进入新的产业，也可能是继续维持原产业，实行多元化经营。吴利华[61]认为产业转型战略也被称为行业性战略转移，是企业立足于长期发展需求，调整企业的经营发展方向、经营目标、经营范围，将企业资源投向新的行业，并且希望通过进入新的行业以获取更多的收益。

2. 企业产业转型的动因

从企业层面来看，产业转型是企业受内外部环境共同作用的影响而采取的一种重要的战略行为，是企业立足于自身发展的需要，目的是保持市场竞争优势、实现企业持续发展。通过整理国内外学术界关于产业转型的研究，本书从环境层面、组织层面、个体层面对企业产业转型的动因进行归纳总结。

Prahalad[62] 认为随着全球竞争日益激烈、技术变化的不确定性增大和经济结构的不连续变化，企业为了生存需要进行产业转型。王吉发等[63] 研究指出如果企业所处行业属于衰退行业，那么企业的发展前景将会一片黯淡，在这种状况下企业迫不得已地进行产业转型，挖掘新的盈利增长点，进而使得企业"涅槃重生"。康凌翔等[64] 研究指出市场机制中的激励机制和风险机制同时影响了企业产业转型的行为。陈抗等[65] 指出企业产业转型可能是由危机所迫、机会诱导或能力驱动，他们将企业产业转型的动因归纳为新兴产业的吸引力、所处产业环境渐趋严峻、企业原有的能力资源加速贬值。

Teece[66] 认为企业资源中的财务资源存量对产业转型具有影响作用，企业的财务资源可分为外部资金和内部资金。一般而言，当企业内部资金的存量较大时企业更愿意实施产业转型战略，它们会选择涉入一些发展前景广阔或利润率高的行业，拓展企业利润增长点。孔伟杰[67] 也同样指出大型企业由于具备雄厚的资金实力和技术积累，他们对产业转型具有浓厚兴趣，希望通过延伸上下游产业以完善企业纵向一体化进程。赖伟等[68] 学者尝试将主观条件和客观条件结合起来，针对中国上市公司这一群体，研究它们进行产业转型的动因，其研究结果表明企业经营风险、经营绩效、股权结构、所在行业的经营状况等因素对企业产业转型具有显著影响。Shelley[69] 研究指出当企业的主营业务面临的市场环境变化较为剧烈的时候，企业往往会实施业务转型战略。但是当企业的主营业务面临的市场环境良好稳定时，企业往往较少实施业务转型战略，他还发现企业主营业务绩效低、高管人员变更等内在因素显著促进企业进行转型行为。

此外，考虑家族企业的特殊性，部分学者进一步围绕着家族企业产业转型进行了研究。Gu 等[70] 基于社会情感财富考察了家族企业进入新产业的战略选择，指出选择进入新产业是家族企业主响应对不同 SEW 方面的追求。Sieger[71] 认为，家族接班人在刚进入家族企业时，往往面临权威合法性不足的问题，即"少主难以服众"的尴尬局面，在这种状况下，相较于继承父辈的原有产业，更多的接班人会选择进入新的领域[72-73]，实施产业转型。郭超通过对已经完成代际传承的上市家族企业的研究，发现家族两辈人之间价值观的差异性会促使家族接班人作出企业实施产业转型的决策[74]。孙秀峰等[75] 指出受产业转型升级的影响，家族企业接班人不愿仅固守家族的原有产业，他们更加主动地展开创新活动，驱动企业进行业务多元化调整。

2.4.2 企业产品转型研究综述

1. 企业产品转型的内涵

新时代背景下，产品的覆盖面不断丰富、功能创新持续提速、推广策略也愈加多元，"产品"这一概念正在被重新定义[76]。产品转型与企业战略转型相辅相成，李光金[77]在国外研究的基础上提出企业产品转型策略的实质就是企业的战略管理，需要根据企业所处行业的内外部环境及资源配置等方面进行产品转型战略的选择。Humphrey 和 Schmitz 认为企业产品转型是企业为提升产品的附加价值和市场竞争力而开展的活动，重点是获取专业的技术能力和市场渗透力[78]。例如，公司特定产品或市场策略的重新规划，包括产品多元化、服务化、智能化的变化以及企业竞争策略的改变等。胡令[79]以市场为导向，指出能满足消费者需求的产品是企业当前的发展方向，通过转变产品经营思维来增强产品的核心竞争力是当前的关键课题。

目前，国内外学者对企业产品转型的含义界定尚未统一。国外学者的主要观点是：产品转型是企业的产品和外部市场环境伴随时代的发展而出现的一种匹配差异性。差异的出现需要企业重新制定产品策略以适应相应新的市场需求，这是企业重新分配资源的过程[80]。Peter F. Drucker 强调有效完成产品创新是企业战略转型的重要管理任务之一[81]。由于用户需求的变化导致企业发展与市场不协调，产品转型势在必行。为了适应用户的新需求，企业必须通过产品转型来实现战略创新，产品转型的本质是在变革与稳定之间找到平衡点[82]。国内学者的主要观点是：产品转型是企业克服产业衰退、建立竞争优势、获得可持续增长能力的战略选择行为。这意味着企业的产品种类、资源配置、组织架构和运营模式都会发生根本性变化[83]。对家族企业而言，产品转型是在跨代继承中开发新的市场机会实现创业活动的一种表现[84]。家族两代企业家之间的价值观、年龄、教育背景以及知识的差异对产品创新和转型具有积极影响，丰富了家族企业产品战略转型的理论研究[85]。

综上所述，产品转型是企业战略转型的一种，笔者认为产品转型是企业面临内外部环境深刻复杂变化的情境下，基于企业自身资源的基础，企业家在市场中的最佳契合点选择产品进行转型，重新建立并维持核心竞争优势，最终实现产品的价值创造和企业的使命目标。产品创新与产品开发是产品转型的重要实现方式。

2. 企业产品转型的动因

通过梳理国内外学者研究成果发现，驱动家族企业产品转型的因素有很多，但从家族企业的视角来看，驱动其产品转型的影响因素可分为外部驱动因素和内部驱动因素。其中外部动因主要有消费者需求、市场竞争、信息革命与技术创新等因素。内部动因主要包括企业家的代际传承差异、家族企业资源和管理模式、企业家族涉入程度等因素。内外部因素的驱动不仅为企业带来了发展机遇，也带来了挑战。企业家在区分内外部环境的优势因素和劣势因素的过程中逐渐形成了企业家精神，产生对产品定位方向的调整、产品组合结构、产品生产运营环节等产品转型需求，基于企业优势进行企业资源的重新优化和配置，开始实施企业产品转型[86]。企业家在整个产品转型过程中发挥着重要作用，不仅是产品转型的倡导者，更是主导者。

从家族企业产品转型的外部动因来看，伴随着产业环境的日新月异、信息技术的不断变革和经济全球化的发展趋势，消费者对产品的需求日渐丰富，越来越多元化。企业若想长期健康地发展，就必须实时关注市场动态，尽可能满足消费者的需求。这就要求企业在提升自身实力、开发新市场的同时，也要兼顾产业价值链中的环节，共同为消费者新的需求带来市场价值[87]。George Foster[88]认为企业应主动创造能够激发消费者需求、不同于现有产品序列的新产品，为产品增加新功能或新类别，创造或满足消费者新的需求。不应局限于产品目前的经营模式，应加强新产品的研发和生产，及时推出客户最需要的产品与服务，才可抢占市场先机和制高点，在市场竞争中立于不败之地。

从家族企业产品转型的内部动因来看，郭超通过对中国上市家族企业样本的实证研究，表明家族两代人的不同价值观可以促进接班人继续带领企业转型和创业[74]。多数创始家族将代际传承看作企业战略变革、持续创业并带来创新发展的关键契机[89]。现有研究表明，家族企业接班人加入企业管理层后，他们身份是合法的，但并不表示他们因为身份就能够被其他家族成员认可[90]。大多数家族企业接班人都是在相对良好的环境中成长的，他们有着跳跃式的思维，渴望平等和独立[91]。由于其身份地位的特殊性，接班人在接管家族企业后，会引起公众的广泛关注。某种程度上，在社会舆论的激发下，家族企业接班人渴望成就的紧迫感更加强烈。此外，一旦家族企业接班人通过转型获得了成功，也会激发他们产生新的创新意愿，在满足他们自身成就需要的同时逐渐以一种循环上升的形式实现自身作为新一代企业家的价值[92]。为了成功接管企业，实现自身角色的合法性和权威性，建立并维护家族企业"基业长青"的发展愿景，家族企业接班人通常会开始考虑产品转型[93]。家族企业接班人与老一辈相比受教育程度更高，更加注重开放创新的战略思想。因此，由接班人接管家族企业将为企业带来更多的转型和创业机会[94]。新产品的开发与产品多元化转型的顺利实施有助于家族企业接班人构建自身权威合法性的同时获得广泛的社会认可[95]。

3. 企业产品转型的路径

企业产品转型的路径非常重要，不仅可以帮助企业适应市场环境的动态变化，也有助于企业通过战略变革实现基业长青的愿景。因此，企业产品转型的路径要慎重选择，促进企业在激烈的市场竞争中维持健康长久的发展。迄今为止，国内外学者对产品转型的路径选择尚未形成统一观点，多数研究依据产品转型的内容、程度及适应性等角度进行路径的划分。从产品转型的内容上可分为产品结构创新和产品组合调整；从转型程度上可分为渐进式产品转型和激进式产品转型；从转型适应性上分为被动性产品转型和前瞻性产品转型。本书从转型内容上将产品转型划分为产品结构创新化转型和产品组合多元化转型。

产品结构创新化转型是对现有的产品及技术产生创新性变革，企业追求进入全新的开发领域，往往伴随着较高的资金投入和更高的失败风险[96]。新产品的开发过程也是一个不断变革的过程。企业要根据消费者的市场需求更新产品序列，在不断丰富企业的产品种类的同时开发一些市场供应商较少但消费需求相对稳定的产品来适应市场变化。根据企业自身的实际情况，认清市场发展机遇和自身的优劣势，根据市场的设计需要和最新情况制定适合企业自身的转型路径，从而开发出满足市场需求的新产品[97]。例如，方太由原来的油烟机生产制造商转为高端嵌入式厨房电器的研发和制造，目前已集成厨具产品等多条产品线。产品组合的多元化转型是指不同产品在不同生命周期的不同组合策略，其实质是选择新产品并逐步取代旧产品的过程。换句话说，即以产品的选择和组合为载体来获取竞争优势，从而达到企业产品转型的目标[98]。例如，格兰仕融合智慧家居和先进的全产业链智能制造的优势，从微波炉制造企业向白色的综合性家电集团转变，目前已成为一家全球领先的综合性健康家电和智能方案服务供应商。

随着消费者消费水平的提高和消费需求的细化，单一的产品种类已经不能满足顾客的个性化需求，客户的需求已经从标准化向定制化和个性化转变[99]。Lin 和 Germain 认为挖掘用户需求是产品创新转型的关键因素，来自客户的有效信息有助于企业快速找到市场的外部需求和机会[100]。互联网使企业互动突破空间与时间的限制，为产品智能化和服务化转型提供了契机[101]。产品服务化是在产品组合中通过产品与服务的整合来满足消费者的个性化需求，提升制造企业的差异化竞争优势，传统的产品系统已逐渐向产品服务系统转变[102]。例如，国美电器正在实现从家电向"家生活"服务，即家电、家装、家具一体化转型，注重产品体验，激发消费者进行场景式消费。陈培祯等认为服务转型能够缩小企业与市场的距离，提高客户反馈质量和频率，从而有助于企业发现消费者的真实需求，推进产品转型顺利进行[103]。产品智能化是在战略上从"以生产为中心"转化为"以顾客为中心"，基于用户需求和体验，通过信息技术重塑和优化研发、采购、生产、管理、销售等业务链及价值链，满足用户个性化、定制化需求的同时又能大幅提高生产效率[104]。

2.4.3 企业区域转型研究综述

1. 企业区域转型的含义

区域转型是企业发展到一定阶段的必然要求，成长初期的企业由于资源与能力有限，最初的生产经营活动一般在原属地范围内进行。但企业原属地的生存空间具有一定的限制性，随着企业不断成长，企业规模在不断变大，企业所需的资源量也随之更多、更异质化，原属地的资源储备以及发展空间则难以满足企业发展的需要。为迎合发展需要，企业一般会通过由原属地扩张至其他区域市场的横向发展的整合方式来调整企业的活动空间，从而获取更丰富的资源和更广阔的成长空间[105]。

以往学者从多个角度对企业市场空间的变化活动进行了较为深入的研究，这为本书明确企业区域转型的含义提供了理论基础。例如，许多学者把企业在空间扩张的行为定义为跨区域扩张。Root[106]提出跨区域市场扩张是企业将产品、人员、技术等资源转至其他国家的行为，而进入模式则是一种制度安排。彭荣胜[107]指出企业跨区域扩张的本质是企业空间扩张，而企业空间扩张则是企业以充分获取与利用其他地区独特资源为目的而推动企业功能部门在更广阔的区域内成长并形成地区分工的活动过程，此活动过程有效推动了企业经济发展空间的扩张。从活动内容的角度来看，企业的空间扩张又可分为企业组织结构的空间扩张和销售市场的空间扩张；而从活动空间的角度来看，根据扩张的范围可以将企业空间扩张划分为同一国家内不同区域间的跨区域扩张和在不同国家之间进行的跨国扩张[105]。

还有许多学者从多元化角度分析企业的区域布局变化行为，他们认为空间多元化或区域多元化是企业区域扩张的结果，是企业实现跨区域发展的根本途径[108]。例如，Hitt[109]提出企业跨越空间的局限性，进行跨区域发展实际上就是进行区域多元化，是企业成长过程中具有重要意义的战略决策。王永健[110]认为地域多元化是指企业跨越其总部所在省份（直辖市、自治区），通过产品销售、新建、并购或合资的方式将产品或服务推广至国内其他地区的行为。而徐明霞[111]提出区域多元化的实质是企业发展壮大后在地理位置上超越了初创时的地理范围，且具有狭义与广义之分，狭义的区域多元化指的是企业在某一国家内的市场空间范围覆盖了不同的地理位置，而广义上的区域多元化则指的是企业的经营活动涉足多个国家的多个区域。诸多学者认为，从内容上讲，区域多元化是一种企业多元化战略[112]，是企业不断扩大市场区域范围的战略行为。根据扩张范围是否跨越国界，可以将企业区域多元化分成国内区域扩张和国际化区域扩张两种战略[113]。当专注于原属地经营的企业开始推行区域多元化战略时，企业便发生了战略转型，从转型内容方面来说，这种战略转型便是企业区域转型。

本书以战略转型为视角，将企业从专注于原属地市场经营转为开始进行空间扩张，由原来的单一化区域经营调整为多元化区域经营的这种战略活动归纳为企业在市场区域布局方面的一种战略转变，是企业在区域空间层面的一种战略转型，因而本书将此种转型称作企业区域转型，而根据活动空间的变化范围是否跨越国界，可以将企业区域转型划分为国内区域扩张和国外区域扩张两种方向。

2. 企业区域转型的动因研究

现有研究表明，企业由原属地经营到逐步向其他地区市场进行投资的行为是由某些特定动机驱动的[114]，而这些动因是多种多样的，并且不同类型的企业、不同发展阶段的企业甚至同一企业的不同阶段进行区域转型的原因也不尽相同。企业进行区域扩张的动因可能是复合的，也可能是相对单一的。

Kogut[115]认为区域多元化可使企业更加有效地利用各地资源，获取规模经济、范围经济以及学习效益，并拥有跨国网络的弹性和谈判优势。Deresky[116]则提出，应对国内市场饱和带来的生存压力、开发新市场以获得新的发展空间或者增强国际竞争是企业进入其他国家或区域的真正目的。安筱鹏[117]提出企业区域扩张的动因有成本最小化、市场最大化、跨区交易的内部化以及降低企业风险等。在此基础上，彭荣胜[118]提出跨区域扩张有利于企业获取并利用不同地区的优势资源，在更大的区域范围内促进功能部门的生长，从而形成企业内部的区域分工，促使企业经济空间不断拓展，因而企业跨区域扩张的动因可概括为市场最大化、成本最小化、获得先发优势、获得规模经济和范围经济、获得丰富的社会资源、降低企业经营风险等等。还有学者把给予更充足的创新激励、获得更大创新收益或更丰富知识资源[113]、增强母企业竞争力[119]等纳入企业进行区域扩张的动因因素之中。

部分学者对企业区域转型的动因进行了归类，如Brush[120]将企业海外投资的动因归为三类：一是促进企业接近生产要素，二是为了建立更加庞大的网络关系，三是寻找其他国家或地区所拥有的特色因素。另有诸多学者将企业区域转型的动因归结为资产利用与资产寻求。宋铁波和陈国庆[108]指出，企业对外直接投资的基础是自身拥有某种优势资产，而企业进行区域扩张的动机则是对优势资产进行有效的资产利用。Buckley[121]研究发现在市场失灵的情况下，相对于通过企业之间的交换，企业更倾向选择通过企业内部来转移关键技术和中间产品等资产，从而达到降低市场交易成本的目的。另有研究证实企业对外直接投资的另一重要动因是资产寻求。资源基础观理论指出，企业实现长期生存与发展的关键是从不同市场环境中获取珍贵的优势资源[122]。黄缘缘等[123]提出企业进行国外市场扩张是为了摆脱对国内资源及现有主体的依赖，而选择将企业组织拓展至境外市场以获取新资源与收益的战略行为。企业对外投资是企业获取投资目标地区丰富资源的有效手段，处于新经济体的企业通过对发达国家进行投资可获取重要的战略性资产和丰富的市场资源[124]。

此外，已有研究证明了企业家对企业的战略选择与实施具有重要影响作用，如企业家的人口背景特征、社会资本、企业家素质与能力及企业家精神等均对企业多元化战略选择具有明显作用[125-126]，尤其是企业家精神是驱动企业开拓新区域市场的重要引擎因素。

2.5 企业家精神和企业产业转型的研究综述

2.5.1 动态能力相关研究

自 Teece 和 Pisano 在 1994 年首次提出动态能力以来，动态能力这一概念一直被国内外学者所重视。针对动态能力的内涵，学者们分别从不同的角度、不同的层面、不同的学科领域出发展开各自的研究，提出了不同的见解和认识。

基于能力视角，Teece 等 [127] 认为企业通过整合、建立与重新配置内外部资源以适应不断变化的外部环境的能力就是动态能力。Winter[128] 也有类似的研究发现，其进一步指出动态能力是一种能够提升、改变和创造常规能力的高阶能力。Li 等 [129] 研究者指出企业在分析外部环境的机会和威胁、制定合理的战略决策、推进战略决策实施的过程中，有助于企业内部形成一种解决问题的能力，这就是企业的动态能力。Zahra 等 [130] 学者认为从本质上来说动态能力是企业决策者对企业资源和惯例以适当的方式进行重新配置的能力。Blyler 等 [131] 学者则发现动态能力是企业对资源获取、配置、组合以及剥离的能力，其中资源是其重要组成因素。Helfat 等 [132] 学者认为，动态能力是企业关键决策者为了适应不断变化的市场环境，对企业的资源基础进行调整和重构而生成的一种能够促进企业实现持续成长的能力。

基于过程视角，Eisenhardt 等 [133] 学者认为动态能力是包括产品创新、战略决策等在内的一系列可识别、特定的流程，他们将动态能力的研究由抽象的理论层次转向具体的行为层次，这为后续研究动态能力奠定了基础。Wang 和 Ahmed[134] 则认为动态能力是企业对资源进行整合、配置以及更新的一种能力，它能够帮助企业形成和提升核心能力，进而使得企业可以快速地适应多变的市场环境，并获得与维持企业竞争优势，他们还认为动态能力本身不是过程而是存在于过程之中。具体而言，动态能力就是企业获取、整合及重新配置资源以适应或创造市场变化。

国内学术界针对动态能力的研究开始相对较晚，董保宝和葛宝山 [135] 研究指出动态能力是改变企业能力的能力，是企业对作为竞争优势基础的能力进行调整和重构以适应外部环境的变化。简兆权等 [136] 学者认为动态能力是为实现新产品的产出而不断重新配置企业内外部资源的能力，包括感知、整合与吸收等过程。张辉等[137]认为动态能力是指企业构建和重新配置组织内部资源、外部资源以及基础能力，实现企业与外部环境动态匹配的能力。康益敏等[138]在综合前人研究的基础上指出，动态能力是企业将从外部获取的新资源与内部现有资源进行整合，并且更新企业资源体系以适应动态环境的能力。

2.5.2 企业家精神和动态能力的关系研究

作为企业最重要的资源之一，企业家的个体因素是影响企业行为及企业动态能力的重要因素。Gavetti[139]指出，企业家认知是企业动态能力生成的微观基础，而且企业管理者的管理层级越高对企业动态能力的影响就越强烈。因此，企业家精神作为企业家的特质，必然在企业动态能力的发展中起着关键作用。

Teece[140]强调创业精神可以更有效地组织企业已有资源，能够将企业当前"静态"的资源转化为"动态"的能力。Subba[141]基于组织和人力资源管理的视角对动态能力的增强路径进行归纳，还强调了企业家精神在企业动态能力生成过程中的作用。Zahra等[142]研究认为企业家精神通过影响企业资源、能力配置和组织学习方式，有助于企业形成动态能力。Aragon-Correa等[143]认为企业家如何感知和解释外部环境的变化，会对他们的决策行为产生影响，进而会影响企业的动态能力。Jantunen等[144]利用量表法测量企业动态能力，发现创业精神、动态能力有助于企业国际化绩效的提升，同时还研究指出创业精神对动态能力具有正向影响。

马卫东等[145]通过对企业高层管理者的问卷调查发现，企业家精神和企业动态能力之间具有显著的正向作用关系。宋铁波等[146]指出合作精神和创新精神与企业动态能力之间存在正相关的关系，并且合作精神对于企业形成动态能力的影响更加突出。孟秀兰等[147]指出动态能力的发挥需要企业家的创新意识、风险承担以及感知能力。姜忠辉等[148]指出企业家作为企业战略的决策者，其具备的企业家精神是影响企业能力的重要因素。赵永杰[149]立足于个体、组织和社会三个层面的企业家精神，其研究结果表明企业家精神是动态能力生成的激活机制。辛蔚等[150]在对现有企业动态能力研究综述的基础上，发现企业家精神特别是企业家的创新精神对企业动态能力的形成具有正向促进作用。

2.5.3 动态能力和企业产业转型的关系研究

随着企业能力理论的兴起，越来越多的学者认为企业能力是推动企业转型的重要影响因素，动态能力作为企业获取竞争优势的基石，有助于企业通过转型来应对快速变化的市场环境。现有的研究主要探究了动态能力对企业战略转型、企业转型升级等行为的影响。

Sarah 等[151]聚焦于企业的转型升级行为，发现动态能力不仅能够确保企业转型升级方向的正确性，而且有助于企业制定合理的转型战略并成功地完成企业的转型升级。Zott 等[152]研究发现动态能力是影响战略转型成败的关键。邓少军等[153]研究指出，在不断变化的市场环境下动态能力是企业可以成功实现战略转型的前提与关键，因此，为了确保战略转型目标的实现，企业需要持续培育和提升自身的动态能力。唐孝文等[154]指出动态能力影响了企业战略转型的整个过程，它不仅能够使得企业探明转型的动因、方向和目标，而且对转型战略的制定具有影响，同时还能推动转型战略的实施。臧树伟等[155]在对民生银行进行单案例研究的基础上指出，企业转型是企业重新构建竞争优势的过程，动态能力在这一过程中具有不可或缺的重要作用。

产业转型作为企业战略转型的重要方向，部分学者探讨了动态能力和企业进入新行业等行为的关系，赫连志巍等[156]认为企业动态能力作为一种适应动态变化环境的能力，在跨行业转型的过程中发挥了至关重要的作用。何小钢[157]指出随着产业跨界的融合发展、制度环境的不确定性，企业转型能否成功的关键前提在于企业能否培育出应对市场环境变化的动态能力。马忠等[158]指出企业选择进入新领域时离不开资源和能力的支撑和保障，并且只有当企业的资源和能力与企业转型战略相匹配时，企业才能取得最大的经济效益。苏敬勤等[159]基于多案例研究讨论了影响企业选择新行业的因素，研究发现企业外部环境、企业技术能力、管理能力与资源整合能力是影响企业选择涉入新行业的主要影响因素。

2.5.4 企业家精神、动态能力和企业产业转型的关系研究

基于对相关文献的回顾发现，目前关于企业家精神、动态能力和企业产业转型三者之间的关系仅有少数的研究涉及。现有研究主要探讨了企业家精神和动态能力、动态能力和企业产业转型之间的关系，也有部分研究者认为企业家精神是企业产业转型的重要动力源泉，但是大多数研究主要停留在理论探讨层面，缺乏深入的案例分析研究。

家族企业是一种受家族控制程度较高的企业组织类型，其生产经营决策高度依赖于企业家个人，因此家族企业主所具备的隐性知识对家族企业成长发展具有不可忽视的影响，其中，家族企业的隐性知识主要包括企业家社会资本、企业家精神等。作为企业隐性知识的企业家精神具有内隐性的特征，这一特征会影响企业家精神影响力的发挥，这就需要企业在拥有较强的企业家精神的同时，还应该拥有高水平的感知能力、变革能力和创新能力。

动态能力能够通过行为整合促进企业家精神的提升，相反也能够通过企业家具备的企业家精神提升企业动态能力，从而促使企业采取转型行为。一方面，企业为了在日益变化的外部环境中存活，需要不断对企业内部和外部资源与能力进行调整、重新配置，即形成一种动态能力以适应不断变化的外部市场环境，而企业家精神正好提供了这种与动态能力契合的机会[160]。企业家精神作为一种转化和配置资源的机制，可以显著影响企业资源积累的方向和资源配置的方式，在促进企业资源整合效率提升的同时推进企业转型战略的实施[161]。另一方面，企业家精神激发企业资源获取的动机，而且伴随着企业家精神的增强，企业用于提升动态能力的资源基础会越来越丰富，动态能力的效果也就更加显著，企业也就更可能实施产业转型战略[162]。综上所述，企业的领导者是否具有企业家精神以及企业家精神的强弱会对组织层面动态能力的形成与发展具有直接影响[163]，并进一步影响企业的转型变革行为。

2.6 企业家精神和企业产品转型研究综述

2.6.1 企业家精神与企业产品转型

著名管理学家 Peter F. Drucker 从管理视角指出"创新"可作为一种改变资源的工具被创业家所使用，创新是赋予企业资源新能力的行为，包括研发出多元且与众不同的产品和开辟新客户群和新市场，提出企业家的创新创业精神贯穿企业生产经营的全过程，体现在新产品的引进和开发、产品新用途的发现、开辟新市场并采用一种新的管理模式等方面[164]。有学者认为对家族企业来说，创新的动力和阻力主要来自企业主，企业主的创新精神是公司能否转型成功的决定性因素[165]。企业家精神对于企业实施市场转型、产品转型以及推动技术创新发挥着重要作用。其中，企业家精神中的创新精神通过促使企业加大研发力度，推动了企业产品转型。同时创新精神也有利于企业员工创新能力和企业新产品开发能力的提升[166]。

家族的创业活动不仅是家族企业生命周期中的阶段性战略，也贯穿于家族企业整个成长过程之中[167]。创业的本质是追求新机会的一种行为，企业家的创新创业精神促使企业家对捕捉市场机会的意愿更强烈，从而进一步推动企业的产品多元化转型[168]。企业家的创业行为也会刺激创新精神的产生[169]：一方面，企业家的创业行为会增强市场竞争度，刺激现有企业增加研发投入；另一方面，企业家的创新创业行为也推动了产品多样化水平的提升，这将有助于打破市场长期稳态均衡的状态，促进技术创新和科技进步，实现产品多元化。从这个角度来看，企业家创业精神对企业产品战略转型具有重要影响[170]。

2.6.2 新时代背景下的家族企业产品转型

当今新时代背景下，家族企业接班人不愿被动接受家族安排，继续在家族原有的产品领域经营[171]，而是根据市场变化和个人能力进行各种转型活动，通过创造新的商业活动为企业带来经济价值和社会价值，它包括管理创新、战略更新和新业务的创建等维度[172]。大多数学者指出接班人的成长经历、受教育程度等因素是影响其企业家精神形成的关键因素。王扬眉等指出接班人的知识经验、社会网络关系和先进的知识和理念会促进企业家创新创业精神的形成，进而影响家族企业产品转型的升级路径[173]。

在数字化浪潮席卷之下，产品上市周期缩短，迫使企业家以更加灵活和更强的适应性来管理转型活动，并保持面向市场的前端组织与环境之间的持续交互[174]。家族企业的子女不再被动继承家族产业，他们创新创业精神和与时俱进精神的发挥是驱动家族企业产品转型的重要因素，对家族企业发展新事业、开辟新市场产生了重要影响。汪祥耀[175]等指出接班人进入家族企业管理层，会为企业带来全新理念、管理知识和创新创业精神。海外教育经历也使得接班人兼具更强的国际化专业能力和更高的全球化视野，对行业变化也更加敏感[176]。出于逐利、创新或者冒险精神的动因，这种经历会导致他们涉入其他行业的可能性增加，通过转型寻找企业所处行业外的发展机会[177]。

总结而言，企业家是市场经济活动的主体，对家族企业产品转型的实施发挥着重要影响作用。企业家精神是企业家综合素质和价值观的集中体现，是企业家在发现市场机会、整合企业资源、经营管理企业中的一种特殊且重要的生

产要素 [178]。

2.7 企业家精神和企业区域转型研究综述

企业转型的本质是使企业家能力与发现市场机会、适应环境、配置资源、控制风险等之间相互匹配的过程，企业家能力引领着企业进行战略转型，将机会转化为战略规划 [179]。陈致中和沈源清 [180] 研究发现企业家精神对中小企业的战略转型有显著影响，企业家掌握着企业战略的决策权，而企业家精神则加强了企业家对战略需求的洞察力与判断力，决定了企业战略转型的方向，并成为战略转型成功实施的关键因素。企业区域转型实际上是一种战略转型，国外区域扩张和国内区域扩张是企业区域转型的两条路径，诸多学者分别从两条转型路径探究了企业家精神对企业区域转型的影响。

2.7.1 企业家精神与企业国外区域扩张

企业国外区域扩张是指企业跨越国界将企业经营活动拓展至国外区域的战略行为，而部分学者将企业跨越全球区域或国家边界进入不同的地理位置或市场的这种行为定义为企业国际化 [181-182]。大部分学者认同企业家精神对企业国际化具有显著影响的观点。例如，Zahra 等 [183] 认为企业家的偏好与倾向、自尊心等特质将会在中小企业进行国际化战略选择时产生巨大影响。Trung 等 [184] 通过量化方法证实企业家精神对企业出口绩效具有正向影响。段志蓉等 [185] 发现"企业家精神"或"创业精神"主要体现在企业家对市场风险的主动承担上，并直接影响了企业进行国际化的战略决策。钱海燕等 [186] 提出企业家精神决定着企业家决策和行动的创新性，企业家精神直接影响了中小企业国际化的开启、战略规划以及国际化程度与绩效。此外，企业家精神还会通过影响企业家社会关系网络的结构维度、关系维度和认知维度等三个维度来间接影响企业国际化的各个方面。林海平 [187] 发现创新精神、敬业精神以及合作精神会通过对企业家目标、社会关系网络、企业技术核心能力、企业文化等方面产生影响而推动企业进行国际化。

有研究进一步发现，企业家精神可通过对企业家的经营决策及管理机制产生影响进而影响企业国际化的路径选择 [188]。富有企业家精神和社会资本的企业家往往倾向于通过选择比较快速激进的国际化路径来进行市场区域的扩张以期推动企业发展。而在企业家精神与社会资本方面比较欠缺的企业家则更愿意选择比较稳妥的渐进式国际化路径[189]。竞争精神驱使企业家对市场环境变化进行快速反应，努力战胜竞争对手，成功进入国际市场。

2.7.2 企业家精神与企业国内区域扩张

国内区域扩张不仅能帮助企业获得规模优势，而且能够促进企业提高国际竞争力。有学者提出，在中国经济新常态下，民营企业需先"做强"后"做大"方可突破来自跨国公司的巨大压力。而"做强"则是指通过实施区域（地域）多元化战略来提高企业在国内的市场占有率，并逐步在成本与创新两个方面构建国际竞争力[190]。以往研究以区域多元化为视角探索出企业家精神与企业区域多元化具有紧密关联。研究表明企业家精神是影响企业成长的关键因素之一[191]，是企业转型的根本驱动力与关键要素[192]。高阶理论指出，企业战略决策和企业高层管理团队特征共同决定着企业的业绩表现。张建君和李宏伟[193]进一步指出，企业管理者尤其是企业家和 CEO 在企业多元化与企业业绩之间起到了调节作用，也就是说企业家影响着企业多元化战略的成效。而当企业家富有冒险精神和创新精神时，他们便更加乐于探索市场机会，开拓企业发展空间，着力推进多元化转型[194]。

部分学者从机会导向角度理解企业家精神，认为企业家个体之间存在较强的异质性，这使得企业家们在机会创造、价值发现等方面所表现出的认知敏感度具有较大不同，心智模式的差异性使得不同企业家对企业内外部环境信息的感知、判断及解释具有较大的不同[195]，从而影响企业家是否改变单一区域经营战略而转为进行国内区域扩张战略。在企业推行区域转型过程中，将会面对诸多风险与不确定性，保守型的企业家通常会选择那些符合企业内部历史规范的方式来实现区域多元化[196]。市场分割是企业进行区域转型过程中需要面对的困难之一[197]，高丹雪等[198]研究发现慈善捐赠等活动可以有效帮助企业克服市场分割问题，推动企业实现区域扩张。而慈善捐赠等公益行为彰显出的则是企业家的社会精神，因此，可以说企业家精神促使企业家采取有效行动化解国内区域扩张过程中市场分割所造成的困境，从而推动企业国内区域扩张的顺利进行。

现有研究已关注到企业家精神是企业进行区域转型的重要影响因素，并且证明了企业家精神不仅会影响企业是否进行区域转型，而且还会影响企业区域转型的路径选择、区域转型方式及程度等决策行为。多数研究是选择替代变量的方式来验证企业家精神与企业区域转型的某些方面具有影响关系，未能深入挖掘出企业家精神驱动企业区域转型的内在机理。受家族因素的影响，家族企业的企业家精神和战略行为呈现出了不同于非家族企业的特点。但目前鲜有研究聚焦于家族企业，挖掘企业家精神对家族企业区域转型的驱动机理，而探明此问题不仅有利于深化企业家精神对企业区域转型的影响分析，还可为当代家族企业主推进区域转型实践提供更具针对性的经验参考。

2.8 企业家创新创业精神与企业战略转型的研究综述

2.8.1 企业家创新创业精神与企业产业转型

产业转型伴随着组织资源的流动，表现为企业进入和退出某些产业，与之紧密联系的竞争效应对产业的发展效率具有关键性的影响。因此，资源配置也可被认为是企业发生产业转型的根本驱动力[199-200]。企业家精神被认为是企业家对资源的一种配置倾向，企业创新能力的形成，是实现技术创新的破坏性突破[201]，这种突破对产业升级至关重要[202]。其中，技术资源的来源不同、产业间的关联度、转型时机对企业产业转型中技术创新路径的选择具有不同的影响[203]。此外，研发集聚和企业创新对企业产业转型具有积极作用[204]，并且不同区域的研发聚集对于企业创新和产业升级间的关系具有调节作用[205]。研究表明，企业面临发展困境时，通常能力较弱且资源状况较差，此时很难通过创新来实现自身改良以化解危机，而往往是希望进入一些高利产业以谋取产业暴利，从而获得短期速胜利益。从长期来看，频繁转型势必难以积累起自身的核心竞争力，无法实现企业的长远发展。但是，由于新产业对企业的强烈吸引力，企业更加倾向于实施产业转型，达到创新性创业的目的。

2.8.2 企业家创新创业精神与企业产品转型

著名经济学家熊彼特认为，创新是组织内外资源重新调整，持续挖掘未用资源潜力的过程。著名管理学家 Peter F. Drucker 从管理视角指出，创新可作为一种改变资源的工具被创业家所使用，创新是赋予资源新能力的活动。其中，包括打造新产品，开发新市场，拓展全新消费者群体，构建新型管理模式。创新精神穿针引线般穿插在资源配置活动全程。相较于实施相关产品转型，非相关产品转型需要涉足陌生领域，以进驻新的产品市场。在已有技术资源下，开发新技术，形成高质量新产品对旧产品的"创造性毁灭"，实现企业在产品生命周期中的技术升级，达到产品转型的目的。对于家族企业来说，家族实际控制人对组织创新活动作出决策，因此，其具有的创新精神对组织发展起到关键性作用[206]。企业家精神对市场转型、产品转型的实施，以及推动技术创新至关重要[207]。其中，包含企业家创新精神在内的企业家精神推动了企业产品转型，促使企业加大研发力度。Lumpkin 和 Dess[208] 认为，不同形式的创新有利于产品技术的实现，企业为研发产品提供有效支持的意图，拓宽了新产品的空间，有助于实现产品价值链的延伸。

企业家创业精神对企业产品转型的关系研究中，学者大多从两个思路构建研究过程。一部分学者认为，基于企业生命周期理论，家族创业活动通过重新整合失衡资源，引入创新技术，进驻新的业务市场，实现二次创业。其中，创业精神在此体现的本质是创新，企业家创新创业精神增强了企业家的转型意图，进而推动企业实施产品多元化转型[209]。另一部分学者认为，企业家创业精神刺激企业家创新精神[210]，企业家创业行为通过实施创新战略，实现产品转型的目的，因此创业意图有助于员工创新能力提高，有助于企业新产品开发能力的增强[211]。

2.8.3　企业家创新创业精神与企业区域转型

企业家创新创业精神与企业区域转型的相关研究表明，企业家内部资源的长期累积，企业区域发展的不平衡日益凸显，导致企业内部资源以不同的创新形式向区域外部流动，这种资源的再配置形成的区域协调发展，最终可实现企业区域转型。有学者认为，持续性的创新研发形成知识集聚，集聚效应有利于加深国际化程度[212-213]，加快企业国际化速度[214]。其中，企业是否为高科技企业，是否受融资制约，对这一促进作用并无显著影响。企业在区域转型的进程中，面临瞬息万变的复杂环境，关键是获取竞争优势，而创新能力的提升无疑是其在区域发展中获得可持续竞争优势的捷径。例如李东阳等认为，没有创新能力的企业国际化是不可持续的[215]。

在经济全球化的背景下，家族企业国际化的过程也是企业创业的过程，面对国内外资源的不平衡，企业拼凑并利用手头现有的各种资源，进行整合构建的价值创造过程，即资源拼凑。相关研究认为，拼凑资源并不一定具有资源观所述的异质性，资源价值的产生根源于创业者资源拼凑能力，这在一定程度上解释了不同的企业家在面对同样的资源时，为何能突破资源同质性并创造出异质性价值这一复杂的理论问题[216-217]。王扬眉等[218]基于资源拼凑视角，提出国际化发展是企业应对竞争效应的创业行为。此外，周立新和宋帅[219]认为家族企业创业导向对企业的国际化程度和速度具有显著影响。

参考文献

[1] KNIGHT F. Risk, uncertainty and profit[M]. Boston: Houghton Mifflin Company, 1921: 682-690.

[2] MARSHALL A. Priciple of economics. 9th edu. Macmillan Co, 1961.

[3] 何小钢. 核心资源、动态能力与跨产业升级：基于科技企业的跨案例研究[J]. 科学学与科学技术管理，2019，40（10）：129-145.

[4] MCCLELLAND D C, BURNHAM D H. Power is the great motivator[J]. Harvard Business Review, 2003，81 (1)：117-126.

[5] 梁洪学. 激发释放企业家精神的制度环境：对企业家精神的再认识[J]. 学习与探索，2019（2）：137-142.

[6] 潘健平，王铭榕，吴沛雯. 企业家精神、知识产权保护与企业创新[J]. 财经问题研究，2015（12）：104-110.

[7] 白少君，崔萌筱，耿紫珍. 创新与企业家精神研究文献综述[J]. 科技进步与对策，2014，31（23）：178-182.

[8] 韩文龙."技术进步——制度创新——企业家精神"的创新组合及其增长效应[J]. 社会科学辑刊，2019，242（3）：202-212.

[9] 熊彼特. 经济发展理论[M]. 北京：商务印书馆，1990：1-306.

[10] DRUCKER P F. Entrepreneurial strategies[J]. California Management Review, 1985, 27(2): 9-25.

[11] PITT L F. The role of adaptation in micro-enterprise development: a marketing perspective[J]. Journal of Developmental Entrepreneurship, 2000，(5)2: 137.

[12] SHAMRMA P, CHRISMAN J J. Toward a reconciliation of the definitional issues in the field of corporate entrepreneurship[J]. Entrepreneurship: Theory & Practice. 1999, 23(3): 11-27.

[13] OVIATT B M, MCDOUGALL P P. Defining international entrepreneurship and modeling the speed of internationalization[J]. Entrepreneurship Theory and

Practice, 2010，29(5): 537-554.

[14] 刘现伟 . 培育企业家精神激发创新创业活力 [J]. 宏观经济管理，2017（3）：41-45.

[15] 李军，杨兴时 . 对企业家精神的辨析 [J]. 东岳论丛，2010，31（12）：34-37.

[16] PATRICK J, SUSAN M. A model of social entrepreneurial discovery[J]. Journal of Business Ethics, 2009，87(3): 325-336.

[17] 李兰，仲为国，彭泗清，等 . 当代企业家精神：特征、影响因素与对策建议——2019 中国企业家成长与发展专题调查报告 [J]. 南开管理评论，2019，22（5）：4-12，27.

[18] 李政 . 新时代企业家精神：内涵、作用与激发保护策略 [J]. 社会科学辑刊，2019（1）：79-85.

[19] 李维安，王辉 . 企业家创新精神培育——一个公司治理视角 [J]. 南开经济研究，2003（2）：56-59.

[20] 段玲 . 创新精神、创业精神与企业社会责任——基于我国 2009—2018 年数据的实证研究 [J]. 湖南广播电视大学学报，2019（3）：89-96.

[21] CUNNINGHAM B J, Lischeron J. Defining entrepreneurship [J]. Journal of Small Business Management, 1991, 29(9): 45-61.

[22] DESS G G, IRELAND R D, ZAHRA S A, et al. Emerging issues in corporate entrepreneurship[J]. Journal of Management, 2009, 29(3): 351-378.

[23] 许秋红，尹涛 . 企业家创新精神与企业创新绩效研究——基于广州旅游企业的实证分析 [J]. 广东技术师范学院学报，2009，30（11）：89-92.

[24] 孙慧琳，张蓉，崔凯 . 企业家创新精神与企业财务绩效关系的实证研究 [J]. 华东经济管理，2015，29（2）：179-184.

[25] 王洪岩 . 企业家创新精神与企业成长绩效的关系研究 [D]. 沈阳：辽宁大学，2017.

[26] 程晨 . 家族企业代际传承：创新精神的延续抑或断裂？ [J]. 管理评论，2018，30（6）：81-92.

[27] EDDLESTON K A, KELLERMANNS F W. Destructive and productive family relationships: a stewardship theory perspective[J]. Journal of Business Venturing, 2007，22(4): 545-565.

[28]BURGELMAN R A, MICHAEL A. Hitt. Entrepreneurial actions，innovation，and appropriability[J]. Strategic Entrepreneurship Journal, 2007, 1(3/4): 349–352.

[29]EDDLESTON K A, KELLERMANNS F W. Destructive and productive family relationships: a stewardship theory perspective[J]. Journal of Business Venturing, 2007, 22(4): 545-565.

[30] 焦豪，魏江，崔瑜 . 企业动态能力构建路径分析：基于创业导向和组织学习的视角 [J]. 管理世界，2008（4）：91-106.

[31] ZAHRA S A, HITT I M A. International expansion by new venture firms：international diversity，mode of market entry，technological learning，and performance[J]. The Academy of Management Journal, 2000, 43(5): 925-950.

[32] 李国军 . 企业家创业精神的扎根理论研究 [C]// 北京大学，无锡市人民政府、江苏省人事厅，中华人力资源研究会 . 区域人才开发的理论与实践——港澳台大陆人才论坛暨 2008 年中华人力资源研究会年会论文集 . 北京大学、无锡市人民政府，江苏省人事厅，中华人力资源研究会，北京大学政治发展与政府管理研究所，2008：07.

[33] 胡益鸣 . 企业家创业和创新精神对区域经济增长影响的实证研究 [D]. 南京：南京财经大学，2010.

[34] LING Y, KELLERMANNS F W. The effects of family firm specific sources of tmt diversity: the moderating role of information exchange frequency[J]. Journal of Management Studies, 2010, 47(2): 322-344.

[35] HAUCK J, PRüGL R. Innovation activities during intra-family leadership succession in family firms: an empirical study from a socioemotional wealth perspective[J]. Journal of Family Business Strategy, 2015, 6(2): 104-118.

[36] Gartner W B. "Who is an entrepreneur?" is the wrong question[J]. American Journal of Small Business, 2017, 12(4): 11-32.

[37] 窦军生，贾生华 ."家业"何以长青？——企业家个体层面家族企业代际传承要素的识别 [J]. 管理世界，2008，180（9）：105-117.

[38] 涂玉龙 . 家族企业家精神与家族企业发展 [J]. 企业经济，2012，31（5）：38-42.

[39] 宋玉禄，陈欣 . 新时代企业家精神与企业价值——基于战略决策和创新效率提升视角 [J]. 华东经济管理，2020，34（4），108-119.

[40] 李新春，何轩，陈文婷 . 战略创业与家族企业创业精神的传承——基于百年老字号李锦记的案例研究 [J]. 管理世界，2008（10）：127-140，188.

[43] BETTINELLI C, SCIASCIA S, RANDERSON K, et al. Researching Entrepreneurship in family firms[J]. Social Science Electronic Publishing, 2017, 55(4): 506-529.

[44] 韩影，魏博文 . 非公有制经济领域企业家精神培育研究 [J]. 辽宁省社会主义学院学报，2017，70（1）：45-51.

[45] 王敏 . 基于企业家精神视角的中小企业创业创新研究 [J]. 理论学刊，2012，221（7）：48-52.

[46] 王奇，吴秋明 . 家族企业 DNA 模型：基于扎根理论的五个百年家族企业分析 [J]. 管理案例研究与评论，2020，13（6）：631-645.

[47] 窦军生，贾生华 . "家业"何以长青？——企业家个体层面家族企业代际传承要素的识别 [J]. 管理世界，2008，180（9）：105-117.

[49] 郭萍，陈凌 . 华人家族企业如何基业长青？——第五届"创业与家族企业成长"国际研讨会侧记 [J]. 管理世界，2010（1）：152-156.

[50] ANSOFF H I. Strategic Management [M]. New York: John Wiley and Sons. 1979.

[51] HAMBRICK D C, MASON P A. Upper Echelons: the organization as a reflection of its top managers[J]. Academy of Management Review, 1984, 9(2): 193-206.

[52] GINSBERG A. Measuring and modelling changes in strategy: theoretical foundations and empirical directions[J]. Strategic Management Journal, 1988, 9(6): 559-575.

[53] 薛有志，周杰，初旭 . 企业战略转型的概念框架：内涵、路径与模式 [J]. 经济管理，2012，34（7）：39-48.

[54] 焦豪，焦捷，高远深，等 . 基于动态能力视角的国有中小企业战略转型过程机制 [J]. 技术经济，2017，36（6）：59-65，108.

[55] 金一禾 . 代际传承、战略转型与企业绩效 [D]. 杭州：浙江财经大学，2015.

[56] 郭超 . 子承父业还是开拓新机——二代接班者价值观偏离与家族企业转型

创业 [J]. 中山大学学报（社会科学版），2013，53（2）：189-198.

[57] HILLEBRAND S. Innovation in family firms – a generational perspective[J]. Journal of Family Business Management，2018, (2): 126-148.

[58] 李烨，陈劲，彭璐，等 . 国有大型煤炭企业产业转型与持续发展研究——来自萍乡矿业集团的实践与启示 [J]. 管理案例研究与评论，2011，4（1）：38-46.

[59] 张聪群 . 超竞争环境下产业集群内中小企业转型研究——基于企业动态能力视角 [J]. 科技进步与对策，2014，31（14）：92-97.

[60] 段利 . 我国民营企业的产业转型问题及研究 [J]. 特区经济，2009（6）：117-118.

[61] 吴利华 . 企业发展中产业转型战略初探 [J]. 西南交通大学学报（社会科学版），2004（5）：40-44.

[62] PRAHALAD C K, Oosterveld J P. Transforming internal governance: the challenge for multinationals[J]. Sloan Management Review, 1999, 40(3): 31-40.

[63] 王吉发，冯晋，李汉铃 . 企业转型的内涵研究 [J]. 统计与决策，2006（2）：153-157.

[64] 康凌翔，李鹏 . 完全市场机制下企业产业转型升级机制分析 [J]. 商业时代，2014（22）：95-96.

[65] 陈抗，李廉水 . 新常态下制造企业的产业转型：综合动因与实现机制 [J]. 江海学刊，2017（5）：78-83，238.

[66]TEECE D，PISANO G. The Dynamic capabilities of firms: an introduction[J]. Industrial and Corporate Change, 1994, 3(3): 537-556.

[67] 孔伟杰 . 制造业企业转型升级影响因素研究——基于浙江省制造业企业大样本问卷调查的实证研究 [J]. 管理世界，2012（9）：120-131.

[68] 赖伟，王建军 . 经济转型期我国上市公司产业转型动因研究 [J]. 中国管理信息化，2010，13（11）：93-97.

[69] SHELLEY S G, WAYNE H S, ROBERT S, etal. Convergence versus strategic reorientation: the antecedents of fast-paced organizational change[J]. Journal of Management, 2000, 26(5): 911-945.

[70] GU Q, Chung C. Incentive or disincentive? A social-emotional wealth

explanation of new industry entry in family business groups[J]. Journal of Management, 2019,45(2): 645-672.

[71] ZELLWEGER T, SIEGER P, HALTER F. Should I stay or should I go? career choice intentions of students with family business background[J]. Journal of Business Venturing, 2011, 26(5): 521-536.

[72] 邹立凯，王博，梁强. 继任 CEO 身份差异与家族企业创新投入研究：基于合法性的视角 [J]. 外国经济与管理，2019，41（3）：126-140.

[73] DATTA D K, RAJAGOPALAN N, ZHANG Y. New CEO openness to change and strategic persistence: The moderating role of industry characteristics[J]. British Journal of Management, 2003, 14(2): 101-114.

[74] 郭超. 子承父业还是开拓新机——二代接班者价值观偏离与家族企业转型创业 [J]. 中山大学学报（社会科学版），2013，53（2）：189-198.

[75] 孙秀峰，王雪梅，宋泉昆. 家族企业代际传承影响企业经营绩效的路径：基于跨代转型创业与继承人社会资本的视角 [J]. 经济理论与经济管理，2019（4）：98-112.

[76] 安彬，张曦如，安博."基于以客户为中心"的零售银行产品战略转型研究 [J]. 新金融，2019（1）：43-46.

[77] 李光金，朱小晓. 论企业技术研发与产品创新的战略转型 [J]. 四川大学学报（哲学社会科学版），2021（2）：181-192.

[78] HUMPHREY J, SCHMITZ H. How does insertion in global value chains affect upgrading in industrial clusters?[J]. Regional Studies, 2002, 36(9): 1017-1027.

[79] 胡令，王靖宇. 产品市场竞争与企业创新效率——基于准自然实验的研究 [J]. 现代经济探讨，2020（9）：98-106.

[80] 黄科星，莎薇，罗军，等. 企业自主创新与转型升级——基于多案例的对比分析 [J]. 科技管理研究，2021，41（16）：145-151.

[81]MALCOLM S B, HARTLEY N T, PETER F. Drucker: ethics scholar par excellence[J]. Journal of Management History, 2009, 15(4): 375-387.

[82] 毛蕴诗，汪建成. 基于产品升级的自主创新路径研究 [J]. 管理世界，2006（5）：119-120.

[83] 张文红，赵亚普. 转型经济下跨界搜索战略与产品创新 [J]. 科研管理，

2013，34（9）：54-63.

[84] 袁安府，范柏乃 . 企业家思辨 [J]. 同济大学学报（社会科学版），2003（4）：70-75.

[85] 梁强，周莉，邹立凯 . 新生代自主权与家族企业多元化战略：能力禀赋的调节效应 [J]. 外国经济与管理，2016，38（7）：24-40.

[86] 董欢 . 我国盐业企业战略转型的理论框架与路径选择 [J]. 理论月刊，2015（3）：128-131.

[87] 董晓舟，陈信康 . 新产品开发的市场细分变量研究——基于需求程度与需求差距的比较实验 [J]. 技术经济与管理研究，2020（8）：26-31.

[88] FOSTER G，何晓斌，贾宁 . 新创企业的产品战略 [J]. 北大商业评论，2013（7）：96-101.

[89] JASKIEWICZ P, COMBS J G, RAU S B.Entrepreneurial legacy:toward a theory of how some family firms nurture transgenerational entrepreneurship[J]. Journal of Business Venturing, 2015, 30(1): 29-49.

[90] 梁强，周莉，邹立凯 . 新生代自主权与家族企业多元化战略：能力禀赋的调节效应 [J]. 外国经济与管理，2016，38（7）：24-40.

[91] 桂婷炜，杜建国，姜琼琼 . 新生代民营企业家的创新意愿影响因素研究 [J]. 科技管理研究，2018，38（20）：24-29.

[92] LIEW C Y, ALFAN E, DEVI S. Family firms, expropriation and firm Value:evidence of the role of independent directors' tenure in malaysia[J]. Social Science Electronic Publishing，2016, 5(1): 12-18.

[93] BECK L, JANSSENS W, DEBRUYNE M, et al. A study of the relationships between generation, marketorientatio, and innovation in family firms[J]. Family Business Review, 2011, 24(3): 252-272.

[94] ZELLWEGER T M, NASAN R S, Nordqvist M. From longevity of firms to transgenerational entrepreneurship of families: introducing family entrepreneurial orientation[J]. Family Business Review, 2012, 25(2): 136-155.

[95] YUAN L, AU K, PENG M W, et al. Strategic management in private and family business[J]. Asia Pacific Journal of Management，2013, 30(3): 633-639.

[96] 张峰，刘曦苑，武立东，等 . 产品创新还是服务转型：经济政策不确定性与

制造业创新选择 [J]. 中国工业经济，2019（7）：101-118.

[97] 马丽，赵蓓. 创业导向对新产品开发能力的影响——员工整合的作用机理 [J]. 软科学，2017，31（6）：105-109.

[98] 杨瑛哲，黄光球. 基于企业转型目标的产品组合策略选择模型 [J]. 中国管理科学，2018，26（7）：179-186.

[99] 马文聪，丁宝军，朱桂龙. 新产品开发中内外部整合对开发效率的影响机制 [J]. 科学学研究，2013（4）：11.

[100]LIN X, GERMAIN R. Antecedents to customer involvement in product development[J]. European Management Journal, 2004，22(2):80-86.

[101] 曾经莲，简兆权. 互联网环境下产品服务系统研究：企业—顾客—环境价值共创视角 [J]. 中国科技论坛，2017（8）：87-93.

[102] 匡敏，曲玲玲. 价值共创视角下零售企业产品 - 服务融合创新模式——以宜家集团为例 [J]. 中国人力资源开发，2017（7）：123-129.

[103] 陈培祯，李健，曾德明. 知识替代性和互补性对企业新产品开发数量的影响 [J]. 管理科学，2021，34（4）：89-100.

[104] 黄俊，郭耿轩，刘敏，等. 动态能力视阈下我国汽车制造企业智能化转型升级路径研究：对 3 家本土自主品牌车企的跨案例探讨 [J]. 科技进步与对策，2018，35（23）：121-129.

[105] 程学童，李涛. 浙江企业跨区域扩张行为浅析 [J]. 中共宁波市委党校学报，2002，（5）：44-48.

[106] ROOT F R. Entry strategies for international markets [M].Lexington MA: Lexington Books, 1987.

[107] 彭荣胜. 区域经济协调发展的内涵、机制与评价研究 [D]. 郑州：河南大学，2007.

[108] 宋铁波，陈国庆. 企业跨区域扩张动机与进入方式选择——基于合法性的视角 [J]. 学术研究，2010，311（10）：55-62，160.

[109] HITT M, HOSKISSON R, KIM H. International diversification: effects on innovation and firm performance in product diversified firms[J]. Academy of Management Journal, 1997, 40(4):767-798.

[110] 王永健. 企业能力、管理者认知与地域多元化：中国市场分割条件下的实

证研究 [D]. 广州：华南理工大学，2014.

[111] 徐明霞. 中国企业的跨国并购战略、国内市场的多元化行为与并购绩效的关系研究 [D]. 广州：华南理工大学，2014.

[112] 曾萍，廖明情，汪金爱. 区域多元化抑或产品多元化？ 制度环境约束下民营企业核心能力构建与成长战略选择 [J]. 管理评论，2020，32（1）：197-210.

[113] 高丹雪. 区域多元化对企业创新绩效的影响研究：基于中国上市公司的实证分析 [J]. 北方工业大学学报，2018，30（6）：21-30.

[114] 陈汉昌. 制度压力下企业资源基础与跨区域市场进入模式选择研究 [D]. 广州：华南理工大学，2014.

[115] KOGUT B. Designing global strategies: comparative and competitive value-added chains [J]. Sloan Management Review, Summer, 1985, 26(4): 15-28.

[116] DERESKY H. International management managing across borders and culture[M]. New York: Wiley and Sons, 1994.

[117] 安筱鹏. 论企业空间扩张与区域经济一体化 [J]. 经济评论，2004，（2）：29-33.

[118] 彭荣胜. 经济复苏期的企业国内跨区扩张与区域协调发展 [J]. 经济问题探索，2010，333（4）：69-74.

[119] 李书亮. 制度环境与企业跨区域市场扩张战略研究综述 [J]. 市场周刊（理论研究），2017（2）：35-37.

[120]BRUSH T H, MARTIAN C A, Kamani A. The plant location decision in multinational manufacturing strategy perspectives[J]. Production and Operations Management, 1999, 8(2):109-132.

[121] BUCKLRY C. Analyzing foreign market entry strategies: extending the internalization approach [J]. Journal of Internalizational Business Studies, 1998, 29(3): 125-136.

[122] 郑丽，陈志军. 企业扩张行为是否与董事会结构特征、激励方式有关——来自中国上市公司数据的实证检验 [J]. 现代财经（天津财经大学学报），2018，38（9）：48-60.

[123] 黄缘缘，谢恩，庄贵军. 企业国际化扩张的驱动力：国有股权和市场竞争

的双重角色 [J]. 管理工程学报，2017，31（2）：20-28.

[124] MAKINO S, LAU C M, YEH R S. Asset-exploitation versus asset-seeking: implications for location choice of foreign direct investment from newly industrialized economies [J]. Journal of International Business Studies, 2002, 33(2): 135-146.

[125] 孙俊华，陈传明 . 企业家社会资本与多元化战略：一个多视角的分析 [J]. 科学学与科学技术管理，2009，30（8）：176-181.

[126] 陈传明，孙俊华 . 企业家人口背景特征与多元化战略选择——基于中国上市公司面板数据的实证研究 [J]. 管理世界，2008，176（5）：124-133，187-188.

[127] TEECE D, PISANO G. The Dynamic capabilities of firms: an introduction[J]. industrial and corporate change, 1994, 3(3): 537-556.

[128] WINTER S G. Understanding dynamic capability[J]. Strategic Management Journal, 2003, 24(10): 991-995.

[129] LI D Y, LIU J. Dynamic Capabilities，environmental dynamism and competitive advantage: evidence from China[J]. Journal of Business Research, 2014, 1(67): 2793-2799.

[130] ZAHRA S A. Entrepreneurial risk taking in family firms[J]. Family Business Review, 2005, 18(1), 23-40.

[131] BLYLER M, COFF R W. Dynamic capabilities, social capital, and rent appropriation: ties that split pies[J]. Strategic Management Journal, 2003, 24(7): 677-686.

[132] HELFAT C E, FINKELSTEIN S, MITCHELL W, et al. Dynamic capabilities: understanding strategic change in organizations[M]. Oxford: Blackwell, 2007.

[133] EISENHARDT K M，MARTIN M. DYNAMIC. Capabilities: what are they?[J]. Strategic Management Journal, 2000, 21(10): 1105-1121.

[134] WANG C L, AHMED P K. Dynamic capabilities: a review and research agenda[J]. international journal of management Reviews, 2007, 9(1), 31-51.

[135] 董保宝，葛宝山 . 新创企业资源整合过程与动态能力关系研究 [J]. 科研管理，2012，33（2）：107-114.

[136] 简兆权，王晨，陈键宏. 战略导向、动态能力与技术创新：环境不确定性的调节作用 [J]. 研究与发展管理，2015，27（2）：65-76.

[137] 张辉，苏昕. 网络嵌入、动态能力与企业创新绩效——一个模糊集定性比较分析 [J]. 科技进步与对策，2021，38（6）：85-94.

[138] 康益敏，朱先奇，李雪莲. 企业社会担当对医药企业创新绩效影响的实证研究——动态能力的中介作用 [J]. 科技进步与对策，2020，37（11）：109-116.

[139] GAVETTI G. Cognition and hierarchy: rethinking the micro foundations of capabilities development[J]. Organization Science, 2005, 16(6): 599-617.

[140] Teece D J. The foundations of enterprise performance: dynamic and ordinary capabilities in an（economic）theory of firms[J]. Academy of Management Perspectives, 2014, 28(4): 328-352.

[141] SUBBA N S. Strategy in turbulent environments: the role of dynamic competence. Managerial and Decision Economics, 2001(22): 201-212.

[142] ZAHRA S A, SAPIENZA H J, DAVIDSSON R. Entrepreneurship and dynamic capabilities: a review, model and research agenda[J]. Journal of Management Studies, 2011, 43(4): 917-955.

[143] ARAGON-CORREA J A, SHARMA S. A Contingent Resource-based View of Proactive Corporate Environmental Strategy[J]. Academy of Management Review,2003,28(1): 71-88.

[144] JANTUNEN A, PUUMALAINEN K. Entrepreneurial orientation, dynamic capabilities and international performance[J]. Journal of International Entrepreneurship, 2005, 3(3): 223-243.

[145] 马卫东，曹亚，游玲杰，等. 企业家精神对动态能力形成的影响研究——基于苏北地区企业的实证分析 [J]. 淮阴工学院学报，2010，19（4）：57-64.

[146] 宋铁波，曾萍. 合作还是创新？ 企业家精神对动态能力的影响——基于广东温氏的经验发现 [J]. 研究与发展管理，2011，23（5）：11-20.

[147] 孟秀兰，刘巍巍，柴攀峰. 企业家精神、动态能力与技术创新：后发企业技术创新追赶机理与路径 [J]. 科技和产业，2016，16（1）：104-109，121.

[148] 姜忠辉，罗均梅，孟朝月 . 动态能力、结构洞位势与持续竞争优势——青岛红领 1995—2018 年纵向案例研究 [J]. 研究与发展管理，2020，32（3）：152-164.

[149] 赵永杰 . 基于企业家精神的动态能力生成机理研究 [D]. 大连：东北财经大学，2011.

[150] 辛蔚，何地，孙凯 . 创新视角下动态能力研究综述——脉络梳理及理论框架构建 [J]. 技术经济与管理研究，2018（6）：44-48.

[151] SARAH E A, KLAUS E. Meyer，marc day, stages of organizational transformation in transition economies: a dynamic capabilities approach[J]. Journal of Management Studies, 2010, 47(3): 416-436.

[152] ZOTT C. Dynamic capabilities and the emergence of intraindustry differential firm performance: insights from a simulation study[J]. Strategic Management Journal, 2003, 24(2): 97-125.

[153] 邓少军，焦豪，冯臻 . 复杂动态环境下企业战略转型的过程机制研究 [J]. 科研管理，2011，32（1）：60-67，88.

[154] 唐孝文，刘敦虎，肖进 . 动态能力视角下的战略转型过程机理研究 [J]. 科研管理，2015，36（1）：90-96.

[155] 臧树伟，胡左浩 . 动态能力视角下的企业转型研究：从市场驱动到驱动市场 [J]. 科学学与科学技术管理，2017，38（12）：84-96.

[156] 赫连志巍，高玲，薛传佳，等 . 转型导向的企业能力与市场资源匹配研究 [J]. 管理现代化，2017，37（3）：72-76.

[157] 何小钢 . 核心资源、动态能力与跨产业升级——基于科技企业的跨案例研究 [J]. 科学学与科学技术管理，2019，40（10）：129-145.

[158] 马忠，刘宇 . 企业多元化经营受政府干预、企业资源的影响 [J]. 中国软科学，2010（1）：116-127，174.

[159] 苏敬勤，刘静 . 多元化战略影响因素的三棱锥模型——基于制造企业的多案例研究 [J]. 科学学与科学技术管理，2012，33（1）：148-155.

[160] 白彦壮，郭蕾，殷红春 . 企业家精神驱动下自主知识产权品牌成长机制研究——以小米科技为例 [J]. 科技进步与对策，2015，32（12）：79-85.

[161] Yi Y. Dynamic capabilities and the speed of strategic change: evidence from China

[J].IEEE Transactions on Engineering Management, 2015, 62(1):18-28.

[162] 刘畅. 创新生态系统视角下企业家精神对创新绩效的影响关系研究 [D]. T 长春：吉林大学，2019.

[163] 刘飞，简兆权. 可持续竞争优势：基于动态能力的视角 [J]. 科学管理研究，2010，28（3）：51-55，68.

[164] 简兆权，刘念，黄如意. 动态能力、企业规模与双元创新关系研究——基于 fsQCA 方法的实证分析 [J]. 科技进步与对策，2020，37（19）：77-86.

[165] 邓少军，焦豪，冯臻. 复杂动态环境下企业战略转型的过程机制研究 [J]. 科研管理，2011，32（1）：60-67，88.

[166] 唐孝文，刘敦虎，肖进. 动态能力视角下的战略转型过程机理研究 [J]. 科研管理，2015，36（1）：90-96.

[167] 刘耀龙，黄晓丽，段锦. 技术多元化、动态能力对企业二元式创新的影响——基于中国汽车企业面板数据 [J]. 企业经济，2017，36（7）：125-133.

[168] JANTUNEN A, PUUMALAINEN K. Entrepreneurial orientation, dynamic capabilities and international performance[J]. Journal of International Entrepreneurship, 2005, 3(3): 223-243.

[169] 吕途，林欢，陈昊. 动态能力对企业新产品开发绩效的影响——双元创新的中介作用 [J]. 中国科技论坛，2020（8）：67-75，87.

[170] ZOTT C. Dynamic capabilities and the emergence of intraindustry differential firm performance: insights from a simulation study[J]. Strategic Management Journal, 2003, 24(2): 97-125.

[171] 李烨，陈劲，彭璐，等. 国有大型煤炭企业产业转型与持续发展研究——来自萍乡矿业集团的实践与启示 [J]. 管理案例研究与评论，2011，4（1）：38-46.

[172] 张聪群. 超竞争环境下产业集群内中小企业转型研究——基于企业动态能力视角 [J]. 科技进步与对策，2014，31（14）：92-97.

[173] 吴利华. 企业发展中产业转型战略初探 [J]. 西南交通大学学报（社会科学版），2004（5）：40-44.

[174] 潘健平，王铭榕，吴沛雯. 企业家精神、知识产权保护与企业创新 [J]. 财

经问题研究，2015（12）：104-110.

[175] PRAHALAD C K, OOSTERVELD J P. Transforming internal governance: the challenge for multinationals[J]. Sloan Management Review, 1999, 40(3): 31-40.

[176] 王吉发，冯晋，李汉铃 . 企业转型的内涵研究 [J]. 统计与决策，2006（2）：153-157.

[177] 康凌翔，李鹏 . 完全市场机制下企业产业转型升级机制分析 [J]. 商业时代，2014（22）：95-96.

[178] 陈抗，李廉水 . 新常态下制造企业的产业转型：综合动因与实现机制 [J]. 江海学刊，2017（5）：78-83，238.

[179] 许爱玉 . 基于企业家能力的企业转型研究——以浙商为例 [J]. 管理世界，2010，201（6）：184-185.

[180] 陈致中，沈源清 . 企业家精神与中小企业战略转型 [J]. 现代管理科学，2014，255（6）：33-35.

[181] KIM Y S，MATHUR I. The impact of geographic diversification on firm performance[J]. International Review of Financial Analysis, 2008, 17(4): 747-766.

[182] 欧阳艳艳，关红玲，施养劲 . 行业多元化、国际化与企业业绩——基于 2010—2017 年中国上市公司的实证研究 [J]. 山西财经大学学报，2020，42（3）：76-86.

[183] ZAHRA S A, KORI J S，YU J. Cognition and international entrepreneurship: implications for research on international opportunity recognition and exploitation[J]. International Business Review, 2005, 14(2): 129-146.

[184] TRUNGHN R. The Impacts of entrepreneurship on export orientation and internationalisation: the moderating effects of family ownership and involvement[J]. International Journal of Innovation and Learning, 2016, 19(1): 1-24.

[185] 段志蓉，邱海鹰，朱玉杰 . 企业的风险态度对国际化决策的影响 [J]. 清华大学学报（哲学社会科学版），2008，96（2）：149-158，160.

[186] 钱海燕，张骁，杨忠 . 企业家精神与中小企业国际化——基于企业家社会资本的分析 [J]. 南京大学学报（哲学·人文科学·社会科学版），2009，

46（6）：63-70，140.

[187] 林海平 . 试论企业家精神与企业国际化 [J]. 科技管理研究，2008，28（4）：144-145.

[188] 刘军伟，刘华，王伟 . 企业家精神、社会资本与科技型中小企业天生国际化路径研究 [J]. 科技进步与对策，2018，35（16）：144-150.

[189] HOLCOMBE R G. Progress and entrepreneurship[J]. Quarterly Journal of Austrian Economics, 2003, 6(3): 3-26.

[190] 曾萍，廖明情，汪金爱 . 区域多元化抑或产品多元化？ 制度环境约束下民营企业核心能力构建与成长战略选择 [J]. 管理评论，2020，32（1）：197-210.

[191] 田虹，崔悦 . 企业家精神与中小企业成长的影响机制研究 [J]. 南通大学学报（社会科学版），2017，33（6）：97-102.

[192] 毛蕴诗，吴瑶 . 中国企业：转型升级 [M]. 广州：中山大学出版社，2009.

[193] 张建君，李宏伟 . 私营企业的企业家背景、多元化战略与企业业绩 [J]. 南开管理评论，2007，56（5）：12-25.

[194] 中国企业家调查系统 . 企业经营者对企业家精神的认识与评价——2009年中国企业经营者成长与发展专题调查报告 [J]. 管理世界，2009，189（6）：91-101，188.

[195] 姚凯，陈曼 . 企业家心智模式对企业多元化战略决策的影响 [J]. 经济理论与经济管理，2009，228（12）：60-65.

[196] 王永健 . 企业能力、管理者认知与地域多元化：中国市场分割条件下的实证研究 [D]. 广州：华南理工大学，2014.

[197] 文争为，王琪红 . 市场分割和国内跨区域市场扩张 [J]. 产业经济研究，2020，105（2）：32-44，72.

[198] 高丹雪，张鸿，仲为国 . 慈善捐赠与企业区域扩张 [J]. 经济管理，2018，40（12）：55-71.

[199] BRANDT L, BIESEBROECK J V, Zhang Y. Creative accounting or Creative destruction? Firm-level productivity growth in Chinese manufacturing[J]. Journal of Development Economics，2012, 97(2): 339-351.

[200] 杨丽丽，盛斌，赵进 . 国际化动态能力、国际扩张战略与企业绩效：基

于江苏制造业企业的经验研究 [J]. 国际商务（对外经济贸易大学学报），2015（3）：151-160.

[201] 徐康宁，冯伟 . 基于本土市场规模的内生化产业升级：技术创新的第三条道路 [J]. 中国工业经济，2010（11）：58-67.

[202] 陆国庆 . 上市公司产业转型的风险管理 [J]. 经济理论与经济管理，2003（5）：33-38.

[203] 王德鲁，张米尔，周敏 . 产业转型中转型企业技术能力研究评述——兼论转型企业技术能力再造途径 [J]. 管理科学学报，2006（3）：74-80.

[204] REVILLA A, FERNANDEZ Z. Environmental dynamism, firm size and the economic productivity of R&D[J]. Industry & Innovation, 2013, 20(6): 503–522.

[205] 白极星，周京奎 . 研发聚集、创新能力与产业转型升级——基于中国工业企业数据实证研究 [J]. 科学决策，2017（1）：1-17.

[206] 张晓东 . H 公司产品转型发展战略研究 [D]. 哈尔滨：黑龙江大学，2018.

[207] 李秀娟，张燕 . 当传承遇到转型 [M]. 北京：北京大学出版社，2017.

[208] LUMPKIN G T, DESS G G. Linking two dimensions of entrepreneurial orientation to firm performance: the moderating role of environment and industry life cycle[J]. Journal of Business Venturing, 2001, 16(5): 429-451.

[209] 李新春，张鹏翔，叶文平 . 家族企业跨代资源整合与组合创业 [J]. 管理科学学报，2016，19（11）：1-17.

[210] 曾铖，郭兵，罗守贵 . 企业家精神与经济增长方式转变关系的文献述评 [J]. 上海经济研究，2015（2）：120-129.

[211] 马丽，赵蓓 . 创业导向对新产品开发能力的影响——员工整合的作用机理 [J]. 软科学，2017，31（6）：105-109.

[212] TSENG C H, TANSUHAJ P, HALLAGAN W, et al. Effects of firm resources on growth in multinationality[J]. Journal of International Business Studies, 2007, 38(6): 961-974.

[213] 武志勇，马永红 . 融资约束、创新投入与国际化经营企业价值研究 [J]. 科技进步与对策，2019，36（9）：102-109.

[214] ZHOU L, BARNES B R, LU Y. Entrepreneurial proclivity, capability upgrading

and performance advantage of newness among international new ventures[J]. Journal of International Business Studies, 2010, 41 (5):882-905.

[215] 李东阳，郑磊，袁秀秀 . 国际化程度对企业创新能力的影响——基于中国制造业上市公司的实证检验 [J]. 财经问题研究，2019（4）：122-128.

[216] JENNINGS J E，BRUSH C G. Research on women entrepreneurs: challenges to (and from) the broader entrepreneurship literature? [J]. Academy of Management Annals, 2013, 7(1): 663-715.

[217]MAZZEI M J, KETCHEN D J, Shook C L. Understanding strategic entrepreneurship: a "theoretical Toolbox" approach[J].International Entrepreneurship and Management Journal, 2017, 13(2): 631-663.

[218] 王扬眉，吴琪，罗景涛 . 家族企业跨国创业成长过程研究——资源拼凑视角的纵向单案例研究 [J]. 外国经济与管理，2019，41（6）：105-125.

[219] 周立新，宋帅 . 家族企业创业导向与国际化战略选择：家族涉入的调节效应 [J]. 科技进步与对策，2019，36（18）：96-103.

第 3 章　企业家精神驱动家族企业产业转型的机理研究

3.1 研究设计

3.1.1 初步理论模型的构建

企业家是影响企业经营活动的主导因素。企业家精神作为企业家特殊技能的集合，是促进企业成长的重要力量之一。纵观已有的关于企业家精神的相关研究，尽管国内外学者针对企业家精神进行了大量的研究，但是对于中国情境下家族企业企业家精神的研究还略显不足。家族企业作为一个文化伦理组织，家族企业主不仅要担负家族兴旺和传承的使命，还要承担起推动企业发展的责任，这就导致了家族企业主的企业家精神会受到其家族的影响。因此，家族企业企业家精神与非家族企业企业家精神之间必定有所区别，亟须我们进入家族企业现场进行调查研究，总结提炼出中国家族企业企业家精神的内涵和构成要素。

当前，我国处于产业转型升级、产业结构调整的关键阶段，大部分家族企业面临着转型升级与扩大规模的问题，产业转型已成为家族企业持续成长的一个重要战略选择。现有关于企业产业转型的文献表明，企业家个体层面的企业家社会资本、企业家认知等因素对企业产业转型具有显著影响，不过现有的相关研究主要是集中在企业家个体特征的方面，对于企业家内在的企业家精神却较少涉及。同时，在对相关领域的研究文献进行归纳总结时，发现企业家精神、动态能力和企业产业转型之间存在相互作用的关系。不过现有研究对它们之间的具体影响机制尚未进行详细的研究，因此，目前不能获取企业家精神对企业产业转型的影响作用机制。本章旨在丰富该领域的研究，研究中国家族企业企业家精神的内涵与构成要素以及它们是如何影响家族企业产业转型的。

综合以上分析，本章构建的研究框架是"企业家精神—动态能力—企业产业转型"，其核心思想是：企业家精神是促进家族企业动态能力生成和提升的一个重要途径，而家族企业产业转型的成功实现需要企业动态能力的支撑，动态能力的提升能够为家族企业实现产业转型奠定基础。基于本书的研究框架，选取典型家族企业作为案例进行分析，探讨中国情境下家族企业企业家精神的内涵和构成，立足于动态能力的角度分析家族企业企业家精神对企业产业转型的影响作用机制，此外，本章构建了企业家精神对家族企业产业转型影响作用的初步分析框架，如图 3.1 所示。

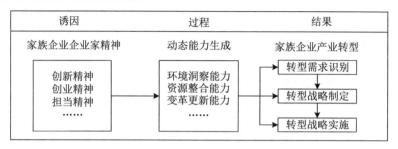

图 3.1　家族企业企业家精神与家族企业产业转型的框架模型

3.1.2 研究方法与技术路线

本章重点探究的问题是"企业家精神对家族企业产业转型的影响作用"，以家族企业主的企业家精神为入手点，研究家族企业是怎样进行产业转型、企业家精神是如何影响产业转型以及不同家族企业进行产业转型的异同点，这分别属于"为什么"和"怎么样"的问题，此类研究问题适宜采用案例研究的方法进行研究。由于家族企业产业转型的相关研究还处于刚刚兴起的阶段，因此探索家族企业企业家精神与企业产业转型关系机制适宜采用案例研究的方法。而相较于单案例研究法，多案例研究方法有利于归纳和构建出一个相对具有普适性的理论模型。这是因为多案例研究不仅能够针对单个家族企业进行案例分析，还可以对不同的家族企业展开跨案例的对比分析，从多个家族企业的产业转型行为中，对企业家精神和家族企业产业转型之间的影响作用展开研究。因此，为了提高研究结论的可靠性和普遍性，本章将选择采用多案例研究方法。

笔者严格按照案例对象的选择标准，选取河北省和河南省内多家典型的家族企业为研究对象，对案例企业的创始者、接班者或其他家族高管进行半结构化访谈，同时辅之以与案例企业相关的二手数据资料，利用扎根理论的质性研究方法对案例资料进行编码分析，以提炼出研究案例家族企业企业家精神的内涵和构成。最后，基于前文提炼出的家族企业企业家精神的内涵与构成维度，对案例企业进行单案例分析和跨案例对比分析，进而得出企业家精神对家族企业产业转型的影响作用的相关命题。本章的数据收集与分析工作同步展开，基于相关的理论基础和企业实际状况，不断抽象并提炼出构念和范畴，直到理论饱和。本章研究的技术路线图如图 3.2 所示。

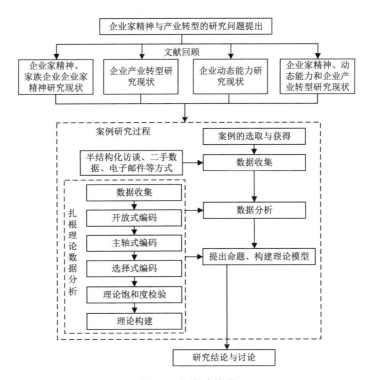

图 3.2 技术路线图

3.1.3 研究设计的判断标准

目前，学者们普遍采用建构效度、内在效度、外在效度和信度这四个指标来评价案例研究的质量。信度是指研究结果的可靠性与一致性。效度是用来检验数据与理论的匹配程度。由于内在效度不适用于探索型案例研究，因此，本章在数据收集、撰写报告、数据编码以及数据分析等案例研究阶段采用建构效度、外在效度和信度等指标对研究质量进行评价，进而确保研究结论的科学性，详细策略如表 3.1 所示。

表 3.1 保证研究信度和效度的策略

指标	案例研究策略	应用阶段
建构效度：准确测量所探讨的概念	一手数据：半结构化访谈 二手数据：期刊论文、报纸、行业统计年鉴、企业内部资料等	数据收集
	调研报告：检验、核实所收集的案例企业数据	撰写报告
	证据链：对比和分析从多渠道来源所收集的数据，确保研究结论的可靠性	数据编码
外在效度：结论的普适性	在理论、数据、模型三者之间进行交互迭代：立足于现有研究，根据案例数据构建理论模型，并在理论、数据、模型之间不断进行对比分析 在进行多案例研究时按照逐项复制原则，以提升研究结果的普适性	研究设计
信度：研究的可复制性	设计案例研究草案：研究者根据研究问题设计案例研究草案，明确案例数据的收集方法与分析方法，并在实施过程中不断地发展与修改案例研究草案	研究设计
	编码一致性检验：对两位编码人员的数据编码结果进行对比分析，计算两者的编码一致性，高于 80% 为可接受水平	数据分析

3.1.4 研究对象的选择

案例研究适合于探索和发现管理实践中出现的新现象，是建立和检验理论的有效方法，它能够回答"为什么"和"怎么样"的问题。本章的目的是明确中国情景下家族企业企业家精神的内涵以及构成，并就家族企业企业家精神和企业产业转型之间的影响作用进行研究，为我国家族企业产业转型提供战略性建议。因此，案例研究方法是最合适的研究策略。本章以家族企业为研究对象，选择河北省、河南省多家已实施或正在实施产业转型的家族企业。

（1）案例企业为家族企业。按照范博宏教授的观点，家族企业的划分标准应该满足股权集中度、家族成员参与经营以及企业能否实现内部传承三个方面，本章按照此标准选择符合条件的家族企业展开研究。

（2）案例企业应为来自不同行业的规模以上的家族企业。例如：工业企业、零售企业、建筑企业以及批发企业等。

（3）选取完成或正处于企业产业转型阶段的家族企业为研究对象，访谈每家企业的企业主或接班者以及担任高管的家族成员。

3.2 数据收集与分析

3.2.1 案例企业基本信息

本章在案例企业选择上遵循理论抽样的原则，具体的选择标准如下：①本章按照范博宏教授的观点将股权集中度、家族成员参与经营以及企业能否实现内部传承作为选择家族企业的标准，进一步寻找典型样本企业。②遵循典型性原则。案例研究是为了发展理论、进行理论构建，因此在进行案例企业选择时应该按照理论抽样的原则，选择具有典型性的企业。本章选取数家已经或正在进行产业转型的家族企业，主要访谈每家企业的企业主或接班者以及担任高管的家族成员。③遵循多案例复制逻辑。多案例研究的逐项复制原则相当于做了多次实验，可以对一种逻辑进行反复证明，有助于全面客观地反映事实，构建普适性更高的理论。在案例企业访谈时，遵循逐项复制的原则，有助于提高研究结论的稳健性和普适性。④数据获取的方便性及可靠性。综合以上几个方面的考虑，笔者最终选择来自河北省、河南省的六家典型家族企业为案例研究对象。

六家案例企业分别是 JD 橡胶、XZ 电缆、ZT 建材、HM 商贸、GY 集团以及 ZQXL 集团。其中，JD 橡胶在进行橡胶生产制造的同时投资设立 JD 国际贸易公司，先后进入餐饮行业、纺织行业和房地产行业；GY 集团最早致力于房地产开发，之后成立物业公司，如今重点发展文化产业；XZ 电缆放弃轧钢厂转向电线电缆的生产销售，并且提供技术咨询服务；HM 商贸早期致力于商贸配送，先后成立食品加工厂、快捷酒店，并将食品加工作为企业主营业务；ZT 建材早期从事运输行业，之后转向混凝土的生产制造，并且投资设立建材工业园；ZQXL 集团最早进入房地产行业，之后进入零售行业，并且先后成立了工业集团和物流集团。案例企业基本信息如表 3.2 所示。

在案例访谈前制定了访谈提纲，由以下三部分所构成。第一部分主要是了解受访者和案例企业的基本信息。第二部分是为了回答新时代家族企业企业家精神的内涵与构成，了解企业家在经营企业中表现的一些个性品质、经营理念以及管理行为。第三部分主要是了解企业家精神是如何影响家族企业产业转型的。在与企业家面对面访谈的过程中，着重邀请他们描述在处理重点事件的过程中的观点、态度以及行为表现，根据家族企业主的观点和行为来归纳家族企业企业家精神的内涵与构成要素。具体的访谈提纲见附录 A。

表 3.2 案例企业基本信息

企业	行业	成立时间	资产总额 / 万元	员工人数	企业产业转型概况
JD 橡胶	橡胶制品的研发、生产、销售、服务	1985 年	29000	1200	设立 JD 国际贸易公司；成立快餐店进入餐饮行业；收购纺织厂进入纺织行业，关闭纺织厂成立房地产公司；参股农村信用合作联社
GY 集团	房地产开发、物业管理、文化园	1985 年	2000000	2000	设立物业管理公司；开办博物馆、文化园，进入文化产业
XZ 电缆	电线电缆生产销售、技术咨询服务	1999 年	19000	150	放弃轧钢厂建立电缆厂；提供电线电缆生产技术咨询服务；投资银行、信用社
HM 商贸	豆制品生产销售	1999 年	200	100	成立食品加工厂；投资建立快捷酒店和饭店
ZT 建材	混凝土、预拌砂浆、PC 装配式构建	2008 年	48500	140	投资设立 HY 建材工业园，生产混凝土原材料
ZQXL 集团	房地产、汽车零部件、商业物流、旅游研学	1990 年	1000000	11000	成立 ZQXL 地产集团；成立 ZQXL 工业集团；成立 ZQXL 物流集团；成立 ZD 酒店管理有限公司

注：为保护案例企业隐私，本文隐去企业名称以及企业主的身份信息。

3.2.2 数据收集与汇总

笔者通过多种渠道完成数据收集工作，具体包括半结构化访谈、文献资料、企业内部资料、实地考察、公共媒体资料等，多维度数据可以保证数据的互相补充、交叉验证，能够保证数据的可靠性和有效性。首先是通过 CNKI 数据库检索与访谈企业相关的期刊论文、报纸、行业统计年鉴等资料，并通过企业网站、新闻报道了解企业简介、产品、技术等信息，在访谈前充分熟悉企业基本信息。其次是深入企业调研，对企业创始人和接班人进行面对面的半结构化访谈，请求受访者提供和证明企业相关资料，邀请他们对本章的研究主题分

享自己的观点，在每次访谈结束后立即对访谈录音进行整理。研究小组先后对
6 家案例企业进行了走访调研，共进行了 9 次访谈，每次访谈时长约 1 个小时。
最后是对企业内部刊物、高层领导重要讲话等内部资料进行收集，以便详细了
解企业信息。本章访谈历时 1 年多，6 家案例企业的数据收集情况如表 3.3 所示。
以上多元化的证据来源有效避免了共同方法偏差，以此保证信度和效度。

表 3.3　案例企业数据收集情况

企业名称	半结构化访谈				二手资料
	访谈对象	职位	访谈时长 / 分钟	逐字稿字数 / 字	二手资料字数 / 字
JD 橡胶	创始者经理	Z 董事长 W 部门经理	121	27531	6857
GY 集团	创始者接班者	G 董事长 G 总经理	163	15805	15805
XZ 电缆	接班者	C 总经理	86	12091	5453
HM 商贸	接班者	M 总经理	80	10047	5002
ZQXL 集团	创始者经理	T 董事长 L 经理	120	24427	27651
ZT 建材	创始者	G 部门经理	62	12650	7829

3.2.3 数据分析

本章采用 Strauss 等提出的程序化扎根理论的数据编码技术，利用 Nvivo 质
性分析软件对案例资料进行开放式编码、主轴式编码、选择式编码三级编码分
析。本章的数据分析与数据收集工作是同步开展的，在每一个案例企业的访谈
结束后，便立刻对访谈资料进行初步编码分析。在收集访谈数据的过程中，每
一次访谈前都基于前一次的访谈结果，对访谈提纲进行调整和完善，以便获得
更好的访谈效果。另外，编码过程严格遵循扎根理论的编码原则和程序，将访
谈资料概念化和范畴化。具体的数据编码过程如下所示。

1. 开放式编码

开放式编码是指研究者持开放态度，对案例访谈的原始资料进行逐行编码
以形成概念，并且明晰概念与概念之间的关系，进而提炼出初始范畴的过程。
例如一位受访者提道："你看我们加入联商网，包括兄弟联，你比如我们要去
采购新疆的葡萄干，那肯定采购量会特别大，你看湖南 BBG 集团，它也都是
上市公司，我们和它都是那种联采模式，这发现好商品，比如葡萄干、大枣是

啥样的,好不好?我要几吨,你要多少吨,一下就分出去了,就是联合采购",意为企业家通过专业网站与同行建立合作关系,因此把这句话编码至"同行关系"这一范畴。本书由两名接受过专业方法培训的团队成员对原始资料逐行逐句地贴标签,形成概念再进一步归纳形成范畴,针对编码不一致的地方,团队成员进行充分讨论直到意见一致。通过对6家样本企业逐个编码,在开放式编码的阶段,总共获得了329个概念、94个范畴。考虑到数据量大的问题,本章仅以"ZQXL集团"作为示例展示其开放式编码结果。

2. 主轴式编码

主轴式编码是在前一阶段编码结果的基础上进一步凝练总结主范畴,通过不断寻找不同范畴之间的联系并对它们进行归纳合并,使得开放式编码得出的初始范畴进一步抽象化,进而形成副范畴和主范畴的过程。本章以"ZT建材"为例,认为可以将"敢于冒险""善于冒险""果断决策"等3个范畴归纳为"风险承担"这一副范畴,认为可以将"勇于革新""风险承担""试错文化"等3个副范畴归纳为"创新精神"这一主范畴。最终,本文得到了33个副范畴、13个主范畴,详细的主轴编码结果可见表3.4。

表3.4 主轴编码结果

主范畴	副范畴	范畴
创新精神	勇于革新	尝试新想法
	风险承担	敢于冒险;善于冒险;果断决策
	试错文化	允许试错;敢于尝试
创业精神	超前行动	前瞻性;先于竞争对手作出反应
	危机意识	保持危机感;主动作出改变
	抛弃策略	权衡市场利弊;权衡自身优势;排除发展障碍
	市场导向	关注市场变化;关注顾客需求;创造顾客需求
合作精神	正式关系	客户关系;同行关系;银行关系
	非正式关系	朋友关系;家族关系;参加行业协会;政府关系;其他关系
	合作投资	产学研合作;合资建厂
担当精神	承担家族责任	构筑家族愿景;维系家族情感;家族成员就业
	承担企业责任	对员工负责;构筑企业愿景;对顾客负责
	承担社会责任	关注慈善;提供就业岗位;合法经营;环境保护;关注社会进步

（续表）

主范畴	副范畴	范畴
务实精神	恪守诚信	树立诚信理念；诚信经营
	务实、实干	脚踏实地；做实事
学习精神	善于学习	自主学习；培训学习；参加行业会议；借鉴他人经验
	总结实践经验	总结失败经验；干中学；学以致用
	掌握领域内知识	知晓各个环节；符合领域条件
环境洞察能力	环境扫描	外部环境分析；内部资源评估
	机会识别	把握政策机会；把握商业机会
资源整合能力	资源获取	获得政府支持；获取资金；获取客户资源；获取人才
	资源整合	合理配置资源；整合内外部资源
变革更新能力	组织创新	员工创新激励机制；服务创新；建立研发中心；重视研发投入；产品创新
	组织变革	主动变革意识；组织结构变革；企业文化重塑
组织学习能力	内部学习	员工培训；内部学习刊物；经验分享会；定期工作会议
	外部学习	客户学习；供应商学习；同行其他企业学习；聘请专家；技术引进
转型动因	机会诱导	关键事件；国家政策
	资源冗余	资金冗余；土地资源冗余
	危机驱动	环境污染；市场饱和；管理问题
转型准备	转型规划设计	市场分析；风险评估；资源准备
	转型理念宣导	调动员工积极性；获得员工认可
转型实施	资源能力重构	资源协同；有效配置各类资源
		经营调整；制度调整；人员调整

3. 选择式编码

选择式编码是基于前两个阶段的编码结果，从主范畴和其他范畴中寻找核心范畴，并利用"故事线"的形式将核心范畴与其他范畴系统地联系起来，进而形成新的理论框架的过程。通过对提炼出的范畴和主范畴进行深入分析，进而提炼出核心范畴，即"家族企业企业家精神促进了家族企业动态能力的生成与发展，进而推动了家族企业产业转型的顺利实施"，因此，围绕这一核心范畴本章的故事线可以总结为：家族企业企业家的创新精神、创业精神、合作精神、担当精神、务实精神以及学习精神有助于家族企业动态能力的形成与发展。其中，企业家精神的不同要素对企业动态能力具有不同的影响，动态能力影响企业产业转型的全过程，通过影响产业转型动因的识别、产业转型战略的制定、产业转型战略的实施，进而推进家族企业成功实现产业转型。

3.2.4 理论饱和性检验

理论饱和性检验是通过对企业新收集的访谈资料进行分析，如果数据不能进一步产生新的范畴和关系，则说明此时构建的理论达到了理论性饱和。笔者同时展开数据的收集、处理与分析工作，按照编码程序进行编码。其中，基于"HM 商贸"的访谈资料提炼出了 39 个范畴、13 个副范畴和 8 个主范畴；基于"XZ 电缆"的访谈资料提炼出的范畴、副范畴、主范畴数量各为 61 个、21 个、11 个，与"HM 商贸"相比，各自增加了 22 个、8 个、3 个；基于"GY 集团"的访谈资料提炼出的范畴、副范畴、主范畴又在此基础上增加了 16 个、6 个和1 个；基于"ZT 建材"的访谈资料编码结果，又新增了 11 个范畴、4 个副范畴和 1 个主范畴；基于"JD 橡胶"的访谈资料，提炼出新的 6 个范畴、2 个副范畴和 0 个主范畴；当完成对"ZQXL 集团"的访谈资料的编码后，没有再出现新的范畴，同时也未出现新的关系，此时可判定理论达到饱和状态，如图 3.3所示。

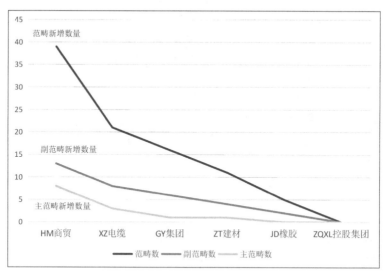

图 3.3 各案例新增范畴数量

3.3 案例分析及研究发现

3.3.1 案例企业企业家精神的构成分析

通过对 6 家案例企业访谈数据的处理与分析，可以发现企业家精神是通过企业家在经营管理活动中的言行举止与观点态度体现出来的。因此，笔者立足于企业家的行为，对于中国情境下的家族企业企业家精神的内涵和构成有了更深的认识，认为家族企业企业家精神是家族企业主的个体特性、思维方式和行动逻辑的综合体现。企业家精神包含了多个维度，主要包括创新精神、创业精神、担当精神、合作精神、务实精神以及学习精神。通过多案例分析，笔者认为与非家族企业的企业家精神相比，家族企业主更加关注家族企业的持续经营，更加倾向于承担家族责任和家族企业责任，以果断的决断力、不安于现状、勇于承担风险为核心，体现在诚信经营、学以致用等多方面。具体内容如表 3.5 所示。

表 3.5　案例企业企业家精神的构成

表现	内涵	典型行为举例
创新精神	企业家善于以现有思维模式提出新的见解，勇于尝试新思路和新方法，同时包容员工的失败，形成允许试错的企业文化氛围	尝试新的想法；进入新的业务领域
创业精神	企业家对企业未来发展具有明确的发展规划，他们坚持市场导向，具有较高的市场敏感性，往往能够先于竞争对手作出行动，并且敢于承担行动带来的风险	关注市场变化；实施抛弃策略
担当精神	企业家充分考虑家族、社会以及利益相关者的诉求与利益，在进行企业各项业务活动的同时追求家族价值、企业价值和社会价值的协同发展	承担社会责任；承担家庭责任；承担企业责任
合作精神	企业家热衷于建立并维持各种社会关系，构建自身的社会网络，坚持以合作共赢的理念进行各种合作，善于依靠并利用他人的智慧与资源，获得共同利益	与运营商保持良好关系；合作投资新项目
务实精神	企业家坚持脚踏实地的工作作风，对客户、供应商诚实守信，并且谦虚善学	务实、实在；诚信经营
学习精神	企业家具有积极的学习态度，能够虚心接受他人意见与建议，善于总结经验教训，并可以将学的知识和技能应用到实际工作中	理论结合实践；吸取失败经验

3.3.2 基于动态能力的家族企业企业家精神对产业转型的影响

1. 家族企业企业家精神对动态能力的影响

由案例编码结果可知，家族企业企业家精神是家族企业主组织、建立和经营管理企业综合能力的重要表现，它是一种重要的无形生产要素，对于家族企业动态能力的形成和发展具有促进作用。通过对编码结果的分析，可以发现家族企业企业家精神对不同维度的动态能力具有不同的作用。

（1）企业家精神对环境洞察能力的影响

环境洞察能力是企业对所处环境动态变化的感知能力，它能够识别企业面临的机遇和威胁，帮助企业抓住潜在机会、化解潜在危机。

①环境扫描

在转型经济背景下，政策环境是企业外部环境的重要组成部分。在勇于革新的创新精神影响下，家族企业主会坚持与时俱进，及时掌握国家政策，特别是那些与企业所处产业发展息息相关的国家政策。其中，《新闻联播》是家族企业主把握国家政策风向、了解行业发展态势的重要途径，6家案例企业的受访者都表示了自己对于国家政策的关注。其中，GY集团和ZQXL集团的受访者均认为企业经营的房地产行业受国家政策和经济形势的变化影响很大，如果短期之内制度环境变动不大，基本上不会有什么风险。

在企业家合作精神的影响下，有利于家族企业内部形成一种开放合作、互利共赢的发展理念，进而与客户、供应商、政府等社会主体之间建立良好的联系和互动。而这些社会网络主体是构成企业外部环境的重要组成部分。因此，具有合作精神的企业家可以及时有效地与这些社会网络主体实现信息传递与互动，而这有助于企业提高对外部环境的识别能力。例如，ZT建材的G经理和JD橡胶的Z总均表示，企业会定期邀请客户参观工厂，一方面企业客户可以通过深入企业内部，对企业的生产状况、产品种类、技术水平拥有一个直观和清晰的感受，有助于增强企业与客户之间的合作关系；另一方面，企业可以从客户那里获取市场信息、客户需求信息，并能对这些信息进行消化和响应。

具有学习精神的企业家不仅擅长借鉴其他企业的优秀经验、方法，并且能够基于企业的实际情况应用并突破他人的成功经验。例如，ZT建材董事长积极带领团队不断外出学习，不断接触国内领先的混凝土企业，学习、借鉴这些优秀企业的先进管理理念、质量管控经验并吸收到企业经营管理中，积极引入ERP、钉钉等智能管理软件，筹备企业上云，极大地提高了企业对内部环境的监控能力。因而，在学习精神的推动下，家族企业主会积极借鉴、吸收优秀企业的内部管理经验，并根据企业自身的实际情况加以应用，这将有助于企业及时掌握内部资源和能力的真实状况，提升企业对内部环境的识别能力。

②机会识别

具有合作精神的企业家善于建立正式关系和非正式关系，而这些关系可以帮助企业获取与潜在市场需求相关的信息，把握社会网络兴起的各种商业机会。一方面，企业家会保持与客户紧密的关系和合作，把客户融入企业生产经营活动中，根据客户需求和偏好的变化识别市场机会；另一方面，企业家与其他企业领导人的良好关系有助于企业获取客户资源、市场需求等信息，也有助于公司与其他企业加强信息与数据交换，这些有利于企业挖掘潜在的市场机会。HM商贸的 M 总提到在每次出差遇到同行业其他商家的时候，他们都会对产品和市场的信息进行讨论与分享，并且在不构成竞争关系的时候会互相推荐客户。

具有学习精神的企业家也会积极参加行业交流会或者与本行业相关的研讨会，可以帮助企业及时了解行业发展的最新动态及政策走向，获取可能的市场机遇。例如，6 家受访的家族企业主均表示出对于行业交流会议的重视，他们每年都会参加行业内的一些相关会议。其中，ZT 建材 G 经理表示："无论从事何种行业，这个行业中肯定有很多的交流会、培训会，通过参加这些交流会，我们能够对行业的发展趋势、市场的发展情况有更深一步的了解，这对于我们来说更有意义。"ZQXL 集团的 L 总说道："同行业的会议这肯定是总去，年度的一些大会，就是同行业主持的一些会议，我们肯定要参加的。"

市场导向是创业精神的核心，也有助于企业家把握市场趋势、挖掘市场机会。富有创业精神的家族企业家是市场导向的，其强调对市场变化特别是顾客需求变化的"快速响应"，因此，企业会更加注重市场信息的快速收集和反应。具体而言，富有创业精神的家族企业家往往能够保持较高的市场敏感度，促使企业深入市场进行大量的市场调研，明确市场发展趋势，这有助于企业从复杂的经济形势中高效识别外部发展机遇和威胁。ZQXL 集团董事长每年都会去全国各地考察众多项目，为把握企业的发展机遇作出努力。

综上所述，环境洞察能力由环境扫描和机会识别构成，其中，创新精神、合作精神、学习精神有助于企业进行环境扫描，合作精神、学习精神、创业精神有助于企业进行机会识别。基于此，笔者构建了家族企业企业家精神与环境洞察能力的关系模型，如图 3.4 所示，并提出命题 1a。

命题 1a：家族企业家的合作精神、创新精神、学习精神、创业精神有助于环境洞察能力的形成和发展。

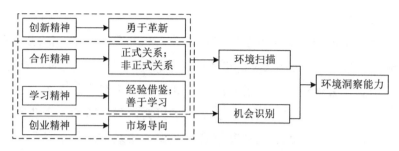

图 3.4 家族企业企业家精神对环境洞察能力

（2）企业家精神对资源整合能力的影响

资源整合能力是企业对现有资源进行重新配置使其与外部环境变化相匹配的一种能力，主要包括资源获取和资源配置。

①资源获取

企业资源是企业拥有的、能够帮助企业实现价值创造的各种要素的总和，包括内部资源和外部资源。企业家精神的发挥有助于资源获取诱导力的发挥。关系网络是企业获取资源的重要方式，具有合作精神的企业家，擅长通过正式关系或非正式关系获取企业成长所需各类资源。具体而言，具有合作精神的家族企业主擅长建立各种社会关系，并且善于挖掘自身与客户、科研院所、政府部门、金融机构等外部关系网络里的各类资源，例如资金、技术、信息、政策扶持等。辟如，ZT 建材的前身是一家混凝土原材料运输公司，在经营期间企业与砂石原材料供应商建立了长期的合作关系，保障了企业后期混凝土生产所需原材料的有效供应。HM 商贸 M 总表示："我们的客户大多数是通过朋友介绍的，朋友介绍朋友，像女生买化妆品，感觉好的就会相互推荐。"

在诚信经营的务实精神影响下，家族企业家将诚信经营的价值理念嵌入企业经营理念、行为规范和处事准则里，他们对待客户、对待供应商坚持诚实守信。因此，这类企业往往具有良好的社会声誉，这同时也大大增加了资源拥有者对企业的信任程度，也就更愿意为这类企业提供资源。例如，GY 集团在房地产开发初期出现资金短缺的情况，其上游供应商自愿通过赊销的方式为其供应原材料，G 总提道："正是因为他信任我，所以才愿意押，这就是诚信。"ZT 建材的 G 经理表示："这些年为什么很多工人都愿意给我们干，有时候价格稍微低点，都愿意给我干的原因就是我们诚信，同时，我们也会不时地邀请合作伙伴来企业进行参观，加强他们对我们的信任。"

　　员工作为企业重要的内部资源，他们会拥有一些个人资源或社会资源，不过员工不一定会把他们拥有的这些资源全部奉献给企业，而具有担当精神的企业家更加注重培养员工、尊重员工，他们关注员工的生活与家庭状况，对于生活困难的员工伸出援手，帮助他们解决生活困难，在对员工的发展和生活关怀下，员工产生强烈的归属感，因而自愿更大限度地贡献个人资源，发挥最大的能力，这是企业组织内部获取资源的一条重要途径。ZQXL 集团 L 总谈道："我们比较关心员工生活，关爱员工子女成长，每年都会为考上大学的员工子女举办高考奖励活动，并且我们的董事长与各集团代表都会共同参加奖励活动。"此外，家族企业家的担当精神也表现为强烈的社会责任感，他们积极参加扶贫救灾、爱心助学、环保等公益活动。积极承担社会责任不仅可以帮助企业获取社会资本，还可以帮助其获取良好的评价和社会声誉，这对企业发展来说是不可或缺的重要资源。

　　②资源配置

　　资源配置是指企业对各类资源进行整合和配置，使它们相互配合、相互补充以实现企业经营目标的过程，作为家族企业最高决策者的企业主在企业资源配置过程中发挥重要作用。

　　具有创业精神的企业家善于采取超前行动，他们在感知到潜在机会后能够迅速采取行动以抓住机会，促使企业快速地整合、重构各类资源，进而提升企业资源配置能力。JD 橡胶公司 Z 总表示："过去房顶防渗漏都用沥青，但是沥青使用年限比较短，一般能使用三五年，而防水建材一般可以使用 20 年，经过考察，我们认为这个产品有市场，技术上和设备上难度不是很大，而且我们生产橡胶板的设备硫化机，当时是可用作生产防水卷材的。"此外，企业家的创业精神促进了抛弃策略的形成。具有创业精神的家族企业主会紧紧围绕企业发展目标，对于企业里一些不具有竞争优势的产品或者业务，他们会实施有计划的抛弃策略，将资源和能力配置到有助于企业竞争优势提升的业务领域，提高企业资源配置效率。

　　具有合作精神的企业家能够同时重视对内合作和对外合作，这有利于企业与各利益相关者建立良好的合作关系，而这有助于企业从外部获取有益的信息和资源，从而帮助企业对资源进行有效的整合和利用。同时，企业从外部获得的资产越多，资源整合就越容易。例如，GY 集团与 LH 集团达成战略合作，

LH 集团是 HB 省内一家老牌的房地产开发公司，拥有较为丰富的社会资源和项目实践经验，经过深入交流，他们决定一同开发建设房地产项目，发挥各自的优势以实现资源互补，共同创建宜居宜业的美好家园。

综上所述，资源整合能力包括资源获取和资源配置，其中，担当精神、务实精神、合作精神有助于企业获取各类资源，合作精神、创业精神有助于企业的资源配置。基于此，笔者构建了家族企业企业家精神对资源整合能力的关系模型，如图 3.5 所示，并提出命题 1b。

命题 1b：家族企业家的担当精神、务实精神、合作精神、创新精神、创业精神有助于资源整合能力的形成和发展。

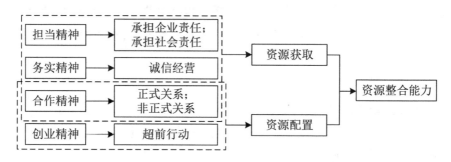

图 3.5 家族企业企业家精神对资源整合能力的影响作用

（3）企业家精神对变革更新能力的影响

变革更新能力是企业可以依据变化的外部环境及时转变企业发展思路，同时形成和落实新的想法、新的行为，以适应动态变化的环境的能力。

①组织创新

企业家的创新精神是企业创新活动的源泉，具有创新精神的家族企业家在企业经营活动中勇于革新，他们对于风险的承受能力要远远高于一般人，更愿意接受和尝试不确定性的创新活动。同时，企业创新行为是一种高风险的活动，有必要建立鼓励创新和失败的容错机制以促进企业创新活动，而创新精神能够促使企业形成一种容忍失败、允许试错的文化氛围，鼓励企业勇于开展创新活动并敢于承担风险和失败，进而促进企业创新能力的形成与发展。JD 橡胶 Z 总表示："为了充分调动员工创新创业的热情，我们在企业内部投资成立创业奖，以推动青年职工创新创业，并且近年来我们加大了科技投入，确保每年的科研经费增长在 20% 以上。"ZQXL 的 L 总谈道："这么多年来，我们企业一直鼓励员工创新，每年我们年底的先进表彰大会，设有创新团队创新奖，我们奖励金也挺多的。"

资源是企业开展创新活动的基础，当前市场环境的动态变化和技术的不确定性使得企业难以依靠一己之力进行创新活动，它要求企业与所有利益主体建立紧密联系，特别是在企业自身创新能力较弱时，可以通过模仿创新、协同创新提高企业创新能力。具有合作精神的企业家更倾向于通过产学研合作加强与高校、科研院所的联系，这不仅可以充分利用我国高校、科研院所强大的科研力量和丰富的创新资源，而且可以借助产学研合作平台提升企业的创新能力。例如，JD 橡胶与国内多家橡胶技术研究所达成合作共识，成立了 JD 橡胶技术研发中心，并花重金邀请国内外知名专家、教授与企业研发团队一起解决技术难题。除此之外，具有合作精神的企业家会与其他组织成立创新战略联盟，不同的创新主体发挥各自的优势，不仅可以提高各自的创新能力，而且可以降低企业创新风险和成本。ZT 建材的 G 经理也表示公司与多所高校合作开发专利。

②组织变革

家族企业作为典型的企业家控制型企业，企业家在企业经营发展过程中起着至关重要的作用。具有创业精神的企业家时刻保持危机意识，并且会适时实施抛弃政策，而危机意识和抛弃政策有助于企业突破主导逻辑，进而提高企业的组织变革能力。例如，JD 橡胶公司 Z 总在企业承包期进入后半程时，敏锐地察觉到若不调整企业经营管理方式，解决产权问题，企业可能很难生存下去。因此，在获得原有股东的支持下，采取积极吸收新股东、引入风险管理机制的措施，为企业的快速发展打下了良好的基础。此外，具有创新精神的企业家往往对员工的创新行为大力支持，他们敢于承担风险并包容失败。这种创新价值观可以帮助企业快速打破原有惯例，激发员工的创新热情和创新潜能，因此，企业能够实现快速调整以适应内外部环境的变化，实现企业变革。

综上所述，变革更新能力包括组织创新和组织变革，其中，合作精神、创新精神促进了组织创新能力的提升，创新精神、创业精神促进了组织变革能力的提升。基于此，笔者构建了家族企业企业家精神对变革更新能力的关系模型，如图 3.6 所示，并提出命题 1c。

命题 1c：家族企业家的合作精神、创新精神、创业精神有助于变革更新能力的形成和发展。

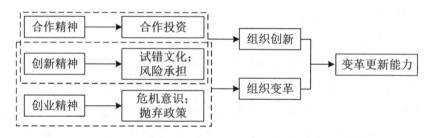

图 3.6 家族企业企业家精神对变革更新能力的影响作用

（4）企业家精神对组织学习能力的影响

组织学习能力是企业学习知识、提升能力的重要途径，组织学习能力是组织成员通过内部学习与外部学习等方式开展学习活动进而形成的一种能力。

①内部学习

在企业家学习精神影响下，企业内部会营造一种良好的学习氛围，有助于激发员工的学习精神，从而促进企业形成不断学习的价值理念。具体而言，具有学习精神的企业家不仅重视个人学习，他们也注重通过内部培训、创办内部刊物等方式提高企业员工的学习能力，进而促进组织内部学习能力的提升。例如，JD 橡胶每年投入 40 余万元，组织管理层优秀的管理人员到北京大学、清华大学等名校带薪学习。ZT 建材 G 经理表示："混凝土企业大部分时间是搞生产的，工作岗位都比较繁忙，我们基本上白天在供应，晚上也在供应，但是，每年在雨季和生产淡季的情况下，我们都会邀请专家、培训老师到企业来讲课，包括中层管理人员以上的管理者，我们也都会做一些培训。"ZQXL 集团、JD 橡胶、GY 集团以及 ZT 建材均创办了公司内部刊物，他们会邀请优秀员工分享经验并刊登至公司报纸，这激发了优秀员工分享知识和经验的热情，提高了员工的知识共享意愿，有助于企业员工之间的相互学习、共同进步，进而提升企业整体的学习能力。

在企业家合作精神的影响下，企业内部更加重视部门合作和员工交流，定期举办相关活动增强员工间的交流沟通，加深彼此之间感情进而提高员工凝聚力和组织认同感，可以促使员工更加积极参与知识分享，有助于组织内部学习能力的提高。6 家受访企业均表示，会在企业不定期举行员工素质拓展活动，比如趣味运动会、企业年会、团体旅游等，这些活动有助于培养员工的合作意识，加深员工对企业的认同感。此外，ZQXL 和 GY 集团均表示，公司不仅鼓励和支持员工参加各种培训活动、会议，而且也鼓励和要求员工在参加培训或者会议后，在部门内举行分享会，将自己在培训中的所学所感进行交流和分享。

②外部学习

组织外部学习是企业从组织外部寻求和获取有利于提升企业价值的新知识。企业家的创新精神会鼓励企业进行创新活动，而创新活动离不开新知识的支撑，所以企业必须不断地获取新知识来确保创新活动的进行和创新目标的实现。由于企业知识资源的有限性，使得知识缺口问题不可避免地存在于企业发展过程中，从而增强了企业获取外部知识的动机。ZT 建材就是为顺应现代建筑业"绿色、低碳、循环"的历史潮流，依托河南省基本建设科学实验研究院、中南大学材料工程学院的科研优势，致力于生产免烘干预拌干混砂浆、绿色混凝土、PC 预制件等多种绿色建材产品。

组织的外部学习离不开企业的社会关系网络，通过与其他企业展开直接或间接合作，企业可以学习借鉴其他企业先进的知识与经验。外部学习主要包括顾客学习、供应商学习、同行业企业学习等方式，这些方式与企业建立的各种社会关系网络息息相关。一般来说，企业建立的社会关系越紧密，交流越频繁，越有利于组织间知识与信息的广泛交流，为企业带来学习与获取新知识的机会。企业家所具有的合作精神能够影响企业外部关系网络构建，促使企业与外部利益相关者保持紧密的合作关系，而这有助于提升组织外部学习能力。例如，ZQXL 集团积极与外部优秀房地产商、供货商沟通联系，以公司发展中重点项目为指引，积极向这些供应商群体进行考察学习，博采众长，持续提升公司内部技术及管理水平。

综上所述，组织学习能力由内部学习和外部学习所构成，其中，学习精神、合作精神促进了组织内部学习，合作精神、创新精神促进了组织外部学习。基于此，笔者建立了家族企业企业家精神与组织学习能力的关系模型，如图 3.7 所示，并提出命题 1d。

命题 1d：家族企业家的学习精神、创新精神、合作精神有助于组织学习能力的形成和发展。

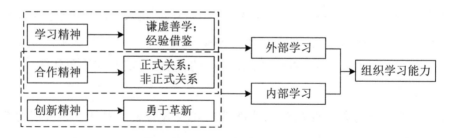

图 3.7 家族企业企业家精神对组织学习能力的影响作用

综上所述，本章构建了企业家精神对动态能力的影响机理模型，如图 3.8 所示，并提出命题 1。

命题 1：企业家的创新精神、合作精神、担当精神、创业精神、学习精神以及务实精神促进家族企业动态能力的形成与发展。

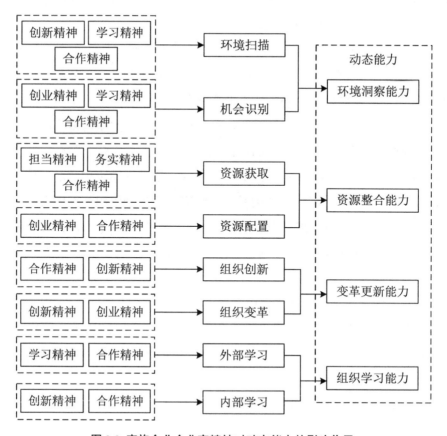

图 3.8 家族企业企业家精神对动态能力的影响作用

2. 动态能力对企业产业转型的影响

通过文献回顾，可以看到企业产业转型是一项复杂的系统工程。具体而言，企业产业转型包括该不该转、朝哪里转、怎么转等一系列问题，一般包括转型识别、转型战略的形成和转型战略的推进三个阶段。

（1）动态能力有助于家族企业产业转型需求

企业进行产业转型决策时面临的首要问题是明确转型动因，只有明确了转型动因，企业产业转型的后续工作才能顺利开展。家族企业产业转型的动机来自市场环境的变化和企业自身发展的需求，而在这一过程中动态能力发挥了关键性作用。

企业产业转型的机会主要来自国家政策、关键事件。国家政策是形成企业进入新产业吸引力的重要因素。凭借着环境洞察能力，企业可以敏锐地洞察国家政策的动态变化，能够及时把握和利用政策机会。RQ 市政府为了盘活闲置的国有资产，制定了鼓励并购国有资产的优惠政策，JD 橡胶基于企业发展需要和为国分忧的企业初心，收购了该国有企业。国务院出台的一系列意见指出，大力发展绿色建材，推广预拌砂浆、高性能绿色混凝土和可再生资源的规模化生产应用。各级政府发布了"海绵城市"建设等系列政策与措施，在这种背景下，ZT 建材投资开发了 HY 建材工业园项目，符合我国产业政策的要求。关键事件的发生会为企业带来一定的发展机遇，环境洞察能力可以使企业准确把握"关键事件"带来的机会。随着 1999 年我国放开对民营企业自营出口权的限制和 2001 年加入世贸组织，我国海外市场需求不断扩大，显著推动了民营企业对外贸易的发展。JD 橡胶通过商务局申请自营出口权，成立贸易公司开始进行自主出口贸易。

在企业经营发展过程中势必会遇到各种各样的问题，特别是市场饱和或者产业衰退使得企业生存发展的空间越来越小时，企业需要寻求新的经济增长点和市场发展空间。因此，为了在快速变化的市场环境中站稳脚跟，这就需要企业具备较强的环境洞察能力，预先感知外部环境威胁和内部发展劣势，从而及时准确地把握产业转型的时机。HM 商贸的 M 总谈道："商贸公司的市场份额可能会越来越小，因为现在的厂家很多，并且商贸公司的发展仅局限于本地，发展到一定规模时很难再有提升的空间。"XZ 电缆 C 总表示，早期从事的轧钢厂需要大量烧煤，对环境的污染较大，考虑到环保问题认为这个行业不能长久做下去。JD 橡胶早期在农村成立，由于地理位置的局限导致企业对外交流、吸引人才等受到影响。企业领导人认识到只有去更广阔的空间和舞台，企业才能做大做强，因此，JD 橡胶领导层在经过深思熟虑后，决定在 RQ 市区投资。

资源相对冗余是企业在生产活动中无法避免的一种现象，为了实现企业资源的最优配置，企业往往会选择将冗余的优质资源投入到新行业。而企业的环境洞察能力不仅可以识别外部环境的机会和威胁，也可以帮助企业扫描内部资源和能力现状。因此，具有较强环境洞察能力的企业可以更好地识别企业冗余资源，更有可能开展基于冗余资源的产业转型。JD 橡胶之所以进行房地产开发，是因为在 2008 年，由于金融危机和纺织行业不景气，企业关闭纺织厂，而由于纺织厂的地址位于市中心，开发房地产是非常好的选择。在谈及建立宾馆的原因时，HM 商贸 M 总提道："我们从政府手中购买土地资源，就这几年吧，很多非法建筑统统在拆，只要没有土地证的统统都拆了，咱们的地是从政府部门买的地，咱们怎么盖，他们不管，并且最主要的是位置挺好的，它紧挨着国道，出了厂房门就是国道了，并且它离飞机场挺近，从这开车到飞机场的话也就十几分钟。"ZT 建材 G 经理谈道："我们本身就是做建材这个行业，我们对新的业务领域的学习能力也比较强，我们也在不断试验和摸索新的方向。"

综上所述，家族企业进行产业转型的动因主要是机会驱动、危机驱动、资源冗余，而家族企业的环境洞察能力可以使其识别发展面临的机会、危机、企业资源和能力状况，能够帮助家族企业更好地明确产业转型的动因。基于此，笔者构建了动态能力对家族企业产业转型需求识别的影响机理模型，如图 3.9 所示，并得出命题 2a。

命题 2a：环境洞察能力会促使家族企业识别产业转型的。

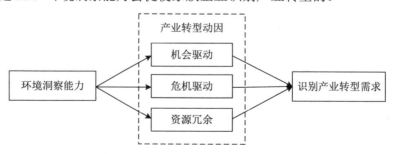

图 3.9 动态能力对产业转型需求识别的影响作用

（2）动态能力决定着产业转型战略的顺利形成

产业转型准备阶段的重点是制定转型战略，这也是产业转型的难点和关键。通过分析企业的内外部环境存在的机会与威胁，明确产业转型的方向、目标、行动计划。

转型的理念与文化转变是产业转型的基础，只有全体员工认可并接纳了企业转型的理念与文化，产业转型战略才能形成并顺利实施。在组织学习能力与变革更新能力的影响下，企业更容易获取员工的支持与认可，这为形成新的战略奠定必要的认知基础。在产业转型战略实施前，企业可以通过召开宣传会、职工大会、座谈会等方式，向各级管理层和员工宣传企业选择新战略的原因，说明员工需要作出哪些改变和调整，帮助员工改变原有的思维方式和行为方式，在组织内部形成有利于实现产业转型的气氛。例如，XZ 电缆通过内部培训、舆论宣传、思想动员等方式在企业内部传达企业转型的理念，使企业上下对企业产业转型形成了统一的思想认识，得到了员工的理解和支持。ZQXL 集团在公司内部加强企业文化建设工作，在工作过程中注意营造良好的氛围，逐渐形成了被全体员工认可并为之共同努力的文化理念，在制定重大战略前，公司会召开战略分析会，除了董事长、中高层管理人员、控股公司部分高管参与会议以外，也会听取各部门员工代表的意见和建议。企业对各利益主体的诉求进行分析，有助于减少或消除企业内部的利益分歧，能使企业战略的制定和实施得到各方的支持，减少实施战略时的矛盾。

资源基础观认为企业战略制定应重点考虑企业的内部资源和能力状况。市场导向将企业外部环境视为企业制定战略的首要考虑要素。因此，产业转型战略的制定需要综合考虑企业外部环境机会与威胁、内部资源和能力状况。借助环境洞察能力，企业可以对拟进入产业的发展潜力、市场前景、竞争状况等进行系统分析，评估其进入新行业的风险，基于企业资源和能力现状判断进入新行业的可行性，最终形成转型规划设计。JD 橡胶 Z 总表示："经过这么多年的发展，企业积累了较雄厚的资源基础，为收购纺织厂打下坚实基础，在收购前通过市场调研、风险评估等了解到纺织行业行情，制订收购方案。"此外，在公司进入房地产行业前，JD 橡胶做了大量的工作，组织人员到北京、上海、山东等地考察市场行情，考察户型、楼房布局等；寻找有经验、有实力的合作伙伴，进行投入产出的预算、风险评估等大量工作。HM 商贸通过市场调研，认为相比较于商贸配送，食品加工厂的客户是面向全国的，市场局限性较小，认为食品行业具有较大的发展潜力。ZT建材认为精细化管理是建筑行业发展的大势所趋，现在传统行业精细化管理发展是一个大的趋势。ZQXL集团L总表示，"我们是先制订战略规划，战略规划之后会有拓展部门、发展部门去选择，选择之后由相应的业务部门去做市场考察，最后形成一个可行性报告"。

综上所述，企业在明确产业转型的动因之后便着手进行产业转型准备工作，其中，变革更新能力和组织学习能力可以帮助企业内部形成支持产业转型的理念宣导，环境洞察能力可以识别新进入产业的发展现状、竞争状况等信息，有助于企业形成产业转型规划设计。基于此，笔者构建了动态能力对家族企业产业转型准备的影响模型，如图3.10所示，并得出命题2b。

命题2b：环境洞察能力、组织学习能力以及变革更新能力会促使家族企业产业转型战略的形成。

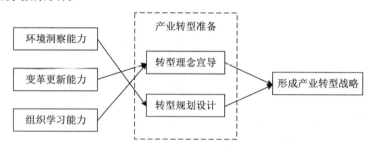

图3.10 动态能力对产业转型准备的影响作用

（3）动态能力促进企业产业转型的推进与实施

产业转型的实施是整个产业转型的核心，是对产业转型战略的有效执行，本质是改变企业原有资源投向，对组织要素进行重新整合，以支撑产业转型战略的实现。

企业产业转型的推进离不开企业相关资源和能力的支撑和保障，因此企业应整合和重新配置企业现有资源和能力。动态能力作为企业的高阶能力，对企业配置、重构资源和能力有着至关重要的影响。因此，凭借着环境洞察能力，企业可以快速掌握现有资源和能力的状况以及应该如何建立与新产业相匹配的新的资源和能力；企业依靠资源整合能力可以对企业现有资源及能力不断进行整合，重新构建新的与产业转型相匹配的资源与能力基础。HM商贸厂址位于国道和飞机场附近，具有地理位置优势，每日客流量较大，为了有效利用这一优势资源，企业接班人充分调动企业各类资源和能力投资设立 HN 快捷酒店。JD 橡胶在收购纺织厂后对员工进行大量调整，其中，中基层管理人员和专业技术人员大多数是纺织厂原有的员工，在市场销售部门增加了部分橡胶公司的人员。

　　企业产业转型的推进要求其他各方面的支持与配合。在推进转型的进程中，企业管理制度、组织与人力等各方面都要随着产业转型进行调整，如果不能进行配套的调整，那么企业产业转型就很难成功实施。产业转型战略的顺利实施需要企业建立科学合理的管理制度，在实施的过程中，制度创新对企业产业转型具有重要的支撑和保障作用。JD 橡胶 Z 总谈道："转型不单单是产业转型，企业配套的经营管理也应进行转型，比如说我们要与国外客户打交道，企业金融管理制度、质量检验制度、售后索赔制度、员工薪酬制度等都需要调整，来服务于国际贸易业务。"在企业进入新的业务领域后，对于那些不熟悉的业务领域或者知识范围，借助于资源整合能力和组织学习能力，企业可以通过外部获取和自主学习的方式掌握必要的知识。6 家受访企业均表示在进入新产业后，通过参加培训班、实地考察学习等途径掌握新领域内的知识。

　　综上所述，产业转型战略的成功实施是产业转型成功的关键所在，环境洞察能力和资源整合能力促进企业将资源和能力合理配置到新行业领域，变革更新能力、组织学习能力以及资源整合能力则通过促进组织人员调整、制度变革等方式保障产业转型的顺利实施。综上所述，笔者建立了动态能力对家族企业产业转型战略实施的影响机理模型，如图 3.11 所示，并得出命题 2c。

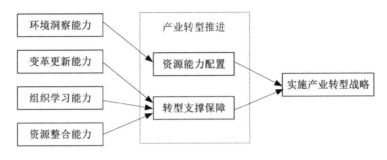

图 3.11　动态能力对产业转型实施的影响作用

　　命题 2c：环境洞察能力、组织学习能力、资源整合能力以及变革更新能力推动家族企业产业转型战略的实施。

综上所述，本节构建了动态能力对家族企业产业转型影响的理论模型，如图 3.12 所示，并提出命题 2。

命题 2：家族企业的环境洞察能力、资源整合能力、变革更新能力以及组织学习能力推动了企业产业转型的全过程。

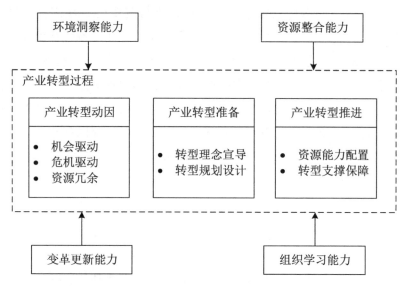

图 3.12 动态能力对家族企业产业转型的影响作用

3.3.3 研究发现

1. 研究总结

本章从收集的案例数据中得出了与以往研究不同的观点，对相关领域研究进行了完善和补充，针对家族企业企业家精神和企业产业转型之间的影响关系构建了一个清晰的理论模型，如图 3.13。具体解释如下：

（1）家族企业企业家精神综合体现了企业家个体特性、思维方式和行为方式，主要包括创新精神、创业精神、担当精神、合作精神、学习精神和务实精神。相较于非家族企业的企业家精神，它们在构成要素上并没有明显的差别，但是在各要素的内涵方面却存在一定的差异，具体而言，家族企业企业家的担当精神不同于非家族企业，他们不仅主动承担企业责任和社会责任，比如缴纳税款、提供就业、关注慈善活动等，而且他们还注重承担家族责任，即希望通过自己的努力解决家族成员的就业问题、构筑家族企业持续成长的家族愿景、致力于实现家族企业持续经营等，家族企业主的担当精神包含更多的含义。此外，家族企业家的合作精神的内涵也不同于非家族企业，虽然企业家都注重建立各种正式关系和非正式关系，但是在家族企业内部，还存在一种特殊的亲缘关系，这种紧密的亲缘关系使得家族成员之间的联系更加地紧密，他们团结一致、乐于奉献、同舟共济、同甘共苦，共同促进家族企业的发展。

（2）家族企业主作为家族企业的灵魂人物，在企业获取、整合、重新配置内外部能力的过程中起着无法代替的重要作用。通过研究发现，笔者认为家族企业动态能力包括环境洞察能力、资源整合能力、变革更新能力、组织学习能力。其中，家族企业企业家精神对动态能力的形成发挥着至关重要的作用，是家族企业生成和发展动态能力的重要前因变量。通过探究企业家精神和动态能力不同维度间的影响关系，发现不同维度的家族企业企业家精神对动态能力各维度呈现不同的影响。其中，家族企业企业家的创新精神、创业精神、学习精神、合作精神有助于环境洞察能力的形成和发展；家族企业企业家的合作精神、创业精神、担当精神、务实精神有助于资源整合能力的形成和发展；家族企业企业家的合作精神、创业精神、创新精神有助于变革更新能力的形成和发展；家族企业企业家的合作精神、学习精神、创新精神有助于组织学习能力的形成和发展。

（3）企业产业转型包含识别转型要求、制定转型战略、实施转型战略三个阶段。首先，企业外部环境变化和内部发展需要是促使家族企业进行产业转型的重要诱因。其次，产业转型战略的制定应综合考虑企业外部市场环境和产业环境、内部资源能力状况，其中，能否制定符合企业发展状况的转型战略是产业转型成功的关键因素。最后，产业转型不单单是企业经营范围的转型，企业的理念和文化、管理制度、组织和人力等各方面也应随着产业转型而变革，它们在产业转型的过程中起到支撑和保障作用。动态能力贯穿于产业转型整个过程，首先，环境洞察能力有助于企业识别产业转型的需求，明确产业转型的必要性和可能性；其次，环境洞察能力、变革更新能力以及组织学习能力有助于企业制定产业转型规划，形成产业转型方向和目标；最后，环境洞察能力、资源整合能力、变革更新能力、组织学习能力以及推进了产业转型战略的实施。通过对企业动态能力的培育，能够为企业成功实现产业转型提供可靠的支撑。综合以上分析，家族企业企业家精神是推动企业动态能力提升、实现产业转型的一条重要路径。

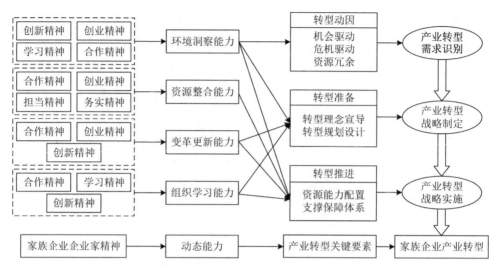

图 3.13 企业家精神对家族企业产业转型的影响作用

2. 对策思考

研究结果表明，企业家精神有助于推动家族企业持续成长。因此，为了培育和提升企业的动态能力，应当采取系列措施激发和保护企业家精神。本节从企业家层面、组织层面、社会层面提出关于加强企业家精神建设的对策思考。

（1）企业家层面

企业家唯有不断完善自我，加强学习，注重自身素质的提高，才能够拥有强大的精神力量。首先，企业家要树立终身学习观。随着知识时代的到来，企业家应树立终身学习的理念，不断提升自身能力，以适应时代潮流。其次，加大对新生代民营企业家的培育力度。企业家需要积极培养和正确引导家族接班人，一方面，要重视接班人综合能力的培养，家族企业要用系统工程的理念提早制订接班人培养计划，对接班人进行系统的学校教育，尤其在高等教育阶段加强对接班人的专业、市场和管理知识的培养；另一方面，通过"传帮带"的方式尽早使接班人了解企业生产运营的各个环节，注重对接班人实践能力的培养和提升。最后，更要重视创新创业、开拓进取等企业家精神的传承与培养，通过给予接班人资源和精神上的支持，鼓励家族二代通过内部或外部创业完成企业的转型升级，这在培养接班人企业家精神的同时，也为家族企业的基业长青注入活力。

（2）组织层面

从组织层面来讲，家族企业应该完善企业内部激励制度。人才短缺一直是制约企业持续发展的重要因素。要想吸引优秀人才的加入、加强企业人才资源储备，势必需要在公司内部设置完善的激励机制。一方面，加强对优秀人才的物质激励，必要时可以针对企业核心人才引入股权激励机制；另一方面，在企业内部创造一种创新创业的氛围，给员工充分的创新空间，减少对创新方面不必要的干预。此外，创新作为一种高风险活动，规范的决策程序是降低企业决策风险的重要保障，企业应积极引入集体决策模式促进企业管理模式的创新，引进职业经理人和专业管理团队实现管理团队的变革，实现由传统家族式管理向现代专家团队型管理的转型。另外，在作决策前企业应进行充分的调研，广泛听取并吸纳利益相关者的意见，不断优化决策方案，降低企业重大决策失误的风险。

（3）社会层面

企业家精神的培育与发展离不开良好的社会环境、市场环境和政策环境。首先，深化"放管服"改革，优化企业的营商环境。简政放权，以法治理念为引导，从理念到行为、从决策到实施都要符合法律规范，用法制来规范营商环境；政府应该充分利用云计算、大数据等技术建设"互联网＋政务服务"，形成线上线下服务流程一致、标准统一、功能互补的政务服务新模式。

其次，建立完善的企业家激励机制。进一步加大对企业创新创业行为的支持力度，帮助其解决资金难题，不断增强创新创业队伍；从政策方面支持企业家创新创业，鼓励各类金融机构给予家族企业家信贷支持，消除所有制歧视，简化审批程序，设立由政府信用为主体的企业融资担保体系，加大对家族企业的增信支持力度。

最后，营造弘扬企业家精神的社会文化氛围。正确引导社会舆论方向，改变社会对家族企业的偏见，通过表彰先进、树立典型的方式，宣传企业家在教育事业、扶贫救灾、生态保护等方面的慈善行为。还应建立保护企业家创新的容错机制，尽可能地降低创新失败的成本和创新活动的风险压力，给予创新者鼓励和兜底帮助，确保其敢于创新。

附录　访谈提纲

（一）基本信息

受访者姓名：　　年龄：

工作年限：　　　当前职务：

子女数／兄弟姐妹数：　　企业传承代数：

（二）关于企业家精神的相关问题

1. 您是何时进入企业的？您是否有过在其他企业工作或者从事其他工作的经历？您进入企业后是直接进入管理层还是从基层做起？

2. 就您个人而言，您是怎样看待企业家精神的？您认为企业家精神在企业经营管理上有哪些具体体现？

3. 相较于非家族企业，您认为贵公司这种家族企业有哪些不同之处？就您个人而言，您觉得家族企业的企业家具备哪些精神品质与特征？

4. 您是否鼓励企业员工进行创新活动呢？您为员工提供过哪些学习机会或锻炼机会？您是如何看待员工的犯错问题的？

5. 您觉得企业家精神对企业成长和发展有什么影响？咱们企业不断发展壮大，您觉得和哪些企业家精神密不可分？

6. 您是否有在职学习的相关经历（如：留学、考察、参会、培训班、MBA等）？或者参加过一些行业交流会等活动？

7. 您是否会将学习到的新知识运用到企业管理实践中，能否举例说明一下您具体是怎样做的？

8. 您认为哪些成长经历塑造了您的企业家精神？能否为我们分享一下您印象最为深刻的事情？

9. 您认为优秀企业家应该具备哪些精神和品质？您采取了哪些措施来培育企业接班人这些精神品质的呢？

10. 您认为企业家精神形成还会受哪些因素影响？企业所在地的市场环境、政策等外部环境对企业家精神的形成有什么影响？

11. 您认为新时代背景对我国企业或企业家提出了哪些新要求？企业或企业

家如何做才能达到新时代要求?

（三）关于企业产业转型的相关问题

1. 目前，贵公司规模有多大，都涉及哪些业务，贵公司是怎样一步一步发展至如此大的规模?

2. 您当初为什么选择进入这个行业? 您能介绍一下当时的行业背景吗?

3. 贵公司规划过企业的发展路线吗? 制定过清晰的业务布局吗?

4. 贵公司发展至今，企业的经营业务领域经历过哪些调整? 您能具体讲一下吗?

5. 贵公司是如何想到要进行这些调整的? 当时的企业面临的状况是怎样的? 前期做了哪些准备?

6. 贵公司在进行产业调整的过程中，有没有遇到问题与困难? 又是如何看待与解决的? 您能具体讲一下吗?

7. 贵公司有没有尝试过投资与企业所处行业不相关的其他行业的业务? 或者您为什么选择一直专注于现有的业务? 对此您是怎么看的?

8. 贵公司战略是由您一个人来制定的吗? 现在家人、亲戚在公司任职的有多少人，都分别做什么，他们对你发展企业提出商业策略有没有什么影响?

9. 从无到有后，您认为企业怎样才能由小变大、由弱变强? 企业家或企业家精神在其中扮演着什么样的角色?

10. 最后，请您为我们介绍一下贵公司在企业产业发展方面的规划与设想。

第4章 企业家精神驱动家族企业产品转型的机理研究

4.1 研究设计

4.1.1 初步理论模型的构建

信息化时代的来临让人们获取信息的途径越来越多，传播效应提高，热点也在迅速转变。家族企业家为了应对生存挑战，突破成长极限，保障自身的可持续发展，认为家族企业需适时进行战略转型[1]。产品作为企业发展的核心竞争力，产品转型是企业战略转型的一个重要方面。企业家要保持高度的敏感，跟随时代的发展，时刻洞悉市场变化，争取在竞争中占得先机[2]。

现有研究发现企业家精神是企业转型升级的重要前提，是推动企业实施产品转型战略的重要影响因素[3]。但是，国内长时期以来一直将研究重点放在企业家精神对企业产品战略的影响上，而探索企业家及产品转型的研究则较为缺少，深入探析企业家精神驱动企业进行产品转型的内在机理的研究更是十分匮乏。

企业家精神的形成与家族状况和时代背景有密切的关系，其内涵与构成与非家族企业企业家精神有所不同，进而导致企业家的战略决策等行为不同，因而企业家精神驱动家族企业产品转型的内在机理也不同于非家族企业企业家精神对企业产品转型的驱动机理。

本章企业家精神对家族企业产品转型的机理影响从转型动因、转型准备、转型实施三个阶段来诠释。因此，本章建立了企业家精神驱动家族企业产品转型的初期理论模型，如图4.1所示。

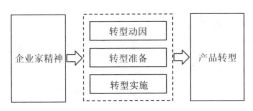

图 4.1　企业家精神驱动家族企业产品转型的初期理论模型

4.1.2 研究方法与技术路线

本章重点探究的问题是"企业家精神对家族企业产品转型的影响作用"，以家族企业主的企业家精神为入手点，研究家族企业是怎样进行产品转型、企业家精神是如何影响产品转型以及不同家族企业进行产品转型的异同点，这分别属于"为什么"和"怎么样"的问题，与上一章相同，此类研究问题适宜采用多案例研究的方法进行研究。

本章严格按照案例对象的选择标准，选取山东省和河北省内多家典型的家族企业为研究对象，对案例企业的创始者、接班者或其他家族高管进行半结构化访谈，同时辅之以与案例企业相关的二手数据资料，利用扎根理论的质性研究方法对案例资料进行编码分析以提炼出研究案例家族企业企业家精神的内涵和构成。然后，对案例企业进行单案例分析和跨案例对比分析，进而得出企业家精神对家族企业产品转型的影响作用的相关命题。本章的数据收集与分析工作同步展开，基于相关的理论基础和企业实际状况，不断抽象并提炼出构念和范畴，直到理论饱和。本章研究的技术路线图如图 4.2 所示。

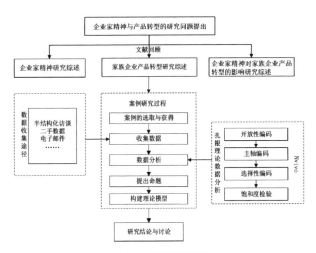

图 4.2　技术路线图

4.1.3 研究设计的信效度分析

本章采用构念效度、内部效度、外部效度和信度四个指标来控制案例研究的质量。构念效度是测量是否能够准确反映构念内涵，效度是指研究结果的可靠性，信度是指在自然背景中研究结果的一致性[4]。笔者在研究前组建访谈团队，对小组成员进行素质培训；研究过程中通过企业官网、内部刊物、微信公众号等多渠道搜集相关资料，根据理论、数据和模型的反复校对实时修改访谈资料，并在数据编码时对构念的设立和逻辑关系建立证据链，通过多案例复制和参与成员共同核验[5]；研究结束后再次与受访者核实报告数据，保证研究结果的充分性和科学性。另外，在访谈中采用匿名的方式，鼓励企业家讲出企业产品转型的真实历程及存在的精神传承。采用三角验证法对多位被访者的多轮访谈数据资料和档案记录进行了整理和校对，减少被访者可能存在的偏差问题[6]。

表 4.1 保证研究信度和效度的策略

指标	阶段	采用的研究策略
构念效度	数据来源	提升访谈素养，时时记录与反思，对构念准确定义并由研究人员和参与人员复核
内部效度	数据收集	资料多元交叉：文献回顾、半结构化访谈、企业官网资料、文化期刊、微信公众号等渠道同时采用
	数据编码	建立证据链：通过对比分析不同渠道来源的数据，保证结果的客观充分性
	报告撰写	调研报告核验：与受访者核实案例企业数据
外部效度	研究设计	数据相互质证：采用多案例研究，通过回顾文献资料，搭建数据模型，并在数据、理论和模型之间反复对证，提升研究结论的普适性
信度	研究人员	多位研究者参与，并接受访谈培训与讨论，辅以科学仪器记录，如：录音笔、照相机等
	研究设计	完善研究草案：在案例研究的不同阶段修改访谈提纲，完善研究过程，梳理理论和数据间的关系
	数据分析	编码一致性检验：比较多位编码者的编码结果，对于负向个案或不一致资料主动分析与核验，最终高于 80% 为可接受水平

4.1.4 案例企业的选择

本章遵循理论抽样原则，选取案例企业的标准有：（1）依据范博宏教授从企业能否存在家族代际传承、家族成员参与企业管理程度以及股权集中度等三个方面标准来界定家族企业，以进一步寻找具有代表性的样本企业。（2）遵循典型性原则。本章选取数家正在实施或已经完成产品转型的家族企业，主要访谈家族企业主、二代接班人或其他高层管理人员。（3）遵循多案例的复制逻辑。针对产品转型各阶段要素，本书援引至少两家案例企业的典型证据，以便得出的结论可相互核验，实现复制逻辑，增强研究结论的说服力。本书选定山东省、河北省的 6 家家族企业为研究样本，案例企业基本信息如表 4.2 所示。

表 4.2 案例企业基本信息

企业名称	行业	创立时间	资产总额/万元	员工数量/人	企业产品转型状况
ZQXL集团	房地产、汽车工业、商业物流、旅游研学、金融、康养	2010 年	30000	5000	公司由最初的物流配送业务，新增百货业态，现在是一家集商业物流、房地产、旅游研学、汽车零部件、金融、康养等产业运营于一体的多元化企业
YJ建设	工业、民用与公共建筑施工	1984 年	200	200	公司由最初的施工企业到房地产开发，未来会继续往装配式住宅方向发展
LYAJ电梯	电梯生产制造与方案服务	1993 年	20100	500	公司从最初的电扶梯部件加工企业成长为一家集电梯研发制造、安装维修和保养于一体的整梯企业
WQHY宫面	食品制造	2006 年	1000	100	公司由小作坊起家，主要以宫面生产为主，后来致力于产品研发功能性产品
XZ电缆	电线电缆生产销售、技术咨询服务	1999 年	19000	150	由原来的一千伏以下的电力电缆和民用供电线到涵盖所有型号的电力电缆再到光纤光缆的生产
HM商贸	批发零售	1999 年	200	100	从各类小食品批发到小食品配送到休闲食品的生产和配送，再到集中做豆制休闲食品生产加工

注：考虑到案例企业隐私，本文隐去了企业名称信息。

4.2 数据收集与分析

4.2.1 数据收集

本章采用对案例企业主半结构化访谈、现场参与式观察和搜集二手数据资料相结合的研究方法，保证资料来源的完整性和印证性。具体包括：（1）研究团队选择 6 家典型案例企业进行了深入调研，访谈前深入该企业现场进行参观加深对企业的了解，参观结束后共进行了 8 次半结构化深度访谈，每次访谈时间一般在 60~150 分钟，每次访谈都现场录音并整理后通过电话、邮件等渠道对访谈资料进行了核实和补充。（2）通过企业官方网站、内部期刊、微信公众号、宣传档案，CNKI 检索相关期刊论文等多种途径获取企业资料数据，力图形成三角验证以保证数据的可靠性和研究的准确性。整个数据的收集过程历经10 个月，6 家案例企业数据收集的具体情况，如表 4.3 所示。

表 4.3 案例企业的数据收集情况

企业名称	半结构化访谈				二手资料
	访谈次数	访谈对象	访谈时长 / 分钟	录音逐字稿字数 / 字	二手资料字数 / 字
ZQXL 集团	2	L 总经理（接班人）	120	24427	11693
YJ 建设	1	W 总经理（接班人）	82	167277	3 675
LYAJ 电梯	2	L 总经理（接班人）	98	18957	5 002
WQHY 宫面	1	C 总经理（接班人）	67	1387	3405
XZ 电缆	1	C 总经理（接班人）	86	1860	5453
HM 商贸	1	M 总经理（接班人）	88	1791	5002

注：考虑到案例企业隐私，本文隐去了企业名称以及受访者的身份信息。

研究现场邀请多位小组成员共同参加，并组织相关培训帮助所有参与成员了解研究方法、访谈企业背景、涉及的资料和研究问题等，提高数据收集的质量和效率。另外，访谈前小组成员一起商讨修改研究草案，针对研究框架设计了一份访谈提纲，共分为四部分。第一部分主要尝试了解受访者在家族企业中的一些基本信息。第二部分涉及了了与案例企业背景的相关问题。第三部分主要是询问企业家在日常的经营管理活动中体现的价值观念、个性品质和行为表现等，了解企业家精神的内涵与构成。第四部分旨在了解企业家精神在整个家族企业产品转型过程中是如何实现其影响作用的。访谈过程中尽可能引导企业家描述日常经营管理中的一些典型事例；根据企业家处理典型事例的观点态度和行为分析企业家精神的构成、内涵以及驱动家族企业产品转型的内在机理。访谈提纲见附录 A。

4.2.2 数据编码

数据收集和编码分析的过程是同步进行、互相关联的。在数据收集的过程

中，充分整理上一次的访谈资料，梳理清楚构念间的内涵的界定与关系，从而
进一步提炼范畴与故事线 [7]，并依据编码结果完善访谈提纲，提升下一次的访
谈质量。在数据分析的过程中，将访谈转录逐字稿中的数据概念化，并在文献
理论、事件与构念间循环往复地核验与比较，将自我反思记录在备忘录中，逐
步提炼为构念和范畴，直至不再出现新的构念和范畴可视为理论饱和，即可停
止接下来的数据收集工作。

　　本章采用程序化扎根理论研究方法的数据编码技术，使用 Nvivo 数据编码
软件对访谈数据进行三级编码。数据收集和编码分析的工作同时进行，每收集
完一个案例企业的数据资料之后便立刻整理并进行初步的数据编码 [8]。首先，
对每个案例企业的企业家在家族企业经营管理过程中表现出的价值观念、个性
品质以及行为活动等内容进行归纳，识别企业家在日常经营管理中体现的精神
要素，从而提炼出企业家精神的内涵和构成。其次，后续每增加一个新的案例
企业，则基于已有研究的基础进行多案例的对比归纳，逐步构建企业家精神驱
动家族企业产品转型的内在机理模型。最后，当多个案例逐项复制的过程中不
再出现新的构念和范畴时，说明已经达到理论饱和的状态，即可停止数据搜集
的工作。另外，在企业访谈时要注意对访谈经验的积累和总结，不断提升访谈
技能，例如改进提问的方式和角度等，有助于更有效地获取与研究主题相关的
访谈内容。具体的数据编码过程如下。

　　1. 开放性编码

　　开放性编码需要研究者以较为开放的心态，将访谈转录逐字稿按照其本身
所呈现出来的文本用通俗易懂的概念代码进行类属化 [9]。本章选定了两名经过
学习和培训的小组成员对访谈原始数据进行开放性编码。针对编码结果不一致
的意见要与访谈团队成员共同讨论协定，通过不断核验和校对直至意见达成一
致。现阶段本研究累计形成 432 个概念、100 个概念。由于访谈数据篇幅较长，
数据庞大，本章以"ZQXL 集团"和"LYAJ 电梯"为例做开放性编码结果展示。

　　2. 主轴编码

　　主轴编码是建立在开放性编码的基础上，发现不同构念类属间的关联对其
进行降维处理，删除难以归类的构念，将开放性编码的结果进一步提炼和范畴
化，成为更有价值、更客观的副范畴和主范畴 [9]。以"ZQXL 集团"为例，笔
者根据构念的语义相关性重新归类，将"助力慈善活动""参与社会公益""社

会奉献意识"等 3 个范畴归类为"承担社会责任"这一副范畴，并进一步进行范畴化，将"承担社会责任""承担家族责任"和"承担企业责任"等 3 个副范畴归纳提炼为"担当精神"这一主范畴。根据语义相关性归类，得到 34 个副范畴，12 个主范畴，具体主轴编码结果如表 4.4 所示。

表 4.4 主轴编码结果

主范畴	副范畴	构念
C1 创新精神	B1 管理创新	A1 革新管理制度；A2 革新组织结构；A3 建立员工创新激励机制
	B2 文化创新	A4 鼓励创新；A5 鼓励试错；A6 包容失误
	B3 产品创新	A7 新产品研发；A8 产品多元化；A9 开辟新领域；A10 产品服务
	B4 技术创新	A11 技术学习；A12 技术研发；A13 产品智能化
C2 创业精神	B5 市场分析	A14 市场调研；A15 行业环境分析；A16 国家政策解读；A17 产业前景分析；
	B6 需求识别	A18 产品定位；A19 用户喜好分析；A20 满足顾客需求；A21 扩展消费群体
	B7 风险评估	A22 识别转型机会；A23 确立转型方向；A24 转型评估
C3 学习精神	B8 外部学习	A25 参与行业交流；A26 行业学习；A27 社会培训；A28 经验学习
	B9 内部学习	A29 员工培训；A30 经验学习；A31 自主学习；A32 团队分享
C4 担当精神	B10 承担社会责任	A33 助力慈善活动；A34 参与社会公益；A35 政府赞助
	B11 承担家族责任	A36 构筑家族愿景；A37 听取家族成员意见；A38 承接家族事业
	B12 承担企业责任	A39 构筑企业愿景；A40 企业文化建设；A41 员工关怀
C5 进取精神	B13 调整策略	A42 品质管控；A43 丰富种类；A44 优化性能；A45 结构重组；A46 进入新领域
	B14 优化管理	A47 制定企业规划；A48 健全管理体系；A49 建立员工信任；
	B15 整合资源	A50 人才引进；A51 技术研发投入；A52 设备购入与维修
C6 探索精神	B16 探索合作机会	A53 客户沟通；A54 合作厂商评估；A55 识别投资渠道
	B17 探索市场机会	A56 了解前沿信息；A57 学习转型经验；A58 参加行业会议
	B18 探索政策契机	A59 政策预测；A60 政策响应；A61 了解政策法规
C7 专业精神	B19 精进工艺	A62 改进工艺设备；A63 提升工艺技能
	B20 品质管控	A64 定期产品质检；A65 产品性能优化；A66 优选诚信供应商
	B21 制度保障	A67 完善激励机制；A68 健全管理制度；A69 规范工作流程

（续表）

主范畴	副范畴	构念
C8 冒险精神	B22 风险偏好	A70 敢为人先；A71 涉足陌生领域
	B23 风险控制	A72 数据分析；A73 风险监测；A74 风险识别；
C9 转型动因识别	B24 家族使命	A75 企业愿景；A76 文化担当
	B25 市场导向	A77 需求升级；A78 技术变革；A79 企业竞争
	B26 政策指引	A80 关注政策动向；A81 遵循政策法规
C10 转型规划设计	B27 战略制定	A82 企业目标；A83 策略选择
	B28 资源配置	A84 人才培育；A85 技术学习；A86 设备更新
	B29 风险评估	A87 市场调研；A88 数据分析
C11 转型实施保障	B30 信息沟通	A89 行业学习；A90 知识共享
	B31 服务支持	A91 产品相关服务；A92 顾客支持服务
	B32 规范管理	A93 流程优化；A94 制度建设
C12 转型实现路径	B33 产品结构创新	A95 新产品研发；A96 市场推广；A97 总结反馈
	B34 产品组合调整	A98 组合现状分析；A99 组合方案调整；A100 组合动态平衡

3. 选择性编码

选择性编码是建立在前两个阶段编码的基础上，提炼出与主范畴、副范畴有重要联系的核心范畴，并将其与各个主范畴联系起来，可以以故事线的形式简明扼要地阐述全部事件或现象过程，从而促进案例理论框架的形成[9]。

在系统分析开放式编码、主轴式编码所归纳出的 100 个构念、32 个副范畴和 12 个主范畴的基础上，笔者提炼出"企业家精神"和"产品转型机理"两个核心范畴。其中，"创新精神""创业精神""学习精神"进取精神""担当精神""探索精神""专业精神""冒险精神"等 8 个主范畴，共同构成了"企业家精神"；"转型动因识别""转型规划设计""转型实现路径"与"转型实施保障" 4 个主范畴则可以依次对应企业家推进家族企业进行产品转型的主要影响要素，因而笔者将此 4 个主范畴归纳到"产品转型机理"这一核心范畴中。根据构念间的关系，本文发现这两个核心范畴的关系可以表述为：企业家精神的 8 种构成要素通过对家族企业产品转型过程的 4 个阶段产生驱动作用。

基于上述分析，本章勾勒出故事线如下：企业家精神中担当精神、创新精神、创业精神、进取精神及专业精神可影响企业家在产品转型前进行动因识别；进取精神、冒险精神、创新精神、学习精神、探索精神及专业精神驱动家族企业产品转型规划设计的推进；接下来，家族企业产品转型的实现主要通过产品结构创新和产品组合调整两条路径来保障，在这一阶段企业家持续的创新精神、进取精神、学习精神和探索精神发挥了主要作用；最后，学习精神、探索精神、进取精神和专业精神为产品转型的顺利实施保驾护航。

4.2.3 理论饱和性检验

理论饱和性是指通过收集、比较和分析数据后，用来检验何时停止收集数据的判定标准，即再分析新的数据时不会发现新的构念且构念间没有新关系出现时的状态[10]。笔者将数据的收集、比较与分析的工作同步进行，按照相同的规则和程序逐步进行编码。其中，第一家案例企业"ZQXL 集团"的数据编码结果发现了 40 个构念、15 个副范畴和 6 个主范畴，第二家案例企业"LYAJ 电梯"的数据编码结果为 67 个构念、33 个副范畴和 9 个主范畴，与第一家案例企业相比，构念、副范畴及主范畴分别增加了 27 个、18 个、3 个；对第三家案例企业"XZ 电缆"进行数据编码，结果与上一家相比，新增了 18 个构念、6 个副范畴和 2 个主范畴；第四家案例企业"HM 商贸"数据编码结果中有 97 个构念、32 个副范畴和 12 个主范畴，分别又增加了 12 个、3 个和 1 个；第五家案例企业"WQHY 宫面"数据编码结果的构念、副范畴和主范畴分别为 100 个、34 个、12 个，各增加了 3 个、2 个和 0 个，而在第六家案例企业"YJ 建设"集团数据编码结果为 100 个范畴、34 个副范畴、12 个主范畴，与第五家案例企业的数据编码结果完全重合，且无新的关系出现，说明本研究在案例企业数量增加至第六家时，数据达到理论已达饱和状态。

4.3 案例分析及研究发现

本章首先描述并展现 6 家家族企业企业家精神驱动产品转型的全过程，然后通过跨案例分析，援引家族企业企业家精神驱动家族企业产品转型全过程的典型证据，以便发现企业家精神驱动家族企业产品转型所涌现的影响机理。

4.3.1 案例企业产品转型描述

笔者将案例企业的产品转型过程分为四个阶段：转型动因识别期、转型规划设计期、转型实现路径期、转型实施保障期。划分依据主要考虑在不同阶段下企业家所感知的环境不确定性与组织所处的资源约束水平差异[11]。而各个阶段的关键内涵如下：（1）转型动因识别期：案例企业的核心业务和产品结构尚未稳定，各方面存在不足和提升的空间，企业家在外部环境变动的不确定性中进行产品转型的机会识别。（2）转型规划设计期：这一时期企业家在识别转型机会后，会根据企业现有的资源能力和市场发展规律，对各个产品业务单元进行整合与配置，制定相应的产品转型规划。（3）转型实现路径期：新生代企业在初步规划产品转型发展策略后，会制定清晰的转型路径和方向，推动各部门转型工作的有序进行。（4）转型实施保障期：在转型的实施过程中，要建立有效的协调机制促进企业战略转型的开展和落实，保障产品转型的顺利进行。本章访谈的 6 家案例企业产品转型的不同阶段，企业家都有全程参与，只是与父辈企业家在家族企业管理中扮演的角色不同。

1.ZQXL 集团产品转型历程

首先，为识别产品转型机会，ZQXL 集团企业家会通过关注市场态势，了解顾客的现有需求和潜在需求。1990 年，在开放的市场环境和消费者的迫切消费需求之下，ZQXL 集团从一开始的门市粮油到后来的水暖建材、防盗门的生产，打造了基础的多元化产品布局。经过前期的艰难摸索阶段，由生产作坊向标准化企业过渡。ZQXL 集团又相继开辟了超市、轮船、房地产产品业务。同时，ZQXL 集团通过积极参加各种行业会议、走访专家及企业等形式搜寻行业信息，探索产品技术与服务变更趋势，也会评估自身产品转型的能力与资源，以便发现转型机会。通过企业家的学习探索、环境洞察与信息搜集，ZQXL 集团紧跟政府的政策指引，抓住机遇，适时进入物流、文旅、康养等有发展前景的行业，为企业的发展寻找机会和培育力量。通过以上举措与系统分析，可见ZQXL 集团紧跟国家政策，关注行业前沿变化，及时调整跟进发展策略与路径，为企业抓住最有利的转型机遇。

其次，为进行产品转型规划设计，ZQXL 集团企业家会制定 5—10 年规划，对企业内部资源进行评估与整合，在系统性分析的基础上制定适合企业发展的产品转型策略。从 2003 年开始，ZQXL 集团向现代企业管理体系转变，逐步重视战略管理工作，2005 年公司制定了 2006—2015 年第一个战略发展规划，自 2016 年起，ZQXL 集团制定了新五年发展规划，在规划中确定了"通过产业链延伸，介入相关高端产业；通过紧跟国家政策，向环保科技型转型"的主导思想。在战略规划的指引下，ZQXL 集团开启了全新的创新征程。2019 年，ZQXL 集团正式涉足康养健康产业，确立了以地产开发、工业制造和商业连锁作为三大产品业务支柱，在此基础上不断扩展新兴行业的产品转型策略。为确保战略目标和资源保障相匹配，ZQXL 集团广泛招募社会各行业的优秀人才，系统地建立了人才的招聘、储备、培养和使用机制，良性的人才系统有力支持了 ZQXL 集团的转型发展。同时引入外部咨询机构系统诊断、评估风险，制定数字化支持转型的保障战略，制定规划，整合信息化队伍，加强信息化建设能力，推进信息化，逐步实现数字化，让信息化成为转型发展的一大助力。

最后，在产品转型的实施保障阶段，为解决产品转型战略落地实施这一过程中的产品质量参差不齐、技术单一、人才短缺等问题，首先，ZQXL 集团积极参与行业学习与交流，保持行业嗅觉，在经营主营产品的基础上稳步拓展新的产品业务；并在企业内部建立文化期刊，通过"雏鹰计划""非凡计划""竹计划"等全面打造符合 ZQXL 集团战略发展的人才梯队，增强组织学习能力。其次，通过开发自有品牌，加大自营、自采商品比例，近距离感知顾客产品需求，以高质量的产品和服务保障凸显产品特色和差异化。最后，加强制度保障，完善制度流程管理体系。正如 T 总在 2017 年中期会上提出，管理人员要进一步加强我们的制度流程建设，把各方面的规矩建立健全，实现制度面前人人平等，"让每个人都明确自己的权责，让所有的工作都有法可依，有据可查，大家按照既定的原则做事，让组织的运转靠制度流程驱动"。多年来，ZQXL 集团始终坚持"为消费者提供优质的产品与服务，为员工提供平等的发展机会，为社会承担更多的责任"的企业使命，不断回馈社会，回馈员工。目前，ZQXL 集团已发展成为一家集地产开发、工业制造、商业连锁、旅游研学、金融投资、康养健康等产品运营于一体的多元化企业。未来，ZQXL 集团将继续与时代同步，奠定家族百年长青基业。ZQXL 集团的转型历程如图 4.3 所示。

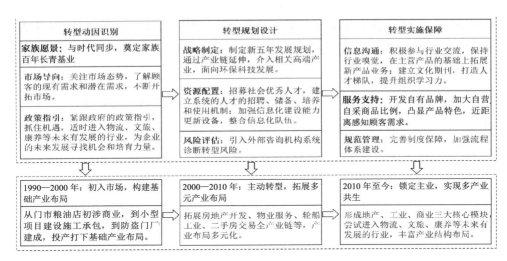

图 4.3　ZQXL 集团产品转型历程

2. LYAJ 电梯产品转型历程

LYAJ 电梯始建于 1993 年，初期主要研发制造各类电梯、扶梯部件。首先，为识别转型机会，LYAJ 电梯通过关注客户需求，持续关注竞争者、合作伙伴与供应商构筑的网络系统来搜集商业信息。2009 年，公司全面升级，与德国莱茵电梯公司进行技术合作，引进外方先进技术，整合双方资源，开启了高品质整梯品牌化的生产之路。2012 年，LYAJ 电梯成立加装研发小组积极奔赴各大建筑类高校，同时积极参与电梯行业展会探索技术变更趋势、国家政策动向，在评估自身能力与资源的基础上发现其中的商业机会。通过不断对信息进行收集与分析，LYAJ 电梯逐渐发现并识别出电梯行业正迅速由速度发展向高质量、服务化发展转变，中国电梯行业进入了一个新的发展时期。同时，政府在产业政策、监管制度改革等方面管理得更加规范标准，新酝酿并出台了多项有助于行业发展的政策。例如将既有建筑加装电梯写入国务院政府工作报告后，各地政府相继出台各种鼓励和支持加装电梯的政策。为顺应行业形势发展，LYAJ 电梯在致力于新产品研发和制造的基础上，开辟了电梯产品方案服务业务。

其次，在产品转型规划阶段，LYAJ 电梯针对不同建筑规划多元化电梯产品解决方案。对新建建筑，LYAJ 电梯为现代城市交通研发布局乘客电梯、载货电梯、自动扶梯及人行道等人性化理念产品；对既有建筑，考虑到人口老龄化加剧及老旧小区加装电梯的需求，LYAJ 电梯致力于加装电梯、电梯的更新改造，这也是当前政府倡导和鼓励的民生工程；针对科技含量和要求较高的智慧楼宇，公司运用"互联网＋"智能制造的概念，利用物联网技术＋AI 打造智慧型电梯，开发智能客流管理、智慧人居系统与远程监控等优质产品服务，让智慧型电梯成为未来发展的主流；为确保战略规划与企业资源的匹配，公司坚持产学研合作的研发模式，汇集了一批电梯行业的专家级人才，坚持自主创新。LYAJ 电梯不断地将全球最先进的技术融入电梯的开发中，使电梯的发展始终与世界的最新技术同步。基于网络实体系统及物联网，LYAJ 电梯采用先进传感技术采集电梯实时运行数据，通过微处理器进行数据分析，了解产品市场风险。另外，LYAJ 电梯实行"德国工业 4.0"的管理方式，致力于提升电梯制造的数字化水平，建立具有适应性、人体工程学及资源效率的智慧电梯企业，在商业流程中整合客户和商业伙伴。

最后，为确保产品转型的顺利实施，公司坚持"团队经营，持续创新"的经营理念，致力于对前沿科技的研究，从材料科学到声学，在各个领域实施合作，为客户提供安全、可靠的产品。首先，LYAJ 电梯建立项目组，积极参与行业交流学习，与客户、合作伙伴和行业巨头近距离沟通交流，对产品转型规划方案适时进行修订、调整。其次，LYAJ 电梯建立了完善的售后服务体系，会根据客户的需求和电梯运行状况制定透明、合理、合规的维保方案，包括定期检测保养、全国服务热线 24 小时守候、30 分钟抵达维保现场等。最后，公司同科研院所等技术研发机构配合，开发电梯产品，并建立互利共赢的战略伙伴关系。引进并完善 ERP 信息管理系统，帮助企业综合管理企业的物流、资金运作和信息交流。如今，LYAJ 电梯已从最初的电扶梯部件加工企业成长为一家集电梯研发、制造、安装、维修和保养于一体的整梯企业。LYAJ 电梯的转型历程如图 4.4 所示。

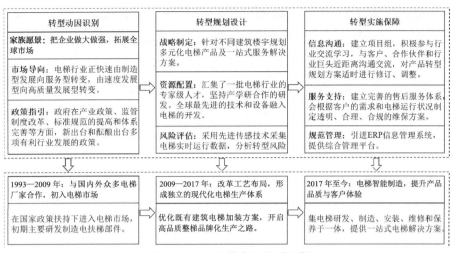

图 4.4 LYAJ 电梯产品转型历程

3. YJ 建设产品转型历程

YJ 建设原先为一家国有工业、民用与公共建筑施工企业。首先为识别转型机会，YJ 建设时刻关注市场动态和国家政策发展。2002 年前后，企业面临着大量私营企业的冲击、职工队伍老化等问题。在国家倡导国有企业改革转型和高质量发展的要求下，YJ 建设决定实施混合所有制改革。2018 年，经改制之后企业经济初步好转，为了稳定规模，寻找新的增长点，YJ 建设蓄力进行多元化扩张进入房地产行业，重点布局现金流型产品，如前期投入少、得房率较高的产品快速回流现金，扩大产业规模。"十四五"期间，国务院大力发展装配式建筑，重点推动钢结构装配式住宅。受国家宏观政策导向影响，公司业务定位需要进行调整。正如 L 总在受访时谈道："我们干粉砂浆这个项目，将来有可能向装配式住宅方面发展，比如说投资建厂，生产建筑构件等。"通过不断提升构建标准化水平，推动住宅产业化目标的实现。

其次，为进行产品转型规划设计，YJ 建设坚持科技创新引领，致力于打造更加宜居、更加环保的建筑产业。持续完善并提供钢结构装配式住宅的全产业链服务，以更多优质"建筑方案""建筑智慧"，为解决行业难题不懈奋斗。公司以业务策略为指导方针，制订各层级、各条线的人力资源需求计划，按管理干部高端化、业务人才专业化的要求，引进和储备一批适应房地产业高速发展的人才。组织开展重大科技攻关，加大科技成果集成创新力度。YJ 建设每年在信息化这方面都会加大投入，研究一些在施工过程中出现的新工艺，如烟尘远程监控等。与此同时，YJ建设通过与对标企业开展座谈会、访谈等方式考察和调研，识别企业存在问题，进行风险识别与防控。"化解风险，防控风险，这个要做到第一位。咱们整个建筑装配式住宅这块，国家的政策还挺模糊，它虽然在施工进度这方面快一点，但是很多瓶颈我觉得还不成熟，成本相对来说比较高，这是我们要考虑的一个问题。"L总在访谈时如是说道。

最后，在产品转型的实施保障阶段，为保证产品转型的顺利实施，首先，YJ建设会参与建筑业协会的同行交流，包括一些政府政策的传达、新技术的推广等。企业内部也会为员工提供培训，支持员工考取各种资格证书并给予报销，比如说一级建造师、二级建造师资格证书等。其次，通过推广合同能源管理、合同节水管理的服务模式降低建筑运行能耗、水耗，大力推动可再生能源应用，致力于实现绿色建筑与智能光伏创新融合发展。最后，通过深化国有企业混合所有制改革，促进完善企业现代管理制度，健全企业法人治理结构。同时强化过程管控意识，健全监控制度和监控工具，形成规范、有力的监控手段，实时监控并直观反映计划节点的完成情况。针对完成率深入分析，从而明确偏差原因，并制订改进措施。目前，YJ建设已经从一家国有工业、民用与公共建筑施工企业成长为一家集建筑施工、房地产开发和装配式住宅全产业链服务为一体的混合制企业。YJ建设的转型历程如图4.5所示。

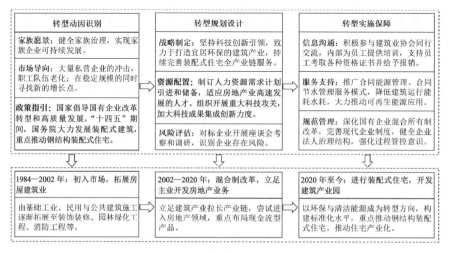

图4.5 YJ建设产品转型历程

4. HM 商贸产品转型历程

HM 商贸成立于 1999 年，初期主要经营食品批发。随着经济的发展，商圈同行竞争力加剧，加之送货上门服务进入市场，送货成本增高。首先，为识别转型机会，HM 商贸顺应时代发展要求，经营思路也从原始的"以产品销售为导向"转变至"以消费者需求为导向"，成立自有品牌，开启配送业务。在稳固本地市场后，随着当地食品零售与配送服务的逐渐成熟，HM 的市场逐渐变小，过渡到微利时代。L 总提出建立食品加工厂，将市场从石家庄拓展至整个北方。与此同时，消费者收入日益增长，对休闲食品的质量、口味及品牌提出了更高的要求。国务院在《关于推动实体零售创新转型的意见》中也表示商品零售要引导生产与生活方式创新转变，由粗放式发展向质量效益型转变，由独立分散的竞争主体向协同融合的新生态转变。HM 商贸则与多家自营超市加盟寻找代理商，拓展智能化、网络化的全渠道布局。

其次，为进行产品转型规划设计，HM 商贸本着"客户第一，诚信至上"的原则总体实施"三步走"的战略目标。第一阶段，以市场需求为先导，不断开拓本地市场。第二阶段，待模式成熟后，不断升级加工工艺，提升零售服务，降低内部成本。第三阶段，建立食品加工厂，经营自有品牌，开启全渠道营销。为落实产品转型规划，HM 积极引进本土优秀人才，购入自主设备，不断升级食品加工工艺，积极追求创新的消费场景，满足消费者的内在需求。M总亲自参与产品配送业务，深入市场调研消费者需求偏好。同时公司内部通过关注重要财务指标了解危险转型信号，筛选高风险客户，规避转型风险。

最后，在产品转型的实施保障阶段，HM 商贸积极参与每年的春秋糖酒会，会上与每个地级市代理商洽谈合作、寻找新客户、宣传特色产品等，保持市场竞争力。在产品的营销中，HM 商贸采取线上线下营销相结合的方式，通过用户参与生产—配送—销售—消费—服务全链条的环节提升客户参与感。同时灵活布置自助设备提供全天候的消费服务，提升用户消费体验。为了提升转型效率与产品品质，HM 商贸在工艺技术和生产经营过程中都制定了管理标准和工作标准，形成了完整、科学的质量管理体系，生产产量、产品质量、产品口味都更上一层楼。如今 HM 商贸在主营豆制品等休闲类食品的同时衍生宾馆酒店业务，实现食品加工、零售、配送与酒店多产业相融共生，其生产的"土老帽"系列产品已经成了家喻户晓的品牌，逐渐得到业界认可。HM 商贸的转型历程如图 4.6 所示。

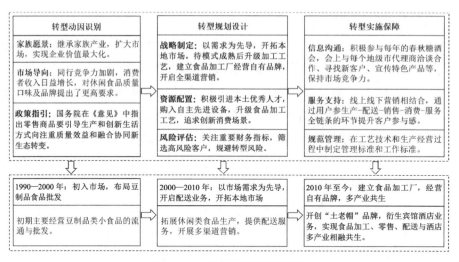

图 4.6　HM 商贸产品转型历程

5. XZ 电缆产品转型历程

XZ 电缆始建于 1995 年，最初是一家轧钢厂。首先，在识别转型机会阶段，一方面由于当时轧钢需要烧煤，污染较大，出于环保的角度国家取缔了轧钢厂。另一方面，负责人曾在北京做过电缆厂代理，这为企业由轧钢厂转型为电缆生产企业提供了契机。1999 年，电缆厂成立，初期主要为加工车间，为其他企业做代工。2005 年，电缆企业正式成立。面对新的市场竞争态势、经济一体化格局和科学技术的发展，XZ 电缆融合国内外先进生产技术、先进工艺设备和先进管理模式，原材料由聚氯乙烯变成聚乙烯，不断丰富产品种类，包括电力金具、安全工具、电缆附件、通信器材、高低压配电柜等。"十四五"规划中，国家密集出台了一系列相关政策，强调构建现代能源体系，提高高压输电通道的利用率，加快智能微电网建设和电网基础设施的智能化改造。在政策的推动和支持下，XZ 电缆立足市场发展需求，坚持创新，优化电力生产和输送通道布局，提升新能源消纳和储存能力，建设新型智慧能源系统。同时开启技术资源服务业务，增加行业知名度。

其次，在产品转型规划设计阶段，XZ 电缆信奉"质量、用户至上"的宗旨，以顾客的需求为导向，针对不同类型的电力传输系统，设计相应的系统电缆选型方案，并根据各场景对电缆和标准和要求，研发不同应用场合下的光伏光纤电缆产品。在战略规划的指引下，XZ 电缆以质量为核心，建立专业、高效的技术研发团队，选用先进的材料和工艺，引进新的生产设备，改善生产环境，提

高生产能力的同时，不断巩固与提升产品品质检测保障体系。在研发层面，XZ
电缆通过深入的市场调研，根据市场发展趋势和客户需求选择新产品开发方向，
随后开始试制工艺、模具设计以及样品试制，有效规避产品研发风险，致力于
建立高效清洁的现代化能源体系与绿色低碳循环发展的现代经济体系。

最后，在产品转型的实施保障阶段，XZ 电缆通过公司的技术咨询服务定
期向主要客户，如国家电网公司进行业务咨询，积极参与"高性能电缆技术交
流会"共同研究讨论光纤电缆的科研成果，紧跟市场脚步不断推出贴合市场需
求的新产品。此外，XZ 电缆通过多部门联动，为客户提供营销、技术等服务，
建立覆盖售前、售中、售后的全面服务体系，深入挖掘客户痛点，解决客户问
题，满足客户个性化需求，致力于在光纤电缆领域提供专业的解决方案和完善
的产品研发体系。公司配备先进的生产设备和全自动化生产线，每根电缆都按
照标准生产，并且通过一系列的精密检验，对材料性能、电气性能、特殊性能
进行全方位检测，确保产品质量符合标准。XZ 电缆严格坚守质量生命线，以
深化质量管理、规范质量工作程序、强化全过程质量管理为目标，为进一步提
高全员质量意识，确保产品、过程和体系运行符合标准，制定了全面系统的质
量制度。公司先后通过了质量管理体系认证、环境管理体系认证、职业健康管
理体系认证。如今，XZ 电缆已经发展为一家集制造、销售、研发、咨询服务
于一体的大型电线电缆企业集团。XZ 电缆的转型历程如图 4.7 所示。

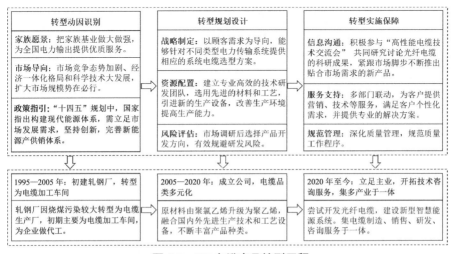

图 4.7　XZ 电缆产品转型历程

6. WQHY 宫面产品转型历程

WQHY 宫面成立于 2006 年，宫面起源于东汉末年，属于贡面的一种。WQHY 宫面初期生产工艺主要以手工制作为主，规模较小。首先，为识别转型机会，WQHY 宫面时刻关注市场动向。随着人民生活水平的提高，人们对健康营养也越来越重视。传统的原味宫面已经满足不了市场多样化、个性化的需求。WQHY 宫面则尝试在原味宫面中添加蔬菜、水果等，加工成蔬菜面、胡萝卜面、香菇面、紫薯面、火龙果面等色彩丰富的果蔬宫面来提高产品附加值。其中，香菇面一经投放市场便取得了较好的反响，受到了广大消费者的青睐。WQHY 宫面不断引进先进的生产工艺设备，从此，功能性、营养性的多元化中高档宫面开始进入市场。与此同时，我国食品安全法规也日趋完善，行业准入门槛提升，促进了宫面行业的长期健康发展。养老医疗的发展也为公司宫面的转型带来了新的机遇。在充分的市场调研后，WQHY 宫面将宫面的生产升级为与养老医疗相关的功能性滋补宫面，同时注重企业品牌形象的建设。

其次，为进行产品转型的规划设计，WQHY 宫面秉承为每一个消费者提供安全营养、健康美味的宫面为企业使命，以市场为导向，通过产品研发多样化、生产工艺智能化等方式为消费者提供高品质的产品和高素质的服务，进一步强化公司的核心竞争力。为保证产品规划的有效进行，WQHY 宫面积极学习日本先进的冷链条技术，引进智能化设备。同时与山东农科院合作培育专业化研发人才，鼓励创新。此外，WQHY 宫面研发团队还积极深入市场调研，观测市场经济特性，分析消费者口味和需求的变化，收集文献资料与国家统计数据，进行产品定位与研发投资风险分析，摆脱转型瓶颈对公司发展的制约，充分满足消费者的个性化需求。

最后，在产品转型的实施保障阶段，WQHY 宫面积极参与国内糖酒食品行业交流会，如食品博览会、春堂展等，结识行业优秀企业家，为企业产品转型提供新思路。在企业内部则设立研发创新奖，鼓励员工交流合作。此外，基于新一代消费者需求，WQHY 宫面还积极为顾客拓展线上新零售服务体验，建立线上自有会员制度。消费者可以通过小程序注册会员，线上消费后可获得积分兑换礼品。同时打通淘宝、美团、饿了么等多个平台服务，有效增强品牌与消费者之间的黏性。在这一过程中，WQHY 宫面严格规范宫面的生产工艺和流程，提高挂面品质，将传统宫面推向多元化、专业化、高端化、规模化发展。多年来，历经不断发展和完善，WQHY 宫面已逐渐形成了完整的加工技艺和独有的膳食文化。WQHY 宫面的转型历程如图 4.8 所示。

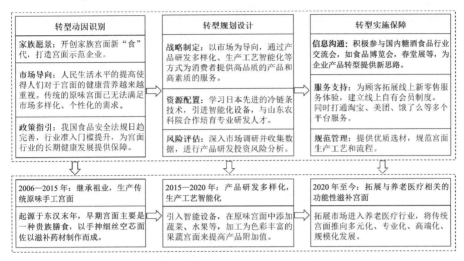

图 4.8　WQHY 宫面产品转型历程

4.3.2　案例企业企业家精神构成分析

　　通过对访谈数据编码处理与分析，笔者对新时代背景下的企业家精神有了一定的认识。研究发现，企业家精神是企业家个人品质、思想观念及心理活动的综合体，由企业家在经营管理活动中的言行举止与观点态度展现而出。数字化浪潮的来袭使家族企业产品与组织结构的适应性调整共同推动了企业家精神由个体层面向组织层面传递，进而形成一种依托于企业家的行为且广泛存在于组织群体中的精神体系。企业家精神包含多个维度，目前探索出企业家精神包含担当精神、创新精神、创业精神、进取精神、探索精神、学习精神、专业精神、冒险精神 8 种。以创新精神和创业精神为内核，进取精神、担当精神、探索精神、学习精神、专业精神、冒险精神为外延要素。企业家精神的构成和内涵如表 4.5 所示。

　　创新精神指企业家有计划地打破生产要素的组合现状，融入新元素与思想，赋予资源创造财富新能力的一种追求卓越的革新思想与行为，主要从管理创新、文化创新、产品创新、技术创新四个方面来体现。创业精神指企业家从无到有、从小到大不断带领着企业集中一系列独特资源创造新价值的行为过程。外显行为主要包括市场分析、需求识别、风险评估等。学习精神是指企业家具有积极主动的学习意识、强烈求知欲以及自我提升的渴望，在日常生活或企业管理实践中注重与他人的交流互动，并能够将学习所得运用于企业的经营管理当中。企业外部学习主要包括行业交流、自主学习专业课程等；内部学习包括积极参与企业课程培训、周例会交流、实践总结等。进取精神强调企业家在日常经营管理中展现出的勤奋务实、积极进取，坚持不懈地追求个人、家族及企业目标，遭遇困境仍顽强不屈的优秀品质，在产品转型中体现为积极调整产品策略、优化企业管理、整合企业资源等。担当精神指企业家切实考虑企业、家族、社会等相关者的诉求与利益，从而开展合情合理合法的行为活动，主要从社会、家族、企业三个层面作贡献以实现自我价值。探索精神是指企业家通过多种方式识别、寻找、评估和利用市场机会，及时获取市场信息，通过这些信息和机会积极主动地跟进目标，调整产品战略决策，主要包括探索合作机会、探索市场机会、探索政策契机来寻找转型契机。专业精神是指企业家追求专业、标准和品质，具备产品领域相关工具、专业知识和专业技能的能力，主要从精进生产工艺、产品品质管控、流程制度保障三方面来体现。冒险精神表示随着经营风险的出现，要求企业家具有较强的风险观念，能够积极主动地作出改变，主要表现为企业家的风险偏好和风险控制。

表 4.5 案例企业企业家精神的构成

主范畴	副范畴	范畴内涵
创新精神	管理创新	将创造性思想应用于产品、服务或生产的过程
	文化创新	在创新管理活动中形成鲜明的创新精神财富，如创新物质文化环境、创新价值观、创新准则等
	产品创新	创造某种新产品或对某一新、老产品的功能和结构进行创新
	技术创新	以科学技术及其创造的资源为基础的创新，包括新技术的开发，或将已有的技术和知识进行创新应用
创业精神	市场分析	估计市场规模的大小及产品潜在的用户需求
	需求识别	在市场调研的基础上准确理解和表达客户的需求
	风险评估	在产品进入市场前分析该产品可能对企业造成的影响及损失进行量化评估
学习精神	外部学习	鼓励员工通过行业交流等方式学习企业活动之外的知识
	内部学习	为员工提供培训渠道，提升员工学习能力，营造良好的企业学习氛围

（续表）

主范畴	副范畴	范畴内涵
担当精神	承担社会责任	强调企业要在经营管理中体现个人价值，强调企业对消费者、社会、环境的贡献
	承担家族责任	继承家族产业，为家族企业带来新的活力
	承担企业责任	把企业做大做强，维护员工利益，符合道德规范和环保要求
进取精神	调整产品策略	在不改变产品性质的情况下调整产品经营策略，使产品具有更大的使用价值和价值
	优化企业管理	优化办公流程，提高员工工作效率使企业获益
	整合企业资源	随着市场的变化情况与发展，企业的各种资源随之整合优化
探索精神	探索合作机会	寻找合作切入点和契合点，拓展产品合作空间
	探索市场机会	通过扫描市场发现未满足的需要与市场机会
	探索政策契机	关注政策动向，紧抓政策机遇探索产品发展契机
专业精神	精进生产工艺	在多次的实际工作中不断优化与完善工艺流程的标准化
	产品品质管控	以质量为中心，让客户满意
	流程制度保障	通过制度来规范组织成员的行为，使企业的运行逐步趋于规范化和标准化
冒险精神	风险偏好	主动追求风险，喜欢收益的波动性胜于收益的稳定性的态度
	风险控制	企业管理者采用各种方法和措施，减少或消灭风险事件发生的多种可能性

4.3.3 企业家精神驱动家族企业产品转型的机理分析

本章将企业家精神对产品转型的影响机理从为转型动因识别、转型规划设计、转型实现路径和转型实施保障四个阶段来评估与分析，保证企业产品转型战略的合理性。数据编码结果显示，企业家不同的精神体现会在家族企业主推动产品转型战略实施过程中对不同要素产生影响作用，主要体现为：担当精神、创新精神、创业精神、进取精神及专业精神可影响企业家对产品转型时动因识别；进取精神、冒险精神、创新精神、学习精神、探索精神及专业精神驱动家族企业产品转型规划设计的推进；家族企业产品转型的实现主要通过产品结构创新和产品组合调整两条路径来实现，在这一阶段企业家持续的创新精神、进取精神、学习精神和探索精神发挥了主要作用；最后，学习精神、探索精神、进取精神和专业精神为产品转型的顺利实施保驾护航。

1. 企业家精神对家族企业产品转型动因识别的影响分析

大多数家族企业都是以自己的管理模式运作的传统企业。在席卷全球的数字化浪潮下，它们正面临着转型升级的挑战，这是企业发展的内在要求与市场经济相结合的产物。而企业家也获得了互联网所带来的各种资源，其精神对产品转型的实现起到了重要的推动作用，使产品转型得以实现[12]。

（1）企业家精神对家族企业产品转型使命担当的影响作用

富有家族担当精神的企业家会有承担自己家族企业兴旺、家族繁盛的强烈使命感，致力于将家族企业培养成一个可持续的、长寿的、具有独立性的企业[13]。正如 ZQXL 集团 L 总在访谈时提到的，"基于一些机会我们在不断扩展企业的产业，我也想把这企业做大，所以我们所做的任何事情也都是基于卓越的要求"。而"创造百年企业"的美好愿景也一直激励着 HM 商贸各代企业主努力争取机会扩大企业规模，增强企业实力，从而使企业代代相传。LYAJ 电梯 L 总表示立志带领企业做有尊严的企业。另外，具有担当精神的企业家也具有较为强烈的社会责任感，他们积极参与捐赠、助学、救灾等公益活动，希望在树立企业形象的同时为社会贡献自己的一份力量[14]。如 ZQXL 受访者表示："我们的工会会组织一些捐赠、助教等公益活动，希望在把企业做大做强的同时也做一些对社会进步有益的事，这也有助于企业在社会上树立一种崭新的形象。"产品转型是家族企业突破瓶颈健康成长的迫切需要，也是企业面临新技术浪潮转型的方向[15]。

如今我国家族企业正面临内外部生存条件的变化，使家族企业文化内涵的创新成为家族企业产品转型发展的必然需求[16]。富有创新精神的企业家在经营管理企业的过程中会主动建立一种勇于尝试、突破自我追求的创新文化[17]。在这种文化的引领下，家族企业主在经营管理企业过程中对外保持开放的眼界，对内强调守正创新，宽容对待员工的试错行为，有意识地制订创新计划[18]。正如 ZQXL 集团 L 总表示："我们的企业，这么多年一直鼓励创新，每年我们年底有先进表彰大会和创新团队创新奖。我们奖励金也挺多的，最高的奖励 5 万元。"她认为作为企业的管理者就应该放开眼界，并且做人要谦虚，尊重员工，员工非主观故意所致的失误一般要宽容对待，表示"即使失败了，我也很包容你，我还是在一直鼓励你继续去创新"。LYAJ 电梯 L 总也表示："我们现在鼓励全员创新，我们企业的创新活动，现在已经第 6 年了，我们鼓励企业的每个员工发挥自己的才能。"由此可知企业家是家族企业文化的缔造者与影响者，其创新精神可推动企业创新文化的建设。

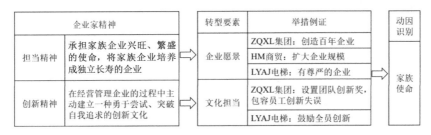

图 4.9　企业家精神对家族企业产品转型使命担当的影响作用

根据上述分析，笔者构建出企业家精神通过影响企业家承担家族使命产生产品转型动力的机理模型，如图 4.9 所示，并得出命题 1a。

命题 1a：担当精神与创新精神可影响企业家承担家族使命产生产品转型的动力。

（2）企业家精神对家族企业产品转型市场导向的影响作用

数字化浪潮的来袭，产品周期缩短，客户需求不断升级[19]。富有创业精神的企业家对外部环境的动态变化比较敏锐，会预测潜在的市场机会和顾客需求，从而促使企业及时作出转型决策，塑造新的市场环境[20]。例如，XZ 电缆接班人表示通过调研市场上不同电缆的使用情况，鼓励企业尝试开发并推行不同规格的电缆产品。WQHY 宫面 C 总也表示人们对产品的需求会随着喜好而改变，包括包装、口感、服务等方面，未来的产品会根据消费者的习惯去生产。ZQXL集团则有专门的数据分析师使用量化手段精准地分析顾客的需求和喜好，不断尝试进入新的产业领域，在保持顾客忠诚度的同时提升顾客满意度。

互联网正在推动 IT 技术变革，富有创新精神的企业家更倾向于支持新观点、新技术和新方法[21]。不仅愿意在产品、工艺技术或管理方面进行创新，还愿意向优秀企业学习，将新产品带上新的舞台。正如 WQHY 宫面 C 总在受访时谈道："虽然没去过日本，但日本做面做得很成熟的，现在做面制片，日本的冷冻食品物流与冷链技术，以及对食品色香味的控制也是世界上做得比较好，比较专业的，我们也会学习和引进国外先进的冷链技术，研发新产品。"LYAJ 电梯基于物联网及网络实体系统，建立更具有市场适应性、资源创新效率及人体工程学的智慧电梯企业，开发新产品。与此同时，经济全球化的冲击使得市场竞争日趋白热化，这为传统企业带来新的机遇和挑战。具有进取精神的企业家则会主动上门寻找商业合作机会，挖掘市场空白，为未来国内市场的快速发展获取先机优势，确立第一次产品战略转型优势。例如 HM 商贸二代接班人要求公司每年的春秋糖酒会都积极参加，主要目的是去寻找客户，开拓门槛更高的空白市场。

根据上述分析，笔者构建出企业家精神影响家族企业在市场导向下产生产品转型动力的机理模型，如图 4.10 所示，并得出命题 1b。

命题 1b：创新精神、创业精神与进取精神可影响企业家在市场导向中产生产品转型动力。

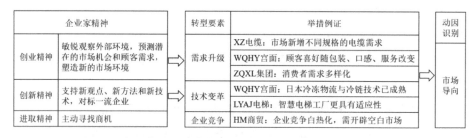

图 4.10 企业家精神对家族企业产品转型市场导向的影响作用

（3）企业家精神对家族企业产品转型政策指引的影响作用

新政策的出台及政策方向的调整对相关产业能够产生巨大的影响。家族企业在政策的引导下，才能更好地把握时代发展机遇，抓住商机[22]。具备社会担当精神的企业家会与时俱进，积极响应国家政策，在新形势下寻求产品转型契机。正如 SL 焊材创始人在访谈时谈道："我们做的光纤光缆是国家提倡的，将来随着互联网、物联网的发展，也算我们从另一方面为推进社会进步做一些力所能及的事情。"LYAJ 电梯也积极响应国家"十四五"规划，完善配套设施，推出旧楼加装电梯方案。另外，国家重要事件的发生也会为企业产品带来一定的发展机遇。如 XZ 电缆表示："这几年有一个风口我们把握得挺好，就是 2008 年北京奥运会，因为奥运会效应基本上是从 2005、2006 年开始，北京大量搞建设，我们有地域优势，电缆做出来就往北京送就行了，这个基本上都有人要，这是非常好的一个发展机遇。"

我国当前的市场经济是"诚信经济"，更讲究"规范管理"[23]。具有专业精神的企业家在转型过程中会时刻关注政府对新一代产品的经营要求，产品转型将按照中国特色社会主义市场经济的要求严格实施。正如 LYAJ 电梯 L 总表示："产品进入市场的时候，首先要满足国家的政策标准，这是第一点。因为电梯是一个特种设备，所有的产品都需要经过国家的认证，必须得在国家允许的范围内进行相应的改进。我们也会了解一些最新的政策标准。"ZQXL 集团也表示对产品有非常严格的品质把控，不仅有专门的质检部门检测产品是否符合国家的健康认证，同时对产品品牌合作商的选择也会有较高的要求。"我们在抚宁的叶菜基地，针对农药残留都会提前提供防虫网，并定期去检测。确实有农药超标的，我们都会销毁。"其 L 总如是说道。根据上述分析，笔者构建出企业家精神影响家族企业在政策指引下产生产品转型动力的机理模型，如图 4.11 所示，并得出命题 1c。

命题 1c：担当精神与诚信精神可影响企业家在政策指引下产生产品转型的动力。

图 4.11 企业家精神对家族企业产品转型政策指引的影响作用

综上所述，笔者构建出企业家精神驱动家族企业产品转型动因识别的机理模型，如图 4.12 所示，并得出命题 1。

命题 1：转型动因识别是家族企业进行产品转型的前提条件，企业家的进取精神、创新精神、创业精神、担当精神和专业精神可影响

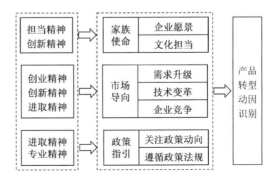

图 4.12 企业家精神对家族企业产品转型动因识别的影响作用

企业家在家族使命、市场导向和政策指引的驱动下，产生家族企业产品转型的动力。

2. 企业家精神对家族企业产品转型规划设计的影响分析

具有产品转型动力的企业家将做好转型规划设计，等待时机来临时及时推动家族企业产品转型。对家族企业而言，产品转型规划设计是企业战略布局的一部分。企业家会基于对当前产品市场动态的洞察与分析，制订整体的转型方案。笔者将产品转型规划设计的过程划分为家族企业战略制定、资源配置、风险评估三个环节。数据编码显示，企业家精神会对家族企业产品转型规划设计过程中的不同要素产生影响作用。

（1）企业家精神对家族企业产品转型战略制定的影响作用

对家族企业而言，目前正处于转型升级的关键时期。具备进取精神的企业家往往怀有一种壮大家族企业规模以完成促进家族企业兴旺、家族繁盛的雄心壮志[24]。首先要做的就是建立企业愿景，树立可持续的发展观念并确定可行的战略转型目标。正如 XZ 电缆创始人提到，"现在不是钱的问题，哪怕不怎么盈利，我也要开拓市场，保证企业要维持下去。"ZQXL 集团 L 总称，企业的长期目标即为走向世界，近 5 年计划在技术创新、人才引进、信息化管理等方面投入，不断丰富企业产品类型，提升企业影响力。LYAJ 电梯 L 总也表示接下来电梯配件的生产会朝着特色产业、支柱产业的方向去发展，在优化产品组合体系的同时形成产业集群或者产业链，把企业真正做大做强。由此可见，企业目标的设定为接下来的产品转型决策指明了方向。

数字化浪潮的冲击使得企业产品变得去中心化和价值多元化[25]，企业家在探索精神的驱使下主动适应外部环境的变化，积极选择适宜的产品转型策略。例如 ZQXL 集团在行业学习与市场调研后，采取产品组合多元化与服务化转型，由起初的物流配送业务，新增百货业态，后来又逐渐开拓房地产、汽车零部件、商业物流、旅游研学、金融、康养等产业。LYAJ 电梯则通过行业展会及售后收集顾客需求信息，选择新产品智能研发、产品组合多元化、服务化的一站式解决方案，由最初的电扶梯部件加工企业成长为一家集电梯研发、制造、安装、维修和保养于一体的整梯企业。HM 商贸则在不断的产品经营实践中决定选择产品集中化、多元化策略，从各类小食品批发到小食品配送，到休闲食品的生产和配送，再到集中做豆制休闲食品生产加工，并在此基础上逐步拓展罐头、糕点等产品。可见企业家一方面带领家族企业不断丰富现有产品体系，另一方面寻求开发新产品的市场机会，并融入智能化与服务化的时代元素，推动产品转型的实施。

根据上述分析，笔者构建出企业家精神影响家族企业产品转型战略制定的机理模型，如图 4.13 所示，并得出命题 2a。

命题 2a：担当精神与冒险精神可影响家族企业通过战略制定来推动产品转型的规划设计。

图 4.13　企业家精神对家族企业产品转型战略制定的影响作用

（2）企业家精神对家族企业产品转型资源配置的影响作用

产品转型策略的执行离不开一支高素质的团队[26]。富有创新精神的企业家意识到人才是创新之根本，人才的合理利用对新产品的开发及推广至关重要。受访的 6 位企业家均表示非常注重人才的引进、培育和激励。例如 ZQXL 集团采用内部培训与外部培训相结合的方式，对内请讲师定期为员工授课，对外鼓励员工参与行业学习。正如其 L 总受访时讲道："人才是第一资源，你看我们从基层起就有储备干部管理机制，也有储备大学生计划。对于企业内优秀的人才，我们也有主计划和非凡计划为员工提供更好的发展平台。"WQHY 宫面也表示会集聚加拿大的院士、中科院的博士等优秀人才，并与山东省农科院进行合作致力于新产品的研发。对于企业的优秀员工，企业家也表明在产品转型的过程中会进行员工培训，并给予员工适当的人文关怀与创新激励。例如 LYAJ 电梯则鼓励全员创新，每年会设置 10 万元的奖励基金，鼓励员工对企业产品提出合理化建议，评审通过后就会给予奖励；员工子女考上大学会给予 5000 元补贴，也会发放一些上学物资等。

具有学习精神和创新精神的企业家通过尝试、试验和应变等探索性学习获得新的技术知识，启动大量研发新技术的创新项目，打破现有的组织惯例适应企业技术创新需要。YJ 建设董事长带领团队不断外出学习，不断接触国内领先的混凝土企业，学习借鉴这些优秀企业的先进管理理念、质量管控经验并吸收到企业经营管理中，积极引入 ERP、钉钉等智能管理软件，筹备企业上云，极大地提高了企业对内部环境的监控能力。WQHY 宫面则表示会积极学习日本的技术设备，根据他们的产品的效果并结合自身生产工艺进行模仿创新，其 C 总在受访时曾谈道："日本的冷冻食品物流与冷链技术，以及对食品色香味的控制是世界上做得比较好，比较专业的，我们也会学习和引进国外先进的冷链技术。"LYAJ 电梯 L 总则表示公司的管理会借助 ERP 系统来实现产销存、财务和销售的一体化服务，这为新产品的研发与创新提供了有力的技术支撑。

设备是企业经营规模和现代化水平的一个基本标志[28]，为适应市场需求，进取精神会驱使企业家引进先进的生产设备，加大科研投入，助力智能化制造，为企业的转型发展保驾护航。正如 XZ 电缆 C 总在受访时谈道："电缆这个东西没有替代品，没有重大的技术变革，设备更新后自动化程度的提高，增加了半导体的操控，可能现在两三个人我就能生产同一个产品，节省了人工，产量也高了。"YJ 建设 W 总也表示会在信息化建设这方面加大投入，进一步提升技术设备的现代化档次及产品工艺技术，把产品做精做细，向国内先进水平看齐。

根据上述分析，笔者构建出企业家精神影响家族企业产品转型资源配置的机理模型，如图 4.14 所示，并得出命题 2b。

命题 2b：创新精神、学习精神、进取精神可影响家族企业的资源配置来推进产品转型的规划设计。

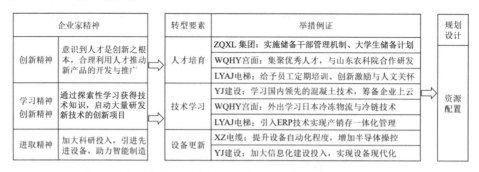

图 4.14 企业家精神对家族企业产品转型资源配置的影响作用

（3）企业家精神对家族企业产品转型风险评估的影响

具有探索精神的企业家在推行产品转型前会主动带领团队深入市场，对产品转型风险进行识别与评估，从而有效地控制或处理风险[29]。6 家案例企业的企业家均表示在产品转型前会深入市场进行调研与分析。如 XZ 电缆二代接班人表示："我们认为这个产品有市场，经过考察，技术上和设备上难度不是很大，就可以开发这个项目。但从环保的角度来看，这个地方包括周边都干过轧钢，需要烧很多的煤，主要考虑污染比较严重，这个地点的经营风险还是比较大的。"YJ 建设 W 总在受访时谈到，会对产品转型的成本进行评估："咱们整个建筑装配式住宅这块儿，国家的政策还挺模糊，它虽然解决了施工进度这方面的问题，但是很多地方我觉得还不成熟，成本相对来说比较高。"企业家在产品转型前进行风险评估也是坚守诚信与负责任的体现，是企业产品转型中不可或缺的一步 [30]。

在产品转型目标和策略的指引下，富有专业精神的企业家会通过各种渠道搜寻相关产品数据，了解行业现状 [31]。如 LYAJ 电梯采用先进传感技术采集电梯实时运行数据，通过微处理器进行数据分析，了解产品走向和经营风险等。正如其 L 总在受访时说道："其实如果按照现在转型方向，工厂的每个环节都要有数据来把控，实现数据集成化管理才行。我们现在也会引进智能化数控类的设备，用这些数据来分析的话更精确一些。其实现在必须要走这条路，不走这条路的话，市场竞争越来越激烈，如果管理不到位，管控不好，利润就会浪费掉了。"ZQXL 集团则通过售后顾客反馈或者问卷调查来收集一手数据，并有专门的数据分析师对数据进行精准分析，在提升顾客满意度的同时分析转型产品是否符合消费者的需求走向。可见企业家会在数据分析的基础上洞察客户需求，结合业务场景制订合理的行动计划，为接下来的产品转型提供数据支撑，保证执行的有效性。

根据上述分析，笔者构建出企业家精神影响家族企业产品转型风险评估的机理模型，如图 4.15 所示，并得出命题 2c。

命题 2c：探索精神与专业精神可影响企业家在家族企业产品转型规划设计阶段进行风险评估。

图 4.15 企业家精神对家族企业产品转型风险评估的影响作用

综上所述，笔者构建出企业家精神驱动家族企业产品转型规划设计的机理模型，如图4.16所示，并得出命题2。

命题2：企业家精神可作用于家族企业战略制定、资源配置与风险评估等活动推动产品转型的规划设计。

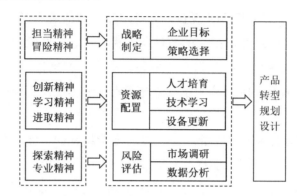

图 4.16 企业家精神对家族企业产品转型规划设计的影响作用

3. 企业家精神对家族企业产品转型实现路径的影响分析

本章通过收集多家案例企业数据进行质性比较分析，探索出企业家精神驱动家族企业产品转型的具体路径，并构建出相应理论模型。从所选的6家样本企业的企业战略转型构成对比分析中可以看出，六家企业均发生过不同类型的产品转型，总体看来主要分为产品结构创新和产品组合调整。现对两种产品转型路径分别进行分析。

（1）企业家精神对家族企业产品结构创新的影响

从产品结构来看，可以把产品分为模块式产品和集成式产品，产品组件间的相互关系对产品多样化、标准化等决策至关重要[32]。产品结构创新包括材料改进、加工工艺创新、新功能研发等。这一过程中企业家的创新精神、进取精神与探索精神起到了重要的影响作用。

随着消费需求的变化和家族企业的成长，家族企业目前的产品与市场所需的产品逐渐产生差异[33]。为适应环境的动态变化，富有创新精神的企业家在进行市场分析的基础上，会积极进行新产品研发，促进产品升级换代[34]。例如HM商贸的研发人员积极参与行业交流，会从国外拿样品进行分析查看并借鉴研发，从各类小食品批发到小食品配送，到休闲食品的生产和配送，再到集中做豆制休闲食品生产加工，在产品的升级换代上实现了较大的突破。WQHY 宫面 C 总也表示："我们的传统产品是改变不了的，因为手工产品的原材料选材比较苛刻。但是我们可能在新产品的研发上会有所突破，做得更大众一点。我们会结合当代消费者的需求研发一些休闲类和功能性食品，对于做得好的员工我们会设置产品研发奖，给予奖励。"

在竞争日益激烈的市场经济环境下，一款新产品想要迅速进入市场，抢占市场份额，进取精神会驱使企业家投入大量的人力、财力，将产品推入市场，找准品牌定位点，并通过多个渠道营销提高产品知名度[35]。正如 ZQXL 集团 L 总讲道："为了多渠道推广产品，我们开发了广缘易购，能从线上买东西。尤其今年疫情使得线上购物猛增，实际上它的开发对我们新产品的推广发挥了很大的作用。同时，我们也非常支持顾客去现场提货，这对我们产品的宣传和口碑也是非常有好处的。"LYAJ 电梯则通过建立电梯产业的销售网络联系各个区域的代理商，以实现产品知名度的提升。WQHY 宫面也自创品牌，尝试和知名厂商合作提升品牌知名度。

在产品逐渐深入市场后，企业家在探索精神的影响下，会进行定期总结，对市场变化和用户反馈及时作出响应，不断调整，逐步完善产品转型策略[36]。正如 LYAJ 电梯 L 总表示："电梯的产品性能是一方面，另一方面我们也会健全销售网络来考虑产品的市场反馈，包括市场接受度，价格、安全性、使用效率等方面。这是一个不断挖掘用户需求的过程，之后我们也会在企业内部做一些相关的测试或试验来进行数据的分析，不断优化、逐步完善产品。"XZ 电缆 C 总在受访时也表示："从质量和售后这两点，跟这些客户一直合作到今天，客户在内业都给了我们许多的评价，这对我们新产品的改进并赢得更多的订单带来很大帮助。一开始的话虽然这个产品是亏损的，但我们会通过这个环节交学费去买经验，研究哪个漏洞、哪个环节出了问题，再一步步地去补充、完善我们的产品。"

根据上述分析，笔者构建出企业家精神影响家族企业产品结构创新的机理模型，如图 4.17 所示，并得出命题 3a。

命题 3a：创新精神、进取精神与探索精神可影响企业家在通过产品研发、市场推广和总结反馈实现产品结构创新。

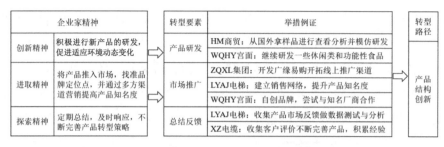

企业家精神		转型要素	举措例证	转型路径
创新精神	积极进行新产品的研发，促进适应环境动态变化	产品研发	HM商贸：从国外拿样品进行查看分析并模仿研发	产品结构创新
			WQHY宫面：继续研发一些休闲类和功能性食品	
进取精神	将产品推入市场，找准品牌定位点，并通过多方渠道营销提高产品知名度	市场推广	ZQXL集团：开发广缘易购开拓线上推广渠道	
			LYAJ电梯：建立销售网络，提升产品知名度	
			WQHY宫面：自创品牌，尝试与知名厂商合作	
探索精神	定期总结，及时响应，不断完善产品转型策略	总结反馈	LYAJ电梯：收集产品市场反馈做数据测试与分析	
			XZ电缆：收集客户评价不断完善产品，积累经验	

图 4.17 企业家精神对家族企业产品结构创新的影响作用

（2）企业家精神对家族企业产品组合调整的影响

产品组合调整是企业为了面对市场变化，对其生产和经营的各种产品或服务实行最佳组合的策略[37]。家族企业在成长过程中会受到市场环境、行业形势、资源能力等影响，其产品组合在变化的市场环境下发生分化，这时需要剔除一些不健全的、不平衡的产品组合，将新的产品组合与时代特色结合起来，如智能化、服务化趋势等来适应环境的动态变化[38]。企业家在这一过程中发挥的进取精神、探索精神和学习精神会有助于家族企业在遇到转型瓶颈时作出关键决策，优化产品组合策略，从根本上缩小产品组合差异[39]。

首先，进取精神会驱使企业家对公司现有产品组合作出系统评价和分析，然后决定是否需要剔除或者加强某些项目、产品线，以进一步优化产品组合[40]。正如 ZQXL 集团 L 总在访谈中讲道："你要能敏锐地了解到市场的一些变化，包括一些机会，这样的话，再结合企业产品现状就可以不断地把产品丰富化，作这样一个决策实际上是很难的。作这些决策包括我们最近又涉足康养，社会需要企业投资这样的事情，所以我们现在也在研究未来会舍弃与涉入哪些企业、哪些品牌。""企业的转型发展，不管是技术及管理人员的储备，还是资金的储备，方方面面都要评估到。通过不断调整现有的产品组合结构，把原来低质量或者是不好的产品淘汰，把新时代背景下企业对不同楼宇或场景中电梯的特色需求加入更多元化的电梯设计，再融入高效的产品服务来实现产品的顺利转型。"LYAJ 电梯 L 总如是说。

产品组合调整策略的具体表现为扩大产品组合的广度、挖掘产品组合的深度、强化产品的关联性等[41]。在访谈的 6 家企业中，企业家均有通过发挥进取精神和学习精神学习行业内专业知识及其他优秀企业的产品组合与资源配置方式，再结合企业现状，进行了适当的产品组合策略调整[42]。例如，ZQXL 集团从原来的房地产钢材建材供应商延展到防盗门、门窗、刀具，再新增购物、休闲、娱乐、餐饮等百货业态，直至如今发展为一家集商业物流、房地产、旅游研学、汽车零部件、金融、康养等产业运营于一体的多元化企业，不论是产品线的宽度还是深度都实现了较大的提升。LYAJ 电梯由最初的电扶梯部件加工企业逐渐成长为一家集电梯研发、制造、安装、维修和保养于一体的整梯企业。WQHY 宫面未来将会拓展养老产业，根据这个市场输入更多的功能性及休闲面食。YJ 建设由起初的施工企业到房地产开发，未来会继续往装配式住宅方向发展，实现产品的多元化发展等。

　　产品组合动态平衡的形成需要对市场环境和企业资源可能发生的变化进行综合性的研究 [43]。因此，需要企业家持续发挥探索精神，依据市场需求与竞争形势的变化快速响应，实时作出开发新产品和剔除衰退产品的决策，以实现最优产品组合的形成 [44]。受访的 6 位企业家均表示，企业未来会根据风险和收益来分析不同产品组合的成长空间和市场占有率，并结合市场环境和企业的资源条件的变化，不断完善产品组合 [45]。例如，HM 商贸认识到食品生产面向的是全国的顾客，而食品配送面向的市场却仅局限于本地与个别地区，拓展的空间相对较高，所以决定以食品配送为依托，将力量集中放在豆制品的生产和销售上。"我们前几年生产的东西像蜂蜜等，后来因为长期销量不好，我们就立刻把这条生产线去掉了。"其二代接班人如是说道。

　　根据上述分析，笔者构建出企业家精神影响家族企业产品组合调整的机理模型，如图 4.18 所示，并得出命题 3b。

　　命题 3b：进取精神、学习精神与探索精神可影响企业家通过产品组合现状分析、组合方案调整、组合动态平衡等活动进行产品组合调整。

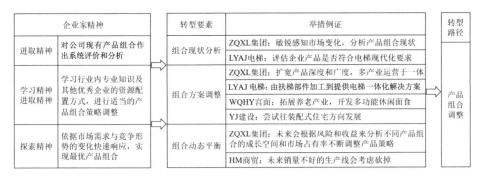

图 4.18 企业家精神对家族企业产品组合调整的影响作用

综上所述，笔者构建出企业家精神驱动家族企业产品转型路径的机理模型，如图 4.19 所示，并得出命题 3。

命题 3：企业家精神作用于家族企业产品转型可通过产品结构创新和产品组合调整两条路径来实现。

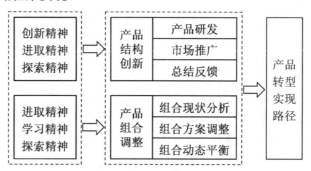

图 4.19 企业家精神对家族企业产品转型实现路径的影响作用

4. 企业家精神对家族企业产品转型实施保障的影响分析

产品转型对家族企业的发展来说是一项至关重要的复杂工程，需要制定一系列保障措施以保证它的成功 [46]。从编码结果来看，企业家精神的发挥主要从信息沟通、服务支持及规范管理三个方面保障企业产品转型策略的顺利实施，从而形成全面的战略执行合力，进一步保证产品转型的顺利实施。

（1）企业家精神对家族企业产品转型信息沟通的影响

家族企业在产品转型的过程中，企业家会发挥持续的学习精神和探索精神，及时掌握行业动态来获取最新信息，从而不断完善转型策略 [47]。受访的 6 位企业家均表示会积极参与行业学习了解产品市场动向。其中，ZQXL 集团会加入国内知名企业的商业联组织或者联商网，如湖南步步高、河南四方联采等学习优秀企业的产品知识，为企业的产品转型提供新的经营思路。LYAJ 电梯也表示会参与电梯行业协会的座谈交流，对标国际上比较前沿的企业学习相关产品技术，并关注其新产品的发布动态。WQHY 宫面的 C 总则会参与国内食品行业的交流会、食品博览会，如春堂展等，会上与产品同行相互学习与交流。HM 商贸的 M 总也提到每次出差遇到同行业其他商家的时候，他们都会对产品和市场的信息进行讨论与分享。可见企业家会根据客户需求、产业政策要求和竞争对手的产品动向，筛选有用信息为企业产品转型决策的准确性作好保障。

企业在产品转型的过程中能否达到预期的结果，还取决于家族企业的组织学习能力[48]。在学习精神的影响下，企业家通过组织学习的方式来推动产品转型的顺利实施。ZQXL 集团及 LYAJ 电梯均创办了公司内部刊物，他们会邀请优秀员工分享经验并刊登至公司报纸，这激发了员工的知识共享意愿，有助于企业员工之间的相互学习、共同进步，进而提升企业整体的学习能力。ZQXL 集团 L 总在访谈中也表示："同行业主持的一些会议，我们肯定要去。我们在会上可能会学习到一些知识，回来之后我们肯定都会写一个学习的心得和体会，然后在自己的部门分享。同时我们在工作中积累的一些经验和好的想法，也会在每周的例会上相互交流。"可见组织学习是企业获取创新知识和能力的基本途径，为企业在产品转型的过程中适应环境变化提供知识基础。

根据上述分析，笔者构建出企业家精神影响家族企业信息沟通的机理模型，如图 4.20 所示，并得出命题 4a。

命题 4a：学习精神与探索精神可影响家族企业通过信息沟通为产品转型提供实施保障。

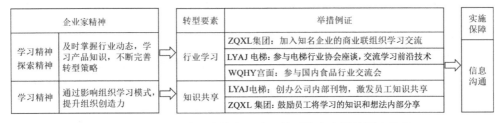

图 4.20　企业家精神对家族企业产品转型信息沟通的影响作用

（2）企业家精神对家族企业产品转型服务支持的影响

探索精神和学习精神驱使企业家在产品转型的过程中意识到互联网为产品和服务的融合提供了契机，拓展与产品相关的高附加值服务业务更有助于企业建立稳固的顾客关系，提升顾客忠诚度[49]。家族企业在产品转型中的服务支持包括产品相关服务与顾客支持服务[50]。产品相关服务是支持企业产品的使用及安装的服务，目的是保证产品良好运行，包含的典型服务有产品检测、安装与维修保养等；顾客支持服务是支持顾客行为和运营的相关服务，具体包括提供流程运营优化、研究与开发、业务培训和咨询等。例如 ZQXL 集团非常注重顾客的服务体验，其 L 总在受访时讲道："我们现在很多商品都是送货上门，但我们也支持顾客到店自提，顾客到现场体验肯定是不一样的。我们的生产线顾客都可以免费参观，来一趟我们也会送几斤面条什么的。"LYAJ 电梯则通过完善售后服务网络改善客户服务机制，在了解客户的真实需求后增加产品的附加服务，以获得更好的忠诚度。另外，LYAJ 电梯还针对不同建筑楼宇提供了整体的一站式解决方案，满足了市场对于电梯的多样化需求。XZ 电缆受访员工也表示："根据不同的客户，我们制订的计划是不一样的，最终就是把客户服务好。要让产品说话，让客户表示满意、尊重，对顾客的尊重就是对企业的尊重。"

根据上述分析，笔者构建出企业家精神影响家族企业产品转型过程中服务支持的机理模型，如图 4.21 所示，并得出命题 4b。

命题 4b：学习精神与进取精神可影响家族企业通过服务支持为产品转型提供实施保障。

图 4.21 企业家精神对家族企业产品转型服务支持的影响作用

（3）企业家精神对家族企业产品转型规范管理的影响

进取精神会驱使企业家制订好合理的产品转型流程，保证产品质量的同时，最大限度地发挥公司的资源效率，以最短的时间周期满足顾客的产品需求，提高市场占有率[51]。正如 ZQXL 企业家受访时谈道："我们这几年对制度流程的标准化建设比较重视，今年应该属于一个提升年，大家按照既定的原则做事，才能让组织的运转靠制度流程驱动。"LYAJ 电梯则引入 ERP 管理系统，实现产销、财务、销售的一体化运营。"我们可以从它的上面开发一些适合我们行业、适合企业的相关的功能，来做公司内的一些管理。"其 L 总在受访时如是说道。

建立完善和有效的各类管理规章制度不仅是公司自身发展的需要，也是适应市场竞争的需要[52]。在专业精神的影响下，企业家也十分注重企业规章制度的建立与完善。正如 YJ 建设 W 总经理所说的："我们只有把企业的规章制度逐步建立起来之后，而且职工的思想有所转变，适应咱们新企业的规章制度之后，你才能够再扩张再往下发展。"ZQXL 也十分注重规章制度的完备，会针对企业的发展情况出台相关管理制度。其 L 总在受访时讲道："虽然我们是家族企业，但我们对待员工都是一视同仁的，管理流程都要严格按公司的规章制度严格执行。家族内部员工违反公司制度，后果跟集团员工是一样的。"可见企业的规章制度的完善对于企业在产品转型中规范企业和员工的行为，树立良好的企业的形象具有重大作用。

根据上述分析，笔者构建出企业家精神影响家族企业规范管理的机理模型，如图 4.22 所示，并得出命题 4c。

命题 4c：进取精神与专业精神可影响企业家在家族企业产品转型中的规范管理活动来保障产品转型的顺利实施。

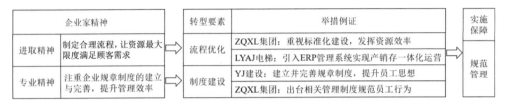

图 4.22　企业家精神对家族企业产品转型规范管理的影响作用

综上所述，笔者构建出企业家精神驱动家族企业产品转型实施保障的机理模型，如图 4.23 所示，并得出命题 4d。

命题 4d：企业家精神可作用于家族企业通过信息沟通、服务支持与规范管理等活动进行产品转型的实施保障。

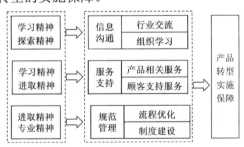

图 4.23　企业家精神对家族企业产品转型实施保障的影响作用

综上所述，家族企业产品转型在企业家精神的发挥下首先进行产品转型动因识别，接下来对这一转型活动进行充分的准备与评估，然后通过产品结构创新和产品组合调整两条路径来推动产品转型的进行，最后为产品转型提供有效的行动计划保障其顺利实施。这一过程揭示了家族企业在当前市场环境下产品转型的关键影响要素，充分诠释了企业家精神对家族企业产品转型的影响机理。由此，本章探索出企业家精神驱动家族企业产品转型的影响机理，并构建出相应理论模型，如图 4.24 所示。

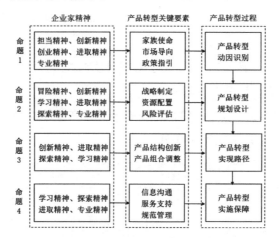

图 4.24 企业家精神驱动家族企业产品转型的机理模型

4.3.4 研究发现

目前，我国经济发展正处于转型升级期，家族企业也迎来了代际传承的关键时期。企业家们更多致力于为客户提供更有价值的产品，他们因此积极投入高端研发与产品多元化发展中，努力提升智能化与服务化水平，强化核心竞争力[53]。而企业家精神是企业转型发展的重要驱动力。因此，激发企业家精神，发挥企业家才能，对增强企业内在活力和创造力，实现企业产品转型升级意义重大[54]。本节围绕企业家、家族企业、社会与政府等层面提出关于加强企业家精神建设的对策思考。

（1）企业家层面：树立终身学习理念，提升自我精神品质。企业家要在日常生活或企业管理实践中注重自我精神品格的塑造与提升，深入学习企业产品转型的知识[55]。企业家可通过参加素质拓展、野外训练等活动提高自身素质能力，激发内在精神品质；通过游学参观、参加企业家交流会或行业发布会等方式开阔自我视野与管理思维；通过阅读书籍、参加高校课程或专业培训、请教前辈企业家等方式学习产品转型方面的企业管理知识；通过市场调研、关注新闻、解读政府政策文件等方式了解目标市场环境及政策制度；还需注重从自身管理实践中总结经验教训，并运用于推进企业产品转型的进程中；另外，企业家要加强与家族成员的交流互动以感知并加强家族责任感与使命感，并加强企业文化的塑造[56]，争取占据中心位置，以便在推进家族企业产品转型过程中提升资源使用效率。

（2）家族企业层面：加大企业家的培育力度，制订培育计划。企业家需要积极培养和正确引导家族接班人[57]，一方面，要重视接班人综合能力的培养。家族企业要提早制订接班人培养计划，对接班人进行系统的学校教育，尤其在高等教育阶段加强对接班人专业、市场和管理知识的培养。通过"传帮带"的方式尽早使接班人了解企业生产运营的各个环节，注重接班人实践能力的培养和提升[58]。另一方面，更要重视创新创业、开拓进取等企业家精神的传承与培养，通过给予接班人资源和精神上的支持，鼓励家族二代通过内部或外部创业完成企业的转型升级，这在培养接班人企业家精神的同时，也为家族企业的基业长青注入活力[59]。最后，家族企业应打造鼓励创新、追求卓越的企业文化，在强化企业家责任意识的同时提升企业家及员工的创造性。

（3）社会层面：注重激励引领，优化成长环境。一是建立教育培训制度。把对企业家的教育培训列入本地人才工作总体规划中去，研究建立具有计划性、针对性的培训体系[60]。二是健全联谊活动机制。依托现有的青年联合会、企业家协会等社团组织，定期与不定期地开展联谊交友活动，探索"嵌入式"思想教育，引导发现一批企业家代表人士，通过企业家互帮互学、相互引领，提升企业家队伍整体素质，促进健康成长[61]。三是建立荣誉激励机制。对于那些热心社会公益、经营诚信合法、政治素质较好的企业家，应适当增加政协委员、人大代表和当地劳动模范评选等方面的名额和比例，从而充分调动他们进言献策、参政议政的积极性；在工青妇、工商联等群体的就业安排中，也应给予企业家重点关注。此外，要充分展示企业家在产品转型、技术创新、助力社会公益等方面的先进事迹，充分激发企业家向上向善的精神。

（4）政府层面：突出政治引领，增强责任意识。一方面政府应充分发挥政策导向对企业家创新创业的积极影响作用。例如出台鼓励企业家创新创业的相关政策，完善相应的激励机制，加强企业家的知识产权保护意识，构建"亲""清"型政商关系，有效发挥政府在促进企业家创业创新方面的职能作用[62]。还应特别注意民营经济政策的公平性和落实情况，为企业家创新创业提供便捷的条件和渠道，让企业家安心投资创业，使企业家精神的发挥与其雄厚资本、规范管理、企业文化和现代科技有机结合。另一方面，政府应经常保持与企业家的联系，深入开展谈心交友活动，不断增强企业家"听党话、跟党走"的政治自觉。

参考文献

[1] 马蕾.“互联网＋”时代下的传统企业战略转型研究 [J]. 湖北社会科学，2016（8）：88-90.

[2] 傅颖，方汉青，薄秋实，等. 家族企业公司创业：海归继承人的影响效应 [J]. 南开管理评论，2021，24（6）：129-141.

[3] 白少君，崔萌筱，耿紫珍. 创新与企业家精神研究文献综述 [J]. 科技进步与对策，2014，31（23）：178-182.

[4] 李诗和，徐玖平，刘玉邦. 基于 ISM 模型的企业家精神系统核心内涵分析 [J]. 科技管理研究，2016，36（23）：193-201.

[5] 汪祥耀，金一禾. 家族企业代际传承及新生代推动战略转型的绩效研究 [J]. 财经论丛，2015（11）：61-70.

[6] BERENBEIM R E. How business families manage the transition from owner to professional management[J]. Family Business Review, 2016, 3(1): 69-110.

[7] 唐权，杨振华. 案例研究的 5 种范式及其选择 [J]. 科技进步与对策，2017，34（2）：18-24.

[8] 袁彦鹏，鞠芳辉，刘艳彬. 双元价值平衡与社会企业创业策略——基于创业者身份视角的多案例研究 [J]. 研究与发展管理，2020，32（3）：36-49.

[9] 蔡莉，单标安，朱秀梅，等. 创业研究回顾与资源视角下的研究框架构建——基于扎根思想的编码与提炼 [J]. 管理世界，2011（12）：160-169.

[10] 苏敬勤，崔淼. 探索性与验证性案例研究访谈问题设计：理论与案例 [J]. 管理学报，2011，8（10）：1428-1437.

[11] 唐孝文，刘敦虎，肖进. 企业战略转型过程、要素及作用机制研究 [J]. 科技管理研究，2015，35（10）：120-126.

[12] 王立夏，刘焱，尹翔雨. 家族企业的企业家精神与商业模式创新双案例研究：基于社会情感财富视角 [J]. 管理案例研究与评论，2021，14（2）：178-191.

[13] 王扬眉，叶仕峰. 家族性资源战略传承：从适应性到选择性组合创业——一个纵向案例研究 [J]. 南方经济，2018（10）：49-68.

[14]HENDRY C，PETTIGREW A. Patterns of strategic change in the development of human resource management[J]. British Journal of Management, 1992, 3(3): 137-156.

[15] 韦影，宗小云 . 企业适应数字化转型研究框架：一个文献综述 [J]. 科技进步与对策，2021，38（11）：152-160.

[16] 张向前 . 我国家族企业文化创新机理研究 [J]. 企业经济，2015（1）：5-10.

[17] 张书才 . 创新型邮政企业文化建设探析 [J]. 邮政研究，2010，26（3）：36-37.

[18] 尹飘扬，李前兵 . 家族二代特征对家族企业创新的影响——基于二代人口结构和教育状况及身份特征的视角 [J]. 技术经济与管理研究，2020（11）：61-66.

[19] 黄宏磊 . 传统制造企业互联网战略转型路径研究 [J]. 商业经济研究，2018（24）：105-108.

[20]HENDRY C，PETTIGREW A . Patterns of strategic change in the development of human resource management[J]. British Journal of Management, 1992, 3(3): 137-156.

[21] 何伟，张伟东，王超贤 . 面向数字化转型的"互联网＋"战略升级研究 [J]. 中国工程科学，2020，22（4）：10-17.

[22] 张宏博 . 家族企业转型的对策研究 [J]. 华东经济管理，2012，26（7）：92-97.

[23]HALL A，NORDQVIST M. Professional management in family businesses: toward an extended understanding[J]. Family Business Review, 2010, 21(1): 51-69.

[24] 黄钧瑶，吴炯 . 家族企业跨代创业研究综述及展望 [J]. 财会月刊，2021（23）：113-118.

[25] 许为宾，肖祺，周莉莉 . 二代继任方式、家族权威与家族企业创新投入 [J]. 科技进步与对策，2021，38（11）：78-87.

[26] 许爱玉 . 基于企业家能力的企业转型研究——以浙商为例 [J]. 管理世界，2010（6）：184-185.

[27] 孙喜 . 知识分工、学习战略与产业领导权——中国企业重塑价值链的案例

研究 [J]. 科学学与科学技术管理，2018，39（11）：31-46.

[28] 尹一军，张耀辉，谢志敏．代际传承、环境动态性与企业绩效 [J]. 财经问题研究，2021（1）：106-113.

[29] 赵丽娟，王核成．制造企业转型升级的战略风险形成机理及战略模式选择 [J]. 科技进步与对策，2012，29（10）：75-79.

[30] 李兰，仲为国，彭泗清，等．企业家精神与事业传承：现状、影响因素及建议——2020·中国企业家成长与发展专题调查报告 [J]. 南开管理评论，2021，24（01）：213-226.

[31] 马骏，黄志霖，何轩．家族企业如何兼顾长期导向和短期目标：基于企业家精神配置视角 [J]. 南开管理评论，2020，23（6）：124-135.

[32]BASCO R，RODRIGUEZ M. Ideal types of family business management: horizontal fit between family and business decisions and the relationship with family business performance[J]. Journal of Family Business Strategy, 2011, 2(3): 151-165.

[33] 陈灿君，许长新．家族企业差异性接任方式对创新投入的影响——基于组织认同理论 [J]. 当代财经，2021（8）：90-101.

[34] 张文红，赵亚普．转型经济下跨界搜索战略与产品创新 [J]. 科研管理，2013，34（9）：54-63.

[35] 王林，沈坤荣．新产品成功机制研究"双重导向"HRMS 视角 [J]. 科技进步与对策，2017，34（2）：100-106.

[36]JIAO J，ZHANG Y. product portfolio identification based on association rule mining[J]. Computer-Aided Design, 2005, 37(2): 149-172.

[37] 胡道锐，宋国栋．产品组合策略实例研究——以斯沃琪集团为例 [J]. 中国集体经济，2011，24（9）：75-78.

[38] 杨瑛哲，黄光球．基于企业转型目标的产品组合策略选择模型 [J]. 中国管理科学，2018，26（7）：179-186.

[39] 赵天乐，李常洪．成熟期家族企业的企业家胜任力构成体系研究 [J]. 科技进步与对策，2021，38（9）：72-81.

[40] 郭晓龙，程裕兴，黄甘泉，等．考虑消费者退货行为的多产品定价及组合问题研究 [J]. 管理学报，2021，18（12）：1860-1870.

[41] 王青峰，谢娟娟，张陈宇 . 外部需求冲击、技术创新与产品组合竞争力——基于多产品企业出口的理论和实证研究 [J]. 南开经济研究，2021（4）：42-62.

[42] DUAN Z，BASTIAANSSEN W. First results from version 7 TRMM 3B43 precipitation product in combination with a new downscaling–calibration procedure[J]. Remote Sensing of Environment, 2013, 131(2): 1-13.

[43] 张敏霞 . 浅谈企业产品组合的动态平衡 [J]. 河南工业大学学报：社会科学版，1994（2）：75-76.

[44] 杜善重，李卓 . 家族认同与企业战略变革——来自中国家族上市公司的经验证据 [J]. 当代财经，2021（9）：78-91.

[45] 吴炯，王飞飞 . 家族企业接班人社会嵌入与跨代创业 [J]. 科技进步与对策，2021，38（13）：100-109.

[46] 何小钢 . 跨产业升级、战略转型与组织响应 [J]. 科学学研究，2019，37（7）：1238-1248.

[47] LUSSIER R N，SONFIELD M C. Family business management activities, styles and characteristics: a correlational study[J]. American Business Law Journal, 2004, 19(1): 47-53.

[48] 许晖，许守任，王睿智 . 网络嵌入、组织学习与资源承诺的协同演进——基于 3 家外贸企业转型的案例研究 [J]. 管理世界，2013（10）：142-155，169，188.

[49] 安彬，张曦如，安博 . 基于"以客户为中心"的零售银行产品战略转型研究 [J]. 新金融，2019（1）：43-46.

[50] 林文进，江志斌，余红旭 . 基于案例研究的服务型制造管理框架应用分析 [J]. 工业工程与管理，2018，23（6）：1-7，15.

[51] 严若森，吴梦茜，李浩，等 . 传承者特征调节作用下代际传承阶段对家族企业创新投入的影响研究 [J]. 管理学报，2021，18（11）：1659-1670.

[52] 李婵，葛京，游海 . 制度工作视角下家族企业代际传承过程中权威转换机制的案例研究 [J]. 管理学报，2021，18（8）：1128-1137.

[53] 赵宸宇 . 数字化发展与服务化转型——来自制造业上市公司的经验证据 [J]. 南开管理评论，2021，24（2）：149-163.

[54] 黄科星，莎薇，罗军，等 . 企业自主创新与转型升级——基于多案例的对比分析 [J]. 科技管理研究，2021，41（16）：145-151.

[55] 彭勇涛 . 企业家精神与企业核心能力的塑造 [J]. 科技管理研究，2003（1）：56-57，60.

[56] 何轩，张信勇 . 家族企业文化调节作用下的家族成员影响活动与企业绩效 [J]. 管理评论，2015，27（3）：113-121.

[57]SAWHNEY M，VERONA G，Prandelli E. Collaborating to create: the internet as a platform for customer engagement in product innovation[J]. Journal of Interactive Marketing, 2010, 19(4): 4-17.

[58] 陈文婷 . 家族企业内部接班人的培养模式与路径选择 [J]. 中国人力资源开发，2008（7）：46-49.

[59] 吴炯，王飞飞 . 家族企业接班人社会嵌入与跨代创业 [J]. 科技进步与对策，2021，38（13）：100-109.

[60] 陈建林，夏泽维，李瑞琴 . 家族企业商会资本代际传承研究——基于中国上市家族企业的实证研究 [J]. 外国经济与管理，2020，42（11）：125-139.

[61] 顾振华，沈瑶 . 企业传承：职业经理人或企业家后代——来自中国家族上市公司的证据 [J]. 中南财经政法大学学报，2016（4）：84-95，159-160.

[62] 杨兰品，孙孟鸽 . 政商关系演进的创新效应研究——基于不同所有制企业比较的视角 [J]. 经济体制改革，2020（2）：194-199.

附录　访谈提纲

（一）基本信息

访谈编号：　　　　　访谈时长：

受访者姓名：　　　　年龄：

工作年限：　　　　　当前职务：

子女数 / 兄弟姐妹数：　　企业传承代数：

（二）开场问题

1. 请您简单介绍一下贵企业现阶段发展状况（成立时间、企业名称及含义、企业规模、主营业务、年产值、员工人数等）。

2. 企业中有几位家族成员，分别担任什么职务？

3. 请问贵公司的文化理念以及发展愿景是怎样的？

（三）关于企业家精神的相关问题

1. 您能否为我们简单介绍一下企业情况呢？是家族企业或者是家族在企业中扮演重要角色的企业吗？

2. 您方便说下您的职位吗？负责的工作内容有哪些？

3. 您是什么时候进入企业的？是否进入过其他企业或者从事过其他工作？您进入企业后有怎样一个任职经历？是从基层做起还是直接就在管理层？

4. 您在与父辈的学习与交流中，请问您有没有发现两代人之间精神品质的不同之处呢？这些精神品质有哪些具体体现呢？

5. 您也属于企业高层管理人员，请问就您个人而言，是怎样看待企业家精神的？或者说您觉得自己身上具有哪些精神与品质？这些精神品质在您管理工作中有哪些具体体现？

6. 相比其他民营合伙企业或国有企业，咱们这种家庭成员担任高层或家族在企业中扮演重要角色的企业，您觉得不同之处体现在哪儿？

7. 企业与当前商业生态系统中的其他相关方是否有合作和交流？咱们企业是否鼓励员工参加培训、创新创业等活动？

8. 在目前全球化、国际化以及互联网、人工智能等科学技术快速发展的时代，给企业带来了哪些机会和挑战？您或企业领导人是如何应对的？

9. 您觉得企业家精神对企业的成长和发展有什么影响？咱们企业的不断发展壮大，您觉得和哪些企业家精神密不可分？

10. 您是否有在职学习的相关经历（如：留学、考察、参会、培训班、MBA等）或者参加过一些行业交流会等活动？您是否会将学习到新知识运用到企业管理实践中，能否举例说明一下您具体是怎样做的？

11. 您认为哪些成长经历塑造了您的企业家精神（或精神品质）？能否为我们分享一下您印象最为深刻的事情？

12. 父辈的教育或行为对您的影响大吗？您从他们那里受到了哪些感触？

13. 您认为企业家精神形成还会受哪些因素影响？企业所在地的市场环境、政策等外部环境对企业家精神形成有什么影响？

14. 您认为当代企业家应该具备哪些精神和品质？

15. 您认为新时代背景对我国企业或企业家提出了哪些新要求？企业或企业家如何做才能达到新时代要求？

（四）关于企业产品转型的相关问题

1. 贵公司建立之初是做的什么产品？企业发展至今都发生过哪些产品转变？

2. 贵公司为什么会有产品转变的想法？新产品的信息是通过什么渠道获得的？

3. 请问您是如何一步步实现产品的转变的？这一过程中您做过哪些准备和努力？

4. 请问您个人及企业员工有参与过哪些形式的培训与学习呢？这对企业产品转型中的管理模式、产品服务体系、制度建设等创造了哪些条件？

5. 企业是如何掌握用户需求与偏好来进行产品转型的？转型过程中与同行或者其他合作伙伴有哪些互动与交流？

6. 企业在进行产品转型前是如何规划与设计的呢？比如市场分析、转型方向与路线、风险评估等。

7. 您在实施产品转型的过程中是否遇到过什么困难？是怎样克服的？

8. 请问您对公司未来的产品转型有怎样的规划与发展？未来的产品战略布局是什么样的？

第 5 章　企业家精神驱动家族企业区域转型的机理研究

5.1 研究设计

5.1.1 初步理论模型的构建

为了应对生存挑战，突破成长极限，保障自身的可持续发展，家族企业需适时进行战略转型。而区域转型是企业战略转型的一个重要方面。大多数企业在初创时期，都是以单一经营公司在公司所在地或周边地区进行市场经营活动。随着企业业务的不断增长，实力不断增强，企业便开始在地理范围上进行拓展，将发展目光投向国内其他地区或国外市场，通过区域转型来获取重要的战略资源，开拓新的市场，建立新的客户关系。

现有研究表明，企业家精神与企业战略转型两者密不可分，企业家精神是推动企业进行区域拓展的最重要因素之一。但长期以来，大多数学者将研究重点放在企业家精神对企业国际化的影响上，而探索国际化市场只是企业区域转型的一部分内容，企业跨省、跨市等国内区域扩张行为则是企业区域转型的另一重要内容，却鲜有研究关注企业家精神对企业国内区域扩张有何影响，关于企业家精神驱动企业区域转型的机理研究更是十分匮乏。

通过了解企业家在企业成长过程中的战略行为以及企业家面对企业风险时所表现出的态度和行为，可以有效了解企业家精神在企业发展过程中的作用[1]。Bettinelli 等[2] 则认为家族企业企业家精神是属于企业层面上的企业家行为和态度。因此，本章采用定性研究方法，通过评价企业家在家族企业经营管理中所表现出的观点态度以及行为活动来间接衡量企业家精神的构成，并深入理解当今时代背景中企业家精神的内涵。

本章将家族企业区域转型的过程划分为产生转型意愿、转型准备和转型实施等三个阶段。通过对现有相关文献的回顾与整理，笔者发现企业家精神既可作为直接驱动力推动家族企业进行区域转型，又可通过企业家社会关系网络桥梁作用间接影响家族企业区域转型的过程。因此，本章建立了企业家精神驱动家族企业区域转型的初期理论模型，如图 5.1 所示。

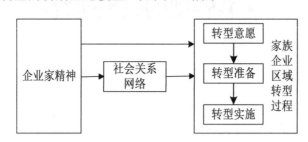

图 5.1 企业家精神驱动家族企业区域转型的初期理论模型

5.1.2 研究方法与技术路线

本章重点探讨的问题是"企业家精神驱动家族企业区域转型的内在机理"，从企业家精神视角，分析家族企业区域转型过程是如何推进的，以及为何不同家族企业在推进区域转型过程中行为活动有所不同，而这分别属于"how"及"why"的问题，此类问题适合采用案例研究方法展开研究[3]。本章旨在构建出企业家精神与家族企业区域转型的关联模型，在企业家精神及家族企业战略转型等相关研究领域内处于初级阶段时，适合采用扎根理论数据编码技术，回归于案例数据进行归纳分析，构建相应的理论。而相比于单案例研究方法，多案例研究方法在构建理论的完善性和代表性等方面更具有显著优势[4]。通过多案例研究，不仅可以分析每个独立案例中企业家精神驱动家族企业区域转型的内在机理，还能够通过跨案例交叉对比分析，不同的家族企业企业家精神驱动企业区域转型的机理不同，从而全面归纳总结出一个相对具有普适性的理论模型。

本章首先通过梳理与总结国内外大量相关研究文献，发现了现有研究的不足之处，掌握了相关研究理论并形成了本章的研究基础，并结合本章的研究问题与研究目的设计出访谈提纲，具体访谈内容见附录 A。然后，依循案例企业的选取标准，选取了河北省及天津市多家典型家族企业为样本企业，围绕家族企业主在日常企业管理活动中的行为举止及观念态度，尤其在推动企业区域转型过程中的行为决策与处事态度等问题，对样本企业的企业主或高级管理者进行半结构化访谈，同时搜集与案例企业相关的二手数据，利用扎根理论数据分析方法对案例企业数据进行编码处理，根据数据处理结果，归纳总结出当今时代家族企业企业家精神的内涵及构成。最后，在掌握家族企业企业家精神的内涵与构成特征的基础上，对数据进行内部案例分析和跨案例分析，提出企业家精神驱动家族企业区域转型内在机理的相关命题。数据收集与数据处理工作同步进行，结合理论基础与企业实际，分析与总结数据资料之间的关系，逐步提炼出概念、范畴，并对概念与范畴进行进一步的对比归类，直到数据达到理论饱和状态。具体的技术路线如图 5.2 所示。

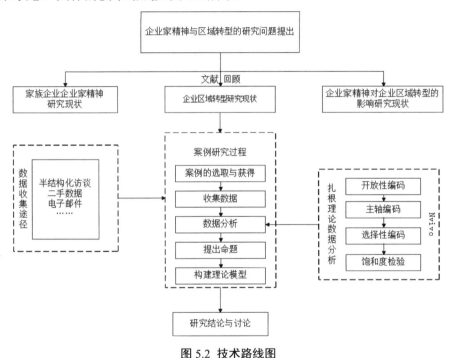

图 5.2　技术路线图

5.1.3 研究设计的判断标准

本章从构建效度、内在效度、外在效度以及信度等方面来检测案例研究的质量。在数据收集、数据编码与数据分析等阶段分别采取了相应措施以提高本研究的客观性、充分性以及可操作性，从而提高研究的构建效度；通过加强阶段性成果与案例数据间的对比分析来提高案例研究的内在效度；为增强本研究的外在效度，提高研究结论的可推广性，笔者对以往文献进行了细致的梳理，寻找到可以指引本案例研究开展的理论基础；另外，为提高本案例研究的信度，笔者在研究设计和数据分析两个阶段采取了一定措施来保证研究结论的科学性。具体措施如表 5.1 所示。

表 5.1 保证研究信度和效度的措施

指标	使用阶段	具体采用的研究策略
构建效度	数据收集	数据以一手数据为主，二手数据为辅，多渠道数据之间相互检验
	数据编码	构建完整的证据链，对不同渠道来源的案例数据进行对比分析，保障结果的客观性和充分性
内在效度	数据分析	将提炼出的相关构念、命题以及研究结论和理论模型与案例数据进行循环性的对比分析
外在效度	研究设计	理论指导案例研究：梳理国内外文献，结合案例数据构建相关理论模型 按照复制逻辑原理进行多案例对比分析，提高研究结果的可推广性
信度	研究设计	设计案例研究草案：在案例研究的不同阶段，修改完善案例研究草案，使研究过程得到不断完善，并逐渐理清数据与理论之间的关系
	数据分析	编码一致性检验：对编码者的编码结果进行比较，当一致性在 80% 以上时则接受编码结果

5.1.4 案例企业的选择

本章遵循理论抽样原则，选取案例企业的标准有：（1）范博宏教授提出界定家族企业的三条最主要标准是：一是家族企业内企业股权集中于家族所有；二是家族企业中家族成员参与企业经营的程度相对较高；三是企业能够在家族内传承[5]。笔者采用这三个标准来界定家族企业，并进一步寻找具有典型性的案例企业。（2）遵循典型性原则。选择具有典型性的案例企业时要遵守理论抽样的原则，如此才可以达到发展理论、构建理论的目的。本章选取数家已经或正在实施区域转型的家族企业为案例企业，对这些家族企业的企业主（创始人或接班人）以及其他高层管理人员进行深入的半结构化访谈。所选案例企业均是来自不同行业的规模以上企业，有助于全面了解企业家精神对企业区域转型的影响情况，使研究结论更加显著。（3）遵循多案例的复制逻辑。针对每种区域转型，本章至少选择两家案例企业，使得从不同案例企业数据中得出的结论可相互印证，实现复制逻辑，从而增强研究结论的可推广性和说服力。（4）数据获取需具备准确性和方便性。笔者积极寻求校友资源的帮助，顺利选定了天津市、河北省的 7 家家族企业为本章的案例企业，案例企业的基本信息，如表 5.2 所示。

表 5.2　案例企业基本信息

企业名称	行业	创立时间	资产总额/万元	员工数量	区域转型类型及标志事件
JD橡胶	橡胶制品生产与销售、安装服务	1985 年	29000	1200	●国内区域扩张：建立初期，企业产品单一，市场相对较小，面向河北任丘本地市场及邻近的北京与天津市场，后通过延伸产业链不断拓展国内远地区市场，目前已经在各省的省会城市都有代理商 ●国外区域扩张：2000 年成立贸易公司，获得自营出口权，产品开始自主出口韩国与日本，之后逐步开拓了欧洲与北美市场；2012 年在巩固欧洲、北美两个市场的同时，大力开拓非洲、南美等地区的新市场；目前产品已遍布全球众多国家
LS房地产	房地产开发	2008 年	5000	30	●国内区域扩张：2011 年 9 月，投资内蒙古地区的项目，市场由河北地区拓展到内蒙古地区
HM商贸	食品生产销售	1999 年	200	100	●国内区域扩张：商贸公司成立后向石家庄市及周边县城超市配送货物；2003 年成立HM 食品加工厂，生产自有品牌食品，并以代理商销售模式将产品销售至整个北方地区的各大商场和大小超市
XZ电缆	电线电缆生产与销售、技术咨询与服务	1999 年建厂；2005 年成立公司	19000	150	●国内区域扩张：最初市场在北京局部市场；2005 年北京大搞建设以迎接北京奥运，XZ 电缆抓住机遇深挖北京市场；2009 年与中石油（河北任丘市华北油田）合作，后以此为契机，逐步派遣业务员去开拓中石油其他基地的业务，如天津的大港油田、大庆油田、新疆的克拉玛依油田，从而将市场扩张至天津、河北、新疆等多地区，如今除了西藏、青海等偏远省份外，涵盖了全国大部分地区
SL焊材	焊材生产制造	1987 年	10000	100	●国内区域扩张：1987 年成立时属于乡镇企业，获得政府与国有企业的帮扶，为国内其他焊材企业做代加工；2007 年，发现海南市场竞争程度小，决定进入国内海南市场，如今海南市场占有率达到 80% ●国外区域扩张：1991 年通过 A 公司及国内一些五金矿类企业的引荐，为国外企业做代加工，后创建自有品牌并出口北美、中东、东南亚等 20 多个国家和地区，市场由国内转至海外市场

（续表）

企业名称	行业	创立时间	资产总额/万元	员工数量	区域转型类型及标志事件
YYQC公司	海洋石油工程服务	2012年	1500	350	●国内区域扩张：起初面向天津市场，2018年春在广东湛江成立办事处，以获取湛江附近区域的项目工程，积累并有效利用当地人力资源；2019年建立上海舟山办事处，将市场扩张到上海，2020—2021年在深圳地设立办事处，以开拓当地市场 ●国外区域扩张（计划）：计划未来在巩固国内市场业务基础上向海外发展
ZQXL集团	房地产建筑业；汽车零部件业；物流零售业；旅游产业；金融产业	1990年	1000000	11000	●国内区域扩张：房地产建筑业。1998年成立XL房地产开发有限公司，开始开发秦皇岛市及周边房地产项目；2003年成立XL建设工程有限公司，业务范围设定在秦皇岛地区，2011年承建京沈高速西出口；2008年成立XL房地产集团公司宝鸡分公司，开始探索陕西地区市场；2014年开发天津市地区房地产项目，并成立XL物业天津分公司；2013年成立的XL置家起初经营活动局限于秦皇岛地区，后于2016年进入燕郊市场，成功迈出异地拓展步伐；XL地产以秦皇岛总部为基地，拥有多区域、多元化的产业布局，发展范围已覆盖京津冀、华北、中西部等地区。面对新形势，把握新机遇，地产集团实施第二次创业的发展战略，依托秦皇岛、布局全中国，向着"成为国内房地产产业一流开发运营商"的目标不懈前行 ●国外区域扩张：汽车零部件业。2008年1月10日，整合5家子公司资源，ZQXL工业集团成立，汽车轮毂产品销往美国和欧洲部分国家；2012年4月8日，第一台旋压机安装调试完成，铸旋线全线贯通，第一只旋压车轮成功下线，成为世界领先的同时拥有低压铸造、锻造旋压、铸造旋压三种生产工艺的铝合金车轮制造商。2017年，产量突破1 000万只，欧美地区销售收入比上年增长120%，锻造卡车轮、铸旋产品首次进入日本市场。目前，企业与全球六大车系多个国际品牌建立了长期合作伙伴关系

注：考虑到案例企业隐私，本书隐去了企业名称信息。

5.2 数据收集与分析

5.2.1 数据收集

本章数据主要来自对案例企业的半结构化访谈，并辅以参与式观察资料和二手数据。本章在访谈前对研究者进行了专业培训，让研究者理解案例研究相关的概念、研究目的以及所要收集的资料等问题，提高所收集数据的质量。此外，收集数据前还将进行专题研讨，以修正、完善案例研究草案，提高研究质量。

已经选定的 7 家家族企业均已完成或正在进行区域转型，本章对其企业主（创始人或接班人）及其他管理者进行半结构化访谈以收集一手数据，随后辅以二手数据和参与式观察资料。（1）笔者陆续对 7 家案例企业进行了深入调研，共进行了 9 次半结构化访谈，每次访谈时间控制在 60~130 分钟内，每次访谈结束后，均深入案例企业一线进行参观。若访谈存在不足之处，则会通过邮件、电话或微信等方式进行补充访谈。（2）通过寻求企业内部资料、搜索企业官方网站或微信公众号、搜索新闻报道、CNKI 检索企业硕博及期刊论文等方式获取案例企业二手数据。本研究力图通过多渠道数据来源来进行三角验证，从而确保数据的真实性和可靠性。整个数据收集过程历经 11 个月，7 家案例企业数据收集的具体情况，如表 5.3 所示。

表 5.3 案例企业的数据收集情况

企业名称	半结构化访谈				二手资料
	访谈次数	访谈对象	访谈时长/分钟	录音逐字稿字数/字	二手资料字数/字
JD 橡胶	2	Z 总经理（创始人） W 经理（部门经理）	121	27531	6857
LS 房地产	1	W 总经理（创始人）	61	13860	2560
HM 商贸	1	M 总经理（接班人）	80	10047	5002
XZ 电缆	1	C 总经理（接班人）	86	12091	5453
SL 焊材	1	D 总经理（接班人）	71	8794	5680
YYQC 公司	1	G 董事长兼总经理（创始人）	127	25471	15355
ZQXL 集团	2	T 董事长（创始人） L 经理（下属公司经理）	120	24427	11693

注：考虑到案例企业隐私，本书隐去了企业名称以及受访者的身份信息。

笔者在访谈前制订了一份包含 4 个部分的访谈提纲。第一部分主要是试图获取受访者的基本信息。第二部分的问题则是为了了解案例企业的基本信息，第一部分与第二部分均为简单的开场问题，有利于缓解受访者紧张情绪。第三部分涉及新时代背景下家族企业企业家精神的内涵与构成，询问企业家在经营活动中展露出的个性品质、观点思想以及行为表现。第四部分旨在了解企业家精神是如何引导家族企业进行区域转型的。整个采访过程特别要求企业家详细描述处理这些事务中他们的具体行为、观点与态度在其中的作用，通过"间接询问法"来确定家族企业企业家精神的内涵及构成要素。

5.2.2 数据编码

在数据收集过程中，每次对案例企业访谈调研之后，就着手整理案例企业数据资料。将企业访谈录音转化为逐字稿，采用程序化扎根理论研究方法的数据编码技术对案例数据进行开放性编码、主轴编码和选择性编码，从而提炼出概念与范畴，理清概念间的关系。

本章具体的数据分析过程如下：首先，每收集完一个案例企业的数据资料之后便立刻进行初步的数据分析，对每个案例企业的企业家在家族企业经营管理过程中表现出的个性品质、思想思维以及行为活动等内容进行归纳，识别不同案例企业素材中所展现出的家族企业企业家精神要素，进而归纳总结出家族企业企业家精神的内涵及构成。其次，每增加一个新的案例，在已有研究的基础上，进行跨案例对比分析，总结企业家精神驱动家族企业区域转型的机理，构建出一个完善的理论模型。

数据分析与数据收集是共同实施、彼此联系的。当对新案例数据分析后未出现新概念、新范畴及新关系时，说明数据达到理论饱和状态，即可停止收集数据。此外，在分析每个案例数据的过程中，注重企业访谈经验的归纳总结，不断完善访谈提纲以便下次访谈效果更好。

1. 开放性编码

开放性编码是指研究者以开放的态度，通过不断比较，将语音转录稿逐行地采用简洁、客观、准确的代码表达出来。本章选定了两名接受过专业编码培训的团队成员对原始数据进行了开放性编码。该两名成员"背靠背式"地对原始资料逐句进行标签化处理，形成概念再归纳为范畴。第一阶段共得到 507 个初始化概念，剔除重复概念后得到 454 个概念，然后再根据概念进行归类，并进一步规范化、抽象化形成范畴，最终得到 95 个范畴。

　　2. 主轴编码

　　主轴编码是在开放性编码的基础上，明确不同概念之间的关系并进行聚类分析，删除难以归类的代码，使开放性编码阶段提炼的概念得到进一步的抽象化与范畴化，形成更客观、更有价值的副范畴和主范畴。以"ZQXL 集团"为例，笔者根据语义相关性归类，将"参与社会公益活动""响应国家政策""合规合法"等 6 个范畴归类为"承担社会责任"这一副范畴，并进一步进行范畴化，将"承担社会责任""承担企业责任"和"承担家族责任"等 3 个副范畴归纳提炼为"担当精神"这一主范畴。最终，本章得到了 40 个副范畴，12 个主范畴，具体主轴编码结果，如表 5.4 所示。

表 5.4　主轴编码结果

主范畴	副范畴	范畴
C1 创新精神	B1 产品创新	A1 研发新产品；A2 产品升级换代
	B2 工艺技术创新	A3 改进工艺流程；A4 技术创新
	B3 管理创新	A5 改变管理方式；A6 改变组织结构；A7 革新管理制度；A8 革新经营模式
	B4 建设创新文化	A9 鼓励试错
C2 创业精神	B5 创建品牌	A10 创建自有品牌
	B6 增设新业务	A11 业务相关多元化；A12 业务非相关多元化
	B7 创建新公司	A13 初始创业；A14 创建原有业务分公司；A15 创建相关业务公司；A16 创建非相关业务公司
	B8 对外投资	A17 投资非本公司项目
	B9 开拓新市场区域	A18 开拓国内新市场；A19 开拓国外新市场
C3 学习精神	B10 交流互动	A20 参观学习；A21 与父辈交流互动；A22 与其他企业家交流思想与经验
	B11 实践总结	A23 从管理实践中学习；A24 活动磨砺；A25 教训总结；A26 企业基层锻炼
	B12 参加课程培训	A27 定期参与专业培训；A28 进入高校学习
	B13 自主学习	A29 建立学习榜样；A30 阅读书籍
	B14 学习意识	A31 注重自我提升；A32 乐于学习新知
	B15 学以致用	A33 知识运用
C4 进取精神	B16 追求目标	A34 砥砺前行；A35 积极乐观
	B17 勤奋务实	A36 谦虚勤奋；A37 务实
	B18 积极进取	A38 听取各方意见；A39 与时俱进

（续表）

主范畴	副范畴	范畴
C5 担当精神	B19 承担社会责任	A40 参与社会公益活动；A41 响应国家政策；A42 合规合法；A43 促进就业；A44 具有家国情怀；A45 强烈的社会责任感
	B20 承担企业责任	A46 营造企业形象；A47 维护企业利益；A48 培养人才；A49 科学决策；A50 对员工负责；A51 秉持领导公正；A52 保证产品质量
	B21 承担家族责任	A53 解决家族成员就业；A54 具有家族使命感
C6 冒险精神	B22 风险偏好	A55 敢为人先；A56 冒险涉足陌生领域；A57 承接大项目；A58 被动冒险
	B23 风险控制与处理	A59 不惧风险；A60 风险控制
C7 探索精神	B24 探索合作契机	A61 主动寻求合作机会；A62 识别投资机会
	B25 探索市场机会	A63 保持市场敏感性市场调查；A64 市场预测
	B26 探索政策机会	A65 解读政策
C8 合作精神	B27 合作理念	A66 坚持合作共赢；A67 坚持诚信
	B28 团队协作	A68 获取团队信任与支持；A69 听取团队意见；A70 协商决策
	B29 外部合作	A71 商业合作；A72 非商业合作
C9 转型意愿	B30 承担家族使命	A73 感知家族使命；A74 努力完成家族使命
	B31 塑造企业文化与目标	A75 塑造创新文化；A76 设立企业发展目标
C10 转型准备	B32 信息获取	A77 通过关系网络获取信息；A78 自主捕捉信息
	B33 资源准备	A79 资源获取；A80 资源积累；A81 资源评估
	B34 市场分析	A82 市场环境调查；A83 市场风险评估
C11 转型实施	B35 战略规划	A84 选择转型路径；A85 选择进入方式
	B36 战略执行	A86 资源整合；A87 资源配置
	B37 战略控制	A88 化解转型障碍
C12 社会关系网络	B38 商业关系	A89 供应商关系；A90 同行关系；A91 合作伙伴
	B39 政治关系	A92 政治身份；A93 政府扶持
	B40 亲友关系	A94 朋友关系；A95 亲属关系

3.选择性编码

在对数据进行开放性编码与主轴编码之后，研究者还需进一步提炼各个主范畴，形成核心范畴，并以故事线的形式清晰地说明全部现象或事件，从而促进新理论框架的形成，此过程称为选择性编码。在系统分析开放式编码、主轴式编码所归纳出的 95 个范畴、40 个副范畴和 12 个主范畴的基础上，本章提炼出核心范畴是"企业家精神对家族企业区域转型的驱动机理"。

"创新精神""创业精神""担当精神""学习精神""进取精神""探索精神""合作精神""冒险精神"等 8 个主范畴是家族企业企业家精神的构成要素；"转型意愿""转型准备"与"转型实施"等 3 个主范畴则可以依次对应家族企

业区域转型的前、中、后 3 个阶段；而主范畴"社会关系网络"则反映了家族企业主在社会中建立的社会关系状况，并对家族企业的区域转型过程产生了影响。笔者发现各主范畴间的关系表现为：家族企业企业家精神的不同构成要素对家族企业区域转型过程的三个阶段产生直接影响或间接影响，其中，社会关系网络在间接影响中承担起了"桥梁"作用。

基于上述分析，勾勒出的故事线如下：家族企业企业家精神中创新精神、创业精神、进取精神以及担当精神等构成要素可直接影响家族企业主对家族使命的承担、对企业文化的塑造以及对企业发展目标的设定，而这形成了家族企业的区域转型意愿。创业精神与探索精神、创新精神及学习精神与担当精神、探索精神与冒险精神 3 种要素组合可分别直接影响家族企业主在区域转型准备阶段的信息获取、资源准备及市场分析等行为活动；而创新精神、合作精神及担当精神这一要素组合则通过影响家族企业主社会关系网络的建立与维护，进而间接影响家族企业区域转型准备阶段的信息获取或资源准备情况。家族企业主的创新精神、探索精神、冒险精神、创业精神、学习精神、合作精神的发挥会驱动企业进行战略规划制定、战略执行或战略控制等活动而推进转型实施；而合作精神还可鼓励家族企业主借助社会关系网络选择恰当的方式进入新市场区域，或寻找来自社会关系网络的帮助来化解转型障碍，从而推动企业区域转型顺利实施。

5.2.3 理论饱和性检验

理论饱和性是用来决定何时停止收集数据的鉴定标准，即通过收集、比较和分析数据后，再获取数据时不会产生新的概念、新的范畴以及新的关系即可说明数据达到理论饱和状态。笔者同时进行了数据的收集与分析工作，依据三级编码过程进行数据编码处理。在对第一家案例企业"JD 橡胶"的数据资料进行编码处理后，得到了 44 个范畴、21 个副范畴和 8 个主范畴；第二家案例企业"LS 房地产"的数据编码结果为 69 个范畴、29 个副范畴和 9 个主范畴，与第一家案例企业相比，范畴、副范畴及主范畴分别增加了 25 个、8 个、1 个；对第三家案例企业"HM 商贸"进行数据编码，结果与上一家相比，新增了 15 个范畴、5 个副范畴和 2 个主范畴；第四家案例企业"XZ 电缆"数据编码结果中有 91 个范畴、38 个副范畴和 12 个主范畴，分别增加了 7 个、4 个和 1 个；第五家案例企业"SL 焊材"数据编码结果的范畴、副范畴和主范畴分别为 94

个、40 个、12 个，各增加了 3 个、2 个和 0 个，当完成对第六家案例企业"YYQC 公司"的数据编码之后，范畴、副范畴、主范畴各为 95 个、40 个、12 个，分别增加了 1 个、0 个、0 个；而在第七家案例企业"ZQHL"集团数据编码结果为：95 个范畴、40 个副范畴、12 个主范畴，与第六家案例企业的数据编码结果完全重合，且无新的关系出现，说明本研究在案例企业数量增加至第七家时，数据达到理论已达饱和状态，如图 5.3 所示。

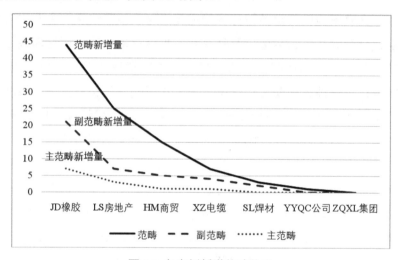

图 5.3 各案例新增范畴数量

5.3 案例分析及研究发现

5.3.1 案例企业企业家精神的构成分析

目前，通过对访谈数据编码处理与分析，笔者对新时代背景下的家族企业企业家精神有了一定的认识。企业家精神是企业家个性品质、思想观念及心理活动的综合体，由企业家在经营管理活动中的言行举止与观点态度展现而出。企业家精神包含多个维度，本章探索出家族企业企业家精神包含创新精神、创业精神、合作精神、担当精神、学习精神、进取精神、探索精神、冒险精神，如表 5.5 所示。相比于非家族企业的企业家来说，家族企业的企业家在担当精神方面不仅仅表现为对企业、社会的负责与当担，还较多地体现为创造或延续家族兴旺的责任感与使命感。另外，家族企业主不仅注重与外界合作，还注重团队协作，尤其注重家族内部的团结合作，以家族兴旺昌盛为目标共同拼搏，即家族企业内企业家的合作精神反映出了中国"家和万事兴"的传统文化 [6]。

表 5.5　案例企业企业家精神的构成

精神构成要素	含义	外显行为 / 观念态度
创新精神	指企业家有计划性地打破生产要素的组合现状，融入新元素与思想，赋予资源创造财富新能力的一种追求卓越的革新思想与行为	产品创新；工艺技术创新；管理创新；建设创新文化
创业精神	指企业家从无到有、从小到大不断带领着家族企业集中一系列独特资源创造新价值的行为过程	增设新业务；创建新公司；开拓新市场区域；创建品牌；对外投资
合作精神	指企业家乐于与家族企业内外部进行以诚信为基础、以共赢为目的的协作活动，从而使企业效益最大化	合作理念；团队协作；外部合作
担当精神	指企业家切实考虑企业、家族、社会及其他利益相关者的诉求与利益，而开展合情合理合法的行为活动	承担社会担当；承担家族责任；承担企业责任
学习精神	企业家具有积极主动的学习意识、强烈求知欲以及对自我提升的渴望，从而在日常生活或家族企业管理实践中注重与他人的交流互动、树立学习榜样以及总结经验教训，并能够将学习所得运用于企业的经营管理当中	学习意识；参加课程培训；交流互动；实践总结；自主学习；学以致用
进取精神	强调企业家日常经营管理中展现出的勤奋务实、积极进取，坚持不懈地追求个人、家族及企业目标，遭遇困境仍顽强不屈的优秀品质	追求目标；勤奋务实；积极进取
探索精神	指企业家秉持较高的市场敏感性去探索发展机会并集结企业资源进行发展筹划等活动	探索合作契机；探索市场机会；探索政策机会
冒险精神	指企业家持有较高的风险偏好，敢于将机会或想法转化行动，从而及时把握机会，并在这一转化过程中能够有效控制与处理风险	风险偏好；风险控制与处理

5.3.2　企业家精神驱动家族企业区域转型的机理分析

1. 企业家精神对区域转型意愿的影响

中小企业进行创新创业活动的前提和出发点是企业家有参与意愿[7]，而企业家精神可直接激发家族企业主带领企业进行区域转型的意愿，进而促进家族企业启动区域转型战略。

（1）企业家精神对家族使命承担的影响

与非家族企业相比，家族企业企业家精神的担当精神不仅体现在企业家对企业和社会的高度责任感，还更加体现在对家族的使命感与责任感。具有强烈担当精神的企业家往往会主动认识到自身所承担的家族使命，并将对家族的责任铭记于心，使个人发展与家族企业紧密相联。例如 HM 商贸的 M 总从小便目睹了父母创立家族企业的艰辛，为父母分忧的责任感便逐渐在 M 总心中扎根，于是他在毕业之后便主动到家族企业中工作。XZ 电缆的 C 总同样是认识到自己承担着家族企业发展的重要责任与使命，学习之余便在自家工厂帮忙，大学期间学习了相关专业，并在大学毕业后到家族企业工作。让家人拥有更好的生活条件是 YYQC 公司 G 总创业的初衷，后来企业慢慢做大后，便认识到自己还要带领家族其他成员共同过上更好的生活。

具备较强担当精神的企业家往往怀有一种壮大家族企业规模以完成促进家族企业兴旺、家族繁盛的强烈使命感，为了完成家族使命，他们会主动带领家族企业开拓新的市场区域。如 JD 橡胶 Z 总说："企业发展就是要根据市场需要进行升级，市场区域就是面向整个国际市场，重点是欧洲、北美、亚洲的市场，中国这个大市场也是重点。"YYQC 公司、LS 房地产、SL 焊材以及 XZ 电缆的四位企业主也不同程度表达出想要扩大企业市场区域的意向。

根据上述分析，笔者探索出企业家精神对家族企业主承担家族使命具有直接影响，如图 5.4 所示，并得出命题 1a。

命题 1a：担当精神促进家族企业主感知并积极承担家族使命。

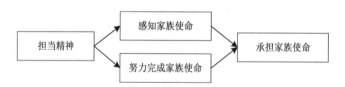

图 5.4 企业家精神对企业家承担家族使命的直接影响

（2）企业家精神对企业文化与目标的影响

企业文化的形成离不开企业家的影响，企业家精神可直接影响企业的文化[8]。富有创新精神的家族企业主在经营管理企业的过程中会主动建立一种勇于尝试、突破自我、追求变革的创新文化[9]。在这种文化引领下，家族企业主在经营管理企业过程中对外保持开放的眼界，对内强调守正创新，宽容对待员工试错行为[10]，有意识地制订创新计划。正如 YYQC 公司 G 总表示："比如我们愿意拿出企业利润的 10% 去尝试突破创新，即使坏了对咱们这家公司没什么损害对吧！但万一成了那不就好了吗！"他还表示作为企业的管理者就应该放开眼界，并且做人要谦虚，尊重员工，员工非主观故意所致的失误一般要予以宽容对待，鼓励员工大胆尝试。ZQXL 集团的 L 经理表示："我们的企业品格是'诚实守信，务实求新'，这些品格其实也代表着企业，在企业文化建设方面，我觉得公司还是比较重视的，因为这是很重要的。"为寻得"求新"，ZQXL 集团积极开展产学研合作，与高校共建工程技术研究中心，近年来陆续获取授权专利 30 余项，其中发明专利 7 项。

进取精神促使企业家积极进取，不仅激励着家族企业的企业主在实现低层次的个人需求目标后去积极追求更高层次需求目标，而且还激励企业主带领家族企业实现规模强大的企业目标。同时，创业家精神则会鞭策企业主不满足于企业发展现状，他们在管理家族事业的任职期间，会主动寻找机会大展宏图，大力拓展企业版图，以率领企业成为有尊严的企业，从而为企业员工带来更好的发展机会与平台。YYQC 公司 G 总谈到自己起初是因不甘于平庸，想要体验好的生活而创业，随着企业的发展便越来越想要带领企业做大做强，并使企业有益于社会，成为有尊严的企业。HM 商贸 M 总也表示立志带领企业做有尊严的企业。而"创造百年企业"的美好愿景一直激励着 JD 橡胶各代企业主努力争取机会扩大企业规模，增强企业实力，从而使企业代代相传。

根据上述分析。笔者探索出企业家精神对家族企业主塑造企业文化与目标具有直接影响，如图 5.5 所示，并得出命题 1b。

命题 1b：创新精神促使家族企业主为企业营造创新环境，而进取精神与创业精神则促使家族企业主设立远大的发展目标。

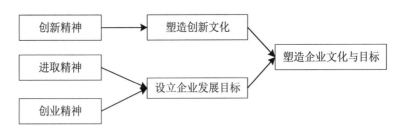

图 5.5　企业家精神对家族企业文化与目标的直接影响

综上所述，笔者探索出企业家精神对家族企业区域转型意愿形成的促进作用，如图 5.6 所示，并得出命题 1。

命题 1：转型意愿是家族企业进行区域转型的前提条件，企业家精神可直接影响家族企业主对家族使命的承担和对企业文化与目标的塑造，激发出家族企业的区域转型意愿。

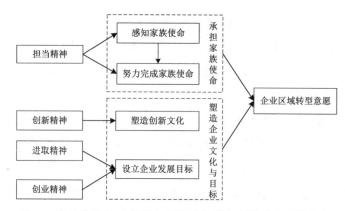

图 5.6 企业家精神对家族企业区域转型意愿形成的促进作用

2. 企业家精神对区域转型准备的影响

具有区域转型意愿的家族企业主会在日常经营管理活动中注重为区域转型作准备，具体包括信息获取、资源准备、市场分析等。企业家的行为活动是企业家精神的直接体现，因而企业家精神可直接影响家族企业主关于企业区域转型的准备活动。同时，企业家精神可影响家族企业主社会关系网络的建立与维护，而社会关系网络可提供给家族企业主更多关于区域转型的信息与资源，因而企业家精神还可以通过企业家社会关系网络间接影响家族企业区域转型的准备活动。

（1）企业家精神对信息获取的直接影响

根据数据编码结果，发现家族企业主可通过自主捕捉的方式获取企业外部信息，而在这一过程中，主要是创业精神、探索精神发挥了直接影响作用。企业家的创业精神与探索精神可以驱使其在日常经营活动时关注并掌握市场或政策等信息，自主开发新客户信息。

企业家的创业精神驱使他关注企业市场占有额，并主动了解哪些是企业的空白市场区域。HM 商贸的 M 总在经营管理企业的过程中会熟悉并掌握自身企业的市场分布，了解哪些是企业尚未涉及的区域，正如他所说的："咱就是在整个北方，整个华北，咱们做得还可以吧，就是整个长江以北吧，几乎统统在做。然后再往南走，几乎都是空白了，现在做了大概有三分之二个中国吧。"

富有探索精神的企业家比较关注行业的发展动态，会解读政策信息以便及时发现新的市场需求与政策契机。SL 焊材的 D 总在访谈中说道："我们做实业要有基本的嗅觉……这种东西（焊材）对于国外来说，国外做一些高端的材料，国内做一些普材，从 20 世纪 70 年代开始国内已经很成熟了，而国外的高端焊材市场具有较大的开发潜力，利润也比较高。"JD 橡胶的 Z 总则讲道："我国天然胶的产量不足，国家便鼓励企业对橡胶进行再生利用，于是我们就在此政策契机之下选择使用废旧轮胎。"此外，探索精神会驱动企业家主动开发客户信息以获取新市场区域的客户资源。"我通常去新的地级市，找代理商会在当地超市转转，通过转超市，从超市中寻找例如盼盼、溜溜梅这样的客户资料，把他们的电话要来。"HM 商贸的 M 总如是说。

根据上述分析，笔者探究出企业家精神对家族企业信息获取的直接影响，如图 5.7 所示，并得出命题 2a。

命题 2a：创业精神与探索精神可直接影响家族企业主自主捕捉信息的信息获取行为。

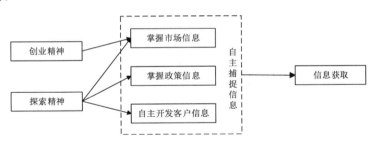

图 5.7　企业家精神对信息获取的直接影响

（2）企业家精神对资源准备的直接影响

资源准备是家族企业在推行区域转型前的重要准备内容，其包含了获取资源、积累资源及评估资源等内容。而在家族企业主的资源准备活动中，企业家精神发挥了关键作用，具体表现如下：

创新精神引导家族企业主在向新区域市场扩张之前努力获取新技术资源，如引进先进设备与技术，从而在进入新市场区域之后能够提供有力的技术支撑。JD 橡胶的 W 经理讲述道："我们扩张前做了大量的工作，比如为下游产品寻找市场，引进生产技术，购进设备等。"另外，富有创新思维的企业家在区域转型准备阶段即会主动转变自我思想与认知。正如 JD 橡胶的 Z 总认为："这个转型其实不单单是区域转型，配套的经营管理得跟着转型，首先包括思想的转型，比如说出口这块，原来我们不做出口现在做出口。"

　　学习精神同样可以促进家族企业主主动夯实学识基础、熟悉新市场区域文化习俗以丰富自我认知，从而推动企业区域转型的展开。在问及"家族区域转型前企业主需具备哪些能力"时，XZ 电缆受访员工回答道："我觉得想法要多，企业主的想法多，还要有一定的学识基础。"不同地理区域的文化习俗不同，这是企业在进行区域转型前可预知的，为降低文化差异的冲击，家族企业主将会带领企业提前学习、了解目标市场区域的文化习俗。如 LS 房地产、JD 橡胶等多家受访者均表示，在企业进行区域转型前，企业有专门了解、学习目标地区的文化与风俗。此外，富有学习精神的家族企业主会提升企业各种资质以促进企业顺利进入新的目标区域。如 JD 橡胶在向国际区域扩张之前会提高产品质量标准，获取国际质量认证，并进行包装升级，以满足国际市场的需要。YYQC 公司的 G 总在拓展新区域业务前，会督促企业员工获取相应的资质证书。

　　出于对企业负责，家族企业主决定正式进行企业区域转型之前会有效评估企业资源准备情况。其中，家族企业主将会对企业内部的人力资本储备情况进行评估，如 JD 橡胶的 Z 总在推行企业向国际市场扩张前，洞察到企业内部缺乏外贸人才，随后便组织企业招聘相关人才。而筹集优质的人力资源则能够助力企业实现工艺技术或产品方面的创新，推进企业转型升级[11]。另外，企业还将对现有业务与工艺技术等资源进行评估。HM 商贸的 M 总在向国内其他区域扩张前，评估到企业内存在低销量产品线和业务，这些生产线与业务花费了企业大量资金但却未能创造应有价值，因而 M 总毅然决然地砍掉了此类产品线与业务，以集中资源推动企业开展区域转型。通过对企业设施技术的评估，JD 橡胶及时发现推行国际化需要为员工配备外语翻译软件的需求。

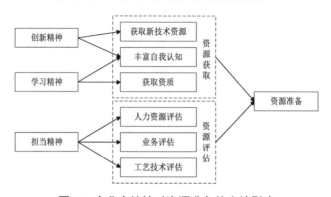

图 5.8 企业家精神对资源准备的直接影响

根据上述分析，笔者探索出企业家精神对家族企业资源准备的直接影响，如图 5.8 所示，并提炼出命题 2b。

命题 2b：创新精神、学习精神及担当精神可直接影响家族企业资源获取、资源评估等资源准备活动。

（3）企业家精神对市场分析的直接影响

家族企业主在正式开展区域转型战略前必须要足够了解市场动态，掌握市场的变化，才能够及时而又准确地辨识出企业区域转型的机遇，结合内外部环境判断进一步推行区域转型的可行性。而在市场分析活动中，家族企业企业家精神产生了重要促进作用，具体表现如下：

富有探索精神的家族企业主会主动带领团队进行市场环境调查，对各市场区域需求进行判断，寻找目标市场并对目标市场的潜在客户进行了解，加深对市场的认识。例如，JD 橡胶的 W 经理介绍道："这次区域扩展前我们做了大量工作，包括国际市场需求调研，国际竞争对手分析，升级的产品定位，调研寻找技术优势和原材料优势的区域，选择适合建厂的国家。"LS 房地产的 W 总表示："有一个售楼团队，他负责宣传市场调研这一块，就是我这个项目拿下来，或者没拿之前，周边居民的购买力，包括我开发的门市，人们的消费水平，都会做预判，有一个前期市场调研。"YYQC 公司的 G 总则说："这段时间我们和管理人员去团建，去惠州、湛江、三亚，最后去上海和舟山待一个礼拜。我们所有的管理人员，因为有一个人是定岗，其他的人就学习，出点建议。我们最后一次考察完，就安排公司建立在什么地方，离码头近还是离分包商近还是海油基地近。让他们提出意见。"具有冒险精神的企业家具有较高的风险偏好，但这并不意味着企业家的决策行为是盲目的。具有冒险精神的家族企业主在推行区域转型前会对市场风险进行评估，从而有效地控制或处理风险。具体市场风险评估活动主要包括市场发展趋势分析、竞争者分析、项目风险评价及项目可行性分析等活动。例如，HM 商贸的 M 总表示："我看好市场趋势了，需要做的话肯定会做，但我会先看好市场。"JD 橡胶的 W 经理表示，在进行区域扩张前会对目标区域的竞争者进行分析。YYQC 公司的 G 总则说："我们当时承接项目之前，与管理人员开会，我们能不能胜任这个项目取决于这个项目能不能干，员工懂不懂，能不能吃透图纸，我们要了解项目，因为这是国外的项目，要求特别严格，当技术方面没问题后，我再考虑资金可能出现什么情况，我们能不能应付。"

根据上述分析，笔者探究出企业家精神对家族企业市场分析活动的直接影响，如图 5.6 所示，并提炼出命题 2c。

命题 2c：探索精神与冒险精神分别影响家族企业的市场环境调查与风险评估等市场分析活动。

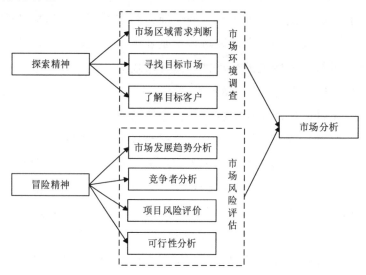

图 5.9 企业家精神对市场分析的直接影响

（4）社会关系网络在企业家精神与转型准备间的中介作用

研究表明，企业家精神仅仅使企业有了区域扩张等创新活动的动机，若让动机成功转化为预想的结果，则还需要企业家具备一定的能力，其中既包括人力资本，也包括社会资本[12]。社会资本是企业家精神的基础与集中体现，而社会关系网络是社会资本的核心概念，企业家精神通过社会关系网络为企业区域转型提供所需的知识、人力、资金以及技术等资源[13-14]。笔者发现企业家精神会对家族企业主的社会关系网络的建立与维护产生重要影响，而企业家的社会关系网络又一定程度上决定了企业获得资源与信息的能力。

现有研究中最为常见的是将企业的社会关系分为商业关系和政治关系，但笔者发现对于家族企业来说，亲友关系也会对家族企业主的战略决策行为产生重要影响。对于家族企业来说，商业关系主要指企业家与企业外部商业实体如消费者、供应商、竞争者或分销商建立的联系。政治关系指企业家与各政府机构或政府官员、金融机构、行业协会等建立的关系。而亲友关系则主要是指企业家与家族成员及个人朋友之间的关系。不同的社会关系给家族企业带来的机会与资源有所不同，进而将会对家族企业资源管理和战略行为产生影响[15]。

企业的创新性行为需要在具体的关系网络中实现，企业家的能力和创新精神的发挥既创造了这一网络，也受制于这一网络[16]。创新精神会促使企业家追寻新的技术，而新的技术知识与资源往往来源于企业家的商业关系网络，因此，企业家创新精神驱使其建立新的商业关系连接以获取新的技术知识与资源。JD 橡胶的 Z 总心系企业废气处理技术的改进，于 2001 年向澳大利亚某公司购买了生物菌专利。YYQC 公司 G 总表示："三年之内，我们搞一些新的东西，找一些学校或者是机构，搞创新的东西。"

合作精神督导家族企业主在商业活动中对商业伙伴或客户讲求诚信和互惠互利，这不仅有利于稳固现有的商业关系，还为企业打造了良好的商业口碑，从可以吸引更多的新合作商或新客户，建立起新的商业关系。同时，良好的商业关系不仅可以为家族企业主传递更加准确的市场信息，还可以为家族企业主带来新市场区域的客户与业务资源，传授管理知识与经验。7 家案例企业的企业家均表示"做生意，诚信很关键"，YYQC 公司创立初期工程业务较少，凭借讲求诚信，慢慢积累了很多客户资源和人力资源，如今已经开始与外资企业进行业务合作。此外，诚信还可以给企业家带来良好的亲友关系，而这种关系同样可以为企业家带来有利于区域转型的信息与市场资源。LS 房地产的 W 总说："我认为做人要实诚、诚实，讲诚实、诚信，你才能和朋友在一块儿合作。"SL 焊材的 D 总则通过朋友为企业引进了许多技术人才，这种良好的朋友关系主要是凭借他的诚信与务实所获得的。

具有担当精神的企业家以社会责任为己任，他们不仅在经营管理中遵规守纪，并且具有较强的家国情怀，积极响应国家政策与号召，同时还比较关注社会公益活动。企业家的这些积极行为促进家族企业在社会中树立良好的企业形象，赢得企业所在地区，甚至是新市场区域内政府等相关部门的认可。而良好的政治关系可使家族企业在区域转型时获取难得的市场机会、有力的政策支持，同时还可以促进家族企业建立企业正统性[14]。JD 橡胶在履行环境保护方面形成了长效治理、持续投入、主动改进、积极应对的有效机制，并且取得了突出的成效，获得环保部门和政府的好评与信任，其 Z 总表示："没有良好的企业形象就不会被社会和客户认可，就很难取得广泛的支持。"其余受访者也都表示，"多做一些慈善，捐资助教，多做一些有利于社会发展的事，在为社会作贡献之余，也建立了有社会责任感的良好企业形象，提升了企业信誉，这对企业推广市场也有一定好处"。

根据上述分析，笔者探究出企业家精神通过社会关系网络对家族企业区域转型准备的间接影响，如图5.10所示，并得出命题2d。

命题2d：创新精神、合作精神及担当精神促使企业家带领家族企业建立或维护社会关系网络，而社会关系网络则可以带给企业更多的市场、技术、资金、政策支持等信息与资源。

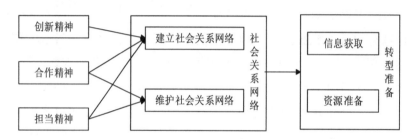

图5.10 社会关系网络在企业家精神与转型准备间的中介作用

综上所述，本章探索出企业家精神对家族企业进行区域准备的驱动作用，如图5.11所示，并提炼出命题2。

命题2：企业家精神既可直接作用于家族企业区域转型准备阶段的信息获取、资源准备及市场分析，也可以通过影响企业家社会关系网络的建立与维护来间接影响家族企业区域转型准备阶段的信息获取与资源准备等活动。

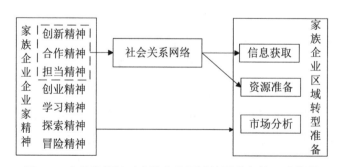

图5.11 企业家精神对家族企业区域转型准备的驱动作用

3. 企业家精神对区域转型实施的影响

在形成区域转型意愿并提前在信息、资源及市场分析方面作一定准备后，家族企业主将在时机来临时及时推动家族企业区域转型的实施。区域转型的实施本质上属于一项区域扩张战略的实施，而有效的战略实施需要企业细化战略计划，有效实行战术和策略，进行科学合理化的资源匹配，根据环境变化及时进行战略调整，此外，企业内部还需要保持积极的战略沟通[17]。本章将区域转型的实施划分为制定战略规划、战略执行以及战略控制等三个步骤。数据编码结果显示，不同的精神要素会在家族企业主推动区域转型战略实施过程中的不同方面产生影响，主要体现为：在制定战略规划时，具有不同精神品质的家族企业主对目标区域及进入方式的选择会有所不同；企业家精神又能够促进家族企业主进行资源整合与配置进而推动战略执行；在转型战略实施过程中难免会遭遇障碍与变化，企业家精神可帮助家族企业主化解转型障碍，调整战略以有效推进企业区域转型的继续进行。

（1）企业家精神对战略规划的影响

以往研究表明，企业国际化扩张的战略规划受到了企业家精神的影响，强烈的企业家精神促使企业进行市场范围更广泛、市场活动更活跃的国际化经营[18]。网络内部包含了正式关系和非正式关系，这两种关系可以为进行国际化的企业提供更多的战略选择和更多类型的进入模式，并扩大可获取的资源范围[19]。笔者研究发现，在家族企业制定战略规划时，由于家族企业主身上的企业家精神的激发情况有所不同，而导致家族企业在目标区域和进入方式的选择上会有所不同。

首先，冒险精神决定了企业家的风险偏好，而风险偏好则影响了企业家对目标区域的选择。具有较强冒险精神的企业家在区域目标的选择上表现出一定的冒进性，倾向于向较远较大范围的国内区域或国际市场扩张。他们往往不会畏惧远地区市场的陌生感与环境的不确定性，也不过分担忧跨地区经营带来的管理与资本压力，并且坚信自我具备较强的风险控制与风险处理的能力，愿意尝试失败成本高的项目。如 SL 焊材 D 总介绍向海南扩张经历时说道："海南省离得远，大家不见得都会去那里争，竞争压力小的地方就应抓准时机先入为主，建立先入为主的品牌优势。"而风险偏好较低的家族企业则倾向于选择更为稳健的区域扩张路径，在开启区域转型时往往会优先选择临近地区。JD 橡胶的 Z 总则表示，"做企业得务实，不能急于求成，要踏踏实实地走"，在此精神的引领下，JD 橡胶在推进企业走向国际市场的过程中，首先选择了其更为熟悉的韩国市场，而后"发展到欧洲许多国家，接下来东南亚国家，再到后来的北美洲、南美洲等国家，目前我们已经拥有了遍布全球的众多市场"，JD 橡胶的 W 经理介绍道。

其次，不同家族企业进入目标区域的方式有所不同则主要是因为各家族企业主身上创业精神、合作精神的发挥程度不同，具体表现如下：在创业精神作用下，家族企业主倾向于在新目标区域建立分公司或办事处，以求获得新区域的市场份额。YYQC 公司通过在湛江市设立办事处，打开了湛江周围区域的业务市场，如 G 总所说："我们天津这边也有好多在湛江干活的，我建立了办事处之后，我认识的好多人就找我了，'你正好在那儿有办事处，你帮我们把这个活干了吧'。另外，湛江当地资源我们也用上了，湛江当地产甘蔗，有很多糖厂，糖厂的活我们也在干。"而 SL 焊材则在海南省建立销售公司，占据了一定的市场份额。ZQXL 集团希望在地产建筑业方面成为"国内房地产产业一流开发运营商"，于是以秦皇岛总部为基地，在陕西宝鸡、天津等多地区建立地产分公司或物业公司，以推动地产建筑业务多区域、多元化的发展，如今其地产建筑业务发展范围已覆盖华北、华东、华南、西北等多个区域。而具备合作精神的家族企业主，则注重建立、维系自身的社会关系网络，倾向于通过利用社会关系来拓展新的市场区域。LS 房地产的 W 总借助其相识的朋友发掘投资机会，从而以投资方式获取了内蒙古乌拉盖地区的第一个地产项目。HM 商贸在开拓北方市场时则是在原有代理商的引荐下结识新的代理商进入河北及临近省份，并以此方式逐步将销售市场扩大至整个北方市场。

根据上述分析，笔者探索出企业家精神对家族企业区域转型战略规划的影响，如图 5.12 所示，并提炼出命题 3a。

命题 3a：冒险精神直接影响家族企业主对目标区域的选择，创业精神和合作精神影响家族企业主选择进入方式，其中合作精神通过社会关系网络起到间接影响作用，以上三种精神共同影响了家族企业区域转型的战略规划。

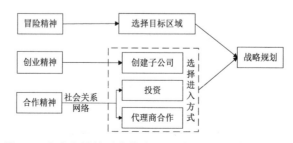

图 5.12 企业家精神对家族企业区域转型战略规划的影响

（2）企业家精神对战略执行的影响

战略实施是企业管理者基于战略构想有计划地推进战略行动的过程，其中，战略的执行是关键环节。执行力实质上是企业整合资源的能力，而企业家的执行力是企业组织执行力的基础。企业家精神促使家族企业主结合对市场发展趋势的预判，积极在未知市场领域投入研发和营销等关键资源[20]，力争做到资源的有效整合与配置。

首先，创新精神将会促使家族企业主舍弃陈旧且生产效率低的生产设备，或切除市场前景渺小的产品或业务，以减少企业在资金、人力以及设备与场地方面的资源浪费，将企业现有资源进行整合，以配置到区域转型战略的执行中，促进企业区域转型的顺利进行。HM 商贸在推进企业向北方市场扩大的过程中，果断地取消了大部分商品的配送业务，将经营重点转移至食品加工厂的生产上。并且 HM 商贸还在此过程中，逐步停止了销量不佳的产品生产，将资源集中使用在畅销产品的生产上以及新市场区域的开拓上。JD 橡胶的 W 经理说道："在这个过程中呢，我们 2004 年就砍掉了橡胶管，因为当时市场不太好，而且 PVC 和那些新的材料出现了。"

其次，合作精神强的家族企业主会整合利用人脉资源以促使战略顺利执行。在战略执行过程中，家族企业主会与商业伙伴或同行朋友探讨交流战略执行情况，并咨询他们的看法与建议。如 YYQC 公司的 G 总表示，其在广东湛江、上海和浙江的舟山等地区设立办事处时都和当地同行朋友针对具体的选址问题进行了探讨，并且这些朋友和商业关系伙伴在办事处成立初期还借用或租赁给 G 总部分难以购置的设备工具。另外，在进行国外区域扩展时，随着扩张范围的增大，企业所需要的资质证明也可能会逐渐增多，合作精神促使家族企业主积极寻求合作来打造企业资质或市场渠道。SL 焊材的 D 总说："我们通过参加国外一些行业会议，比如说展会，寻找合作来帮助企业通过焊材行业的船级社认证。"XZ 电缆 C 总则讲述道："在建厂之前，我舅舅已经每年就有一部分销售额，有这方面的经验，包括有一些固定的客户了，他就能够把产品推到客户面前。"在亲戚的帮助下，XZ 电缆不仅获得了北京电缆市场的市场信息，还获得了可靠的销售渠道，从此进入北京电缆市场。

最后，探索精神将引导家族企业主寻找合理的资源配置方案，SL 焊材的 D 总讲道："将研发的生化电池与公司生产挂钩，因为我们这个行业用电量比较大，我做的这个电池的使用效率和使用次数会增长，在发电上，包括电价、电缆，白天在峰值高值可能不一样，这个从能源上来说会（对焊材生产）有帮助。"并且，在推进区域转型的过程中，家族企业主会不断探索战略顺利执行所需的广泛资源，尤其会挖掘目标区域中所蕴含的优质资源并与企业资源进行整合。ZQXL集团的L经理表示："本地化发展，比如我们在天津开设分公司时，前期肯定是临时性地外派一些人员进去，一旦开得成熟了，一定是启用一些当地人员。"LS房地产在开拓内蒙古地区市场时也是先派遣原公司员工进入分公司，后期逐步聘请了一些本地人才。

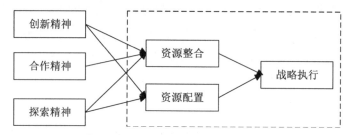

图5.13 企业家精神对家族企业区域转型战略执行的影响

根据上述分析，笔者探究出企业家精神对家族企业区域转型战略执行的影响，如图5.13所示，并得出命题3b。

命题3b：创新精神、合作精神以及探索精神可直接影响家族企业主在企业区域转型过程中资源整合或资源配置等行为活动来推动家族企业区域转型的战略执行。

（3）企业家精神对战略控制的影响

家族企业主若想顺利推动家族企业区域转型的完成，不仅需要制定合理的战略规划并执行计划，还要进行必要的战略控制。笔者发现，企业家精神在促进家族企业积极进行战略控制方面发挥着重要作用。

家族企业虽然在区域转型目标的选择上具有一定把控性，但由于受环境的被动影响，企业管理与技术可能未有充足的准备，为保证有效管理企业的跨区域经营和产品与技术符合新区域市场的要求，家族企业的管理、产品及技术方面的改革需及时跟进。创新精神可有效促进家族企业主进行管理制度与模式、工艺技术的革新。如JD橡胶W经理说："在开启国际市场前期，遇到的问题就是我们整体生产管理水平和技术水平要进行升级。解决的办法是技术引进和对员工培训，从而对各级管理人员、生产人员等进行更加规范的管理。"

向远市场区域转型过程中，家族企业难免遭遇制度隔阂、人文环境不适应等问题。学习精神促使家族企业学习新区域的语言、风俗文化、法律与制度，以适应当地的政策制度与人文环境。例如，LS 房地产 W 总说："内蒙古那边和咱们地域不同，那里的方言咱们都听不懂，风俗也不一样，后来就是逐步地学习、适应，招聘一些当地的员工。"JD 橡胶 Z 总则说："国外的政策和人文环境等与中国有着很大的不同，给管理工作带来了很多的困难。解决这些困难，除了寻找当地朋友的帮助，关键是亲身融入、学习、适应。"SL 焊材 D 总同样表达出学习是化解国外区域扩张路途中障碍的有效途径之一的观点。

合作精神在推进区域转型及化解障碍方面同样发挥着重要作用。具有强烈合作意识的家族企业主不仅注重团队协作，还会主动寻求外国合作伙伴的帮助，有效克服来自新市场区域的不确定性和矛盾冲突，并借助关系网络促进国际化范围的扩大和国际化深度的增加[20]。如 LS 房地产 W 总说："一个朋友，交往不错，他缺钱，我也缺钱，能够合起来把这个事做成了，这就是合作；我尊重任何人的意见……并不是说我说了算，就是得集思广益，你才能发展，你要是武断专行了你就发展不了了。"JD 橡胶在推进国际化时不仅借助阿里巴巴电商平台发展自身的海外销售市场，还借助当地朋友关系解决政策、文化环境陌生的问题。HM 商贸则通过现有代理商的介绍与空白市场的代理商建立了合作关系，解决了"寻找靠谱代理商"的问题。

探索精神会督促企业家密切关注市场变化，并根据市场所产生的变化及时调整企业区域转型的战略规划，使战略规划适应市场要求。ZQXL 集团的 L 经理介绍道："随着市场的变化肯定会有调整，每年都会修正一些问题。"根据企业实际情况及市场变化及时调整行动方案以为企业区域转型的顺利完成提供保障的这一观点在其他 6 家案例企业受访者处得到了印证。另外，ZQXL 集团的 T 董事长认为目标管理在转型过程中是十分关键的，因而在推进旗下工业公司走向欧美至日本等国家市场的过程中，ZQXL 集团在每个阶段都会将战略实际推进情况与前期设定的目标进行对比分析，发现不足与优势之处，并及时调整不足，发挥优势，探索出更佳的战略执行方案，保障区域转型的顺利进行。SL 焊材的 D 总也表示："我们在战略推进过程中会时不时地回顾一下是否完成了原定目标，是否产生了偏差，并想想后续该如何继续进行。"

根据上述分析，笔者探究出企业家精神对家族企业区域转型战略控制的影响，如图 5.14 所示，并提炼出命题 3c。

命题 3c：创新精神、学习精神及合作精神可影响家族企业主战略控制活动中的转型障碍化解，其中合作精神通过社会关系网络间接产生促进作用；探索精神则可直接促进家族企业主及时调整战略规划从而有效控制战略。

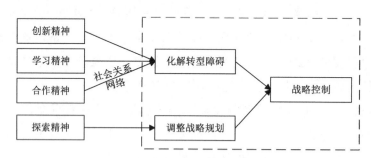

图 5.14 企业家精神对家族企业区域转型战略控制的影响

综上所述，本章探究出企业精神对家族企业区域转型实施的驱动作用，如图 5.15，并提炼出命题 3。

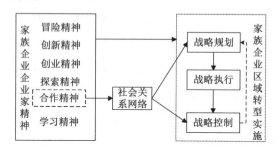

图 5.15 企业家精神对家族企业区域转型实施的驱动作用

命题 3：企业家精神既可直接促进家族企业主展开区域转型的战略规划制定、战略执行以及战略控制等活动，也可通过企业家社会关系网络间接影响战略规划与战略控制，两种影响作用共同推动了家族企业区域转型的实施。

5.3.3 研究发现

1. 研究总结

本章在以往研究基础上，通过收集多家案例企业数据进行质性比较分析，探索出企业家精神驱动家族企业区域转型的内在机理，并构建出相应的理论模型，如图 5.16 所示。

研究发现，企业家精神是企业家个性品质、思想观念及心理活动的综合体，通过企业家经营管理活动中的言行举止与观点态度对外体现。企业家精神具有动态性和多维性，当今中国家族企业企业家精神以创新精神、创业精神为内核，以学习精神、进取精神、合作精神、担当精神、探索精神、冒险精神等为外延要素组合而成。总体来说，家族企业企业家精神与非家族企业企业家精神在构成要素的种类上并无区别，但在要素的深层次内容上却存在明显不同，主要体现在：一是家族企业主的担当精神既表现在对企业、社会的认真负责上，还更多体现在对家族兴旺的责任感与使命感上；二是家族企业主尤其注重家族内部的团结和谐，家族企业主尊重家族成员的观点，积极争取家族成员的意见与建议，团结家族成员共同为家族基业拼搏。

为满足家族企业发展，永葆家族基业长青，家族企业主会积极带领家族企业向其他市场区域扩展企业版图，而在这一过程中正是企业家精神起到了重要驱动作用，主要表现为：

首先，家族企业开展区域转型的首要条件是企业主具有区域转型意愿，而转型意愿的形成则直接受到企业家精神的影响，主要是创新精神、进取精神、担当精神和创业精神的影响。具体影响体现如下：富有担当精神的家族企业主牢记自身肩负的家族使命并勇于担当。为了促进家族兴旺，壮大家族事业的发展，他们会积极主动地探寻促进家族企业发展的机会，从而产生带领家族企业进行区域转型的意愿；创新精神可直接影响家族企业主对企业文化的塑造，强烈的创新精神促进家族企业主塑造勇于尝试、开放包容的企业文化，带领企业不断尝试开拓新市场领域；进取精神直接鞭策家族企业主积极进取，努力追寻更高层次的企业发展目标，而强烈的创业精神激励家族企业主不满足于企业现状，激发扩展企业版图、创造家族事业昌盛、促使家族兴旺的区域转型意愿。

其次，产生区域转型意愿的家族企业主会在后续的经营管理中注重为区域转型的展开作最充分的准备，并等待区域转型时机的来临。在家族企业区域转型准备过程中，信息获取、资源准备以及市场分析等三方面活动受到企业家精神的直接影响。企业家精神中的创业精神、探索精神通过影响家族企业主的自主捕捉信息的行为与能力直接影响家族企业的信息获取情况；创新精神与学习精神促使家族企业主获取新技术资源、丰富自我认知和获取企业资质等行为而直接影响资源的准备情况；担当精神则促使家族企业主进行人力资源评估、业务评估以及工艺技术评估等资源评估活动而直接影响资源的准备情况；探索精神驱动家族企业进行市场需求判断、目标市场寻找及了解目标客户等市场环境调查等活动而直接影响家族企业对市场的分析程度；而冒险精神则是直接促进家族企业主进行市场发展趋势分析、竞争者分析、项目风险评价以及可行性分析等市场风险评估的活动而对家族企业市场分析情况产生影响。除直接影响作用外，企业家精神还可通过社会关系网络对家族企业的区域转型准备过程发挥间接影响作用。家族企业主的社会关系网络由商业关系、政治关系及亲友关系组成，企业家精神中的创新精神、合作精神以及担当精神可通过影响以上三种社会关系的建立与维护而间接对家族企业信息获取及资源准备等转型准备活动产生影响。

最后，企业家精神通过促进战略规划的制定、转型战略的执行及转型战略的控制等活动的展开而驱动家族企业区域转型的实施。具体表现为：冒险精神促进家族企业主选择合适的目标区域，创业精神与合作精神促进家族企业主选择合适的进入方式，以上三种精神影响了家族企业战略规划活动的展开；创新精神、创业精神及探索精神促进家族企业主进行资源整合或资源配置活动而直接推动区域转型的战略执行；创新精神与学习精神促进家族企业主通过自身的努力来化解转型障碍；合作精神通过鼓舞家族企业主寻找来自社会关系网络的帮助来化解转型障碍；而探索精神则直接促进家族企业主关注市场变化以及时调整战略规划。在以上四种精神的驱动下，家族企业主可对企业区域转型战略做到有效控制，从而保证企业区域转型的顺利完成。

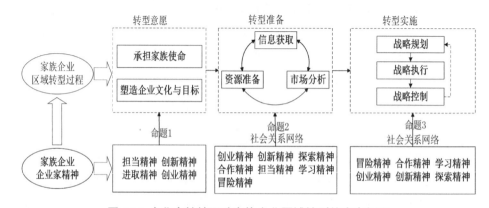

图 5.16 企业家精神驱动家族企业区域转型的内在机理

2. 对策思考

根据研究发现，笔者围绕企业家、家族与企业、政策机构等主体，针对如何激发企业家精神以有效推动家族企业开展区域转型提出以下思考：

（1）企业家要提高自我精神品质及知识储备并加强社会关系网络建设

首先，企业家需要在日常生活或企业管理实践中注重自我精神品格的塑造与提升。企业家可通过参加素质拓展、野外训练等活动增强自我素质能力，激发内在精神品质；通过游学参观、参加企业家交流会或行业发布会等方式开拓自我视野与管理思维；通过加强与家族成员的交流互动来感知并加强家族责任感与使命感；企业家还需要勇于开拓创新，设立长远的企业发展目标，积极塑造企业创新文化。

其次，企业家需深入学习有关企业区域转型的知识。通过阅读书籍、参加高校课程或专业培训、请教前辈企业家等方式学习区域转型方面的企业管理知识，通过市场调研、关注新闻、解读政府政策文件等方式了解目标市场环境及政策制度；还需注重从自身管理实践中总结经验教训，并运用于推进企业区域转型的进程中。

最后，企业家可通过参加行业会议、客户互访、亲友聚会等活动建立和维护社会关系网络，争取占据中心位置，以便在推进家族企业区域转型过程中可有效利用社会关系网络带来的资源与便利性。

（2）家族与企业要对家族企业主推进企业区域转型给予充分支持

首先，家族塑造了企业主的成长环境，是企业家精神形成的重要因素。家族在培育家族事业管理者的过程中不仅要传递家族使命与愿景，更要注重弘扬优秀的企业家精神以塑造与激发家族事业继承者的精神品质。具体教育途径有：父辈进行言传身教使家族接班人受到精神上的感化；对接班人讲述家族及家族企业的文化使命、发展历程以及未来展望；加强接班人学习教育，鼓励深造学习以开阔眼界，拥有更宽广的人生与事业格局。

其次，区域转型是一项庞大复杂的系统工程，企业应加强规范化管理为企业家精神的发挥提供足够的空间。企业规模会随着区域转型的开展而扩大，这意味着企业的管理问题将更加复杂，更难以处理。随着区域转型的实施企业还需完善管理体系，如建立合理的退货制度和财务核算制度，改善用工制度、员工绩效制度以及激励制度，企业还可以引进 ERP、财务管理软件及人力管理软件等先进技术完善管理流程，加强规范化管理。

（3）政府应建立良好的政企关系并营造有利于企业家精神发挥的社会环境

社会关系网络在家族企业区域转型过程中具有重要作用，是企业家获取信息与资源的重要渠道和化解困难的求助对象。区域转型涉及跨区域问题，尤其是制度隔阂问题，政府在化解以上阻碍中的角色尤为重要。政府部门对外来企业应保持开放包容的态度，积极辅助企业解决制度陌生、市场陌生等问题，可通过开展企业家座谈会、进入企业一线参观调研、定期的电话询问等方式了解新进入企业的实际问题，适当地为企业排忧解难，帮扶企业打破阻碍。

政府等部门需要努力构建良好的营商环境以培育优秀的企业家，激发与保护企业家精神。首先，政府应加快建立公平诚信的市场环境。政府及相关部门应联手建立公平合理的市场竞争制度，依法确立市场竞争行为规范。其次，应建立企业诚信监督与管理制度。如借助互联网技术建立企业诚信档案管理系统，对企业诚信定期进行评分评级并记录在案、上传系统。最后，政府等部门可对优秀企业家进行表彰，并积极宣传优秀企业事迹，弘扬优秀企业家精神，倡导尊敬优秀企业家的社会氛围。

参考文献

[1] GARTNER W B. "Who is an entrepreneur?" is the wrong question[J]. American Journal of Small Business, 2017, 12(4): 11-32.

[2] BETTINELLI C, SCIASCIA S, RANDERSON K, et al. Researching entrepreneurship in family firms[J]. Social Science Electronic Publishing, 2017, 55(4): 506-529.

[3] WELTER C, KIM S. Effectuation under risk and uncertainty: a simulation model[J]. Journal of Business Venturing, 2018, 33(1):100-116.

[4] 苏敬勤，张雁鸣，林菁菁 . 新兴国家企业选择专业化战略的情境识别及机制探讨——基于深圳企业的多案例研究 [J]. 管理评论，2020，32（1）：309-323.

[5] 范博宏 . 交托之重 [M]. 北京：东方出版社，2014.

[6] 涂玉龙 . 家族企业家精神与家族企业发展 [J]. 企业经济，2012，31（5）：38-42.

[7] 陈致中，沈源清 . 企业家精神与中小企业战略转型 [J]. 现代管理科学，2014，

255（6）：33-35.

[8] 孙黎，朱蓉，张玉利 . 企业家精神：基于制度和历史的比较视角 [J]. 外国经济与管理，2019，41（9）：3-16.

[9] 王维，张铁男 . 企业创新能力形成的催化机理分析 [J]. 现代管理科学，2009，201（12）：67-69.

[10] 李艳芝，孟庆伟 . 企业文化促进企业技术创新的几条途径 [J]. 科学管理研究，2001，（6）：7-9，50.

[11] 山国利 . 低碳经济趋势下企业碳财务战略实施探究 [J]. 会计之友，2018，578（2）：17-20.

[12]LI H，ZhANG Y. The Role of managers' political Networking and Functional Experience in New Venture Performance: Evidence from China's Transition Economy[J]. Strategic Management Journal: 2007, 28(8): 791-804.

[13] 刘军伟，刘华，王伟 . 企业家精神、社会资本与科技型中小企业天生国际化路径研究 [J]. 科技进步与对策，2018，35（16）：144-150.

[14] 李西垚，弋亚群，苏中锋 . 社会关系对企业家精神与创新关系的影响研究 [J]. 研究与发展管理，2010，22（5）：39-45.

[15]PENG M W, LUO Y. Managerial ties and firm performance in a transition economy: the nature of a micro-macro link[J]. Academy of Management Journal, 2000, 43(3): 486- 501.

[16] 郭毅，朱熹 . 企业家的社会资本——对企业家研究的深化 [J]. 外国经济与管理，2002，24（1）：13-16.

[17] 刘雪 . 基于企业家的战略实施研究 [D]. 南京：河海大学，2006.

[18]CLERCQ D D, SAPOEMZA H J, CRIJNS H. The internationalization of small and medium-sized firms [J]. Small Business Economics, 2005, 24(4): 409-419.

[19]MUNRO H J. Growing the entrepreneurial firm: networking for international market development [J]. European Journal of Marketing, 1995, 29(7): 49-61.

[20] 李巍，许晖 . 管理者特质与民营企业出口绩效 [J]. 管理科学，2013，26（2）：40-50.

附录 访谈提纲

（一）受访者基本信息

1. 受访者姓名：　　　　　年龄：

2. 当前职务：　　　　　　工作年限：

3. 政治身份：　　　　　　子女数 / 兄弟姐妹数：

（二）企业基本信息

4. 请您简单介绍一下，贵企业现阶段发展状况（企业名称及含义、成立时间、企业传承代数、企业规模、主营业务、年产值、员工人数等）。

5. 企业中有几位家族成员？分别担任什么职务？

6. 请问贵公司的文化理念以及发展愿景是怎样的？

（三）关于企业家精神的相关问题

1. 请问您是何时进入贵企业的？在进入家族企业之前，您是否到其他企业任过职或者从事过其他工作？您刚进入企业时从事的是基层工作还是高层管理工作？

2. 相比于非家族企业，您觉得咱们这种家族企业有哪些不同？具体到企业家身上，您觉得家族企业的企业家身上具备哪些品质或特征？

3. 就您个人而言，您是怎样看待企业家精神的？您认为企业家精神在企业经营管理上有哪些具体体现？

4. 请问时代的变化对您的思想与观念产生了哪些影响？您觉得在精神品质方面，您与您的父辈有哪些不同之处？

5. 当前经济与科技的发展趋势为企业带来了哪些机遇和挑战？您是如何看待并应对的？

6. 您是否鼓励公司员工进行创新活动呢？为他们提供过哪些学习或锻炼机会？如何看待员工的犯错问题或者说对员工犯错是怎样一个态度？

7. 您觉得企业家精神对企业成长和发展有什么影响？咱们企业不断发展壮大，您觉得和哪些企业家精神密不可分？

8. 您是否有在职学习的相关经历（如：留学、考察、参会、培训班、MBA等）？或者参加过一些行业交流会等活动？

9.您是否会将学习到新知识运用到企业管理实践中，能否举例说明一下您具体是怎样做的？

10.您认为新时代背景对我国企业或企业家提出了哪些新要求？企业或企业家如何做才能达到新时代要求？您是怎样培育企业接班人的？

（四）关于企业区域转型的相关问题

1.请问贵公司最初面向的市场区域是哪里？为什么选择这个地方呢？

2.后来我们向哪些市场区域进行了扩张呢（请按时间顺序说明）？

3.您是如何选择每个新目标区域的？当时的选择情景是怎样的？存在哪些契机？

4.当时您是从何处、如何获取促进贵企业进行区域转型的市场、政策信息与资源的？

5.您是如何推进企业区域转型的？区域扩张前，咱们公司都做了哪些准备工作呢（如信息、市场调查、资源、客户/政府关系等方面）？扩张后又做了哪些工作呢？

6.咱们公司的外部关系网络如何（如与供应商、客户、同行伙伴、政府有关部门以及银行机构等关系的紧密程度）？是哪些优良品质让您获得这些较好的外部关系？又是如何维系的？

7.您认为贵公司在产业网络或区域企业中的地位如何？这种地位给公司区域转型带来了哪些帮助？

8.在区域转型过程中企业遇到过什么困难吗？又是怎样解决的呢？得到了哪些帮助？

9.请您再为我们讲讲您在企业市场区域发展方面的规划与设想吧。

第6章 企业家创新创业精神驱动家族企业战略转型的实证研究

6.1 研究假设

6.1.1 企业家创新精神与战略转型关系的研究假设

根据资源基础理论，企业资源中的无形资源是企业成长不断获得核心竞争力的动力，这些资源影响企业战略转型的实施，并间接影响企业实施产品转型的效果。技术资源作为企业突出的无形资源，能够为产品生产提供不同的技术方案，例如，利用不同技术的重新整合以及在原有技术上发展全新的技术，从而生产出不同以往的异质性产品，可以率先在产品市场竞争中获得优势。此外，与其他资源不同，技术资源是企业实现产品纵向延伸，不断拓宽产品线的首要条件。因此，创新精神作为资源配置的一种方式，通过技术资源的配置实现企业产品转型。

企业家创新精神促使企业以研发为主线，结合不同创新方式或手段，以实现集聚企业知识和资源能力的目标。企业家创新精神有利于企业在创新战略上加强学习能力和创造力，增加企业创新的深度和广度，在技术升级中实现产业升级的目的。基于资源基础理论，企业根据其是否具有足够的实力来经营目标产业，对企业发展新产业的决策作出预估。通常而言，企业通过技术升级获取新兴资源，需要运用自身的资源重组能力，然后通过不同于以往的经营手段，例如联合经营、收购以及重组等，来实现企业产业转型的意图。此外，企业家创新精神若为企业管理带来创新性的管理理念，将为公司产业转型的顺利实施提供强力保障。

区域转型则是指企业现有业务在区域市场的进入和退出行为，区域转型可以进一步划分为国内区域转型和国际化两种实现方式。Hitt 等指出企业内部资源和能力是企业实施区域转型的主要诱因[1]。区域转型在实现内部资源向外部资源转化后，不仅解决企业内部的资源冗余，帮助企业提高资源利用率，还能平衡企业区域发展，获得企业在区域市场整体的竞争力提升，提高国内区域或者国际上的竞争力。Lu 等研究提出，中国企业在国内市场的区域转型程度越高，其在区域转型方面积累的经营经验以及资源越丰富，越有利于其实施更高程度的国际化转型[2]。基于企业知识观，知识和技术资源对企业获得核心竞争力至关重要，企业通过知识和技术资源的积累，获得市场的认可，进而占领市场，取得较高的企业绩效。因此，我们认为企业家创新精神可能更有利于企业更新知识，通过不同的创新手段获得企业发展所需的技术资源，达到企业资源的优化配置，实现战略转型。

因此，在以上研究分析的基础上，提出如下假设：

H1 ：企业家创新精神与家族企业战略转型具有显著的正相关关系。

H1a ：企业家创新精神与家族企业产品转型具有显著的正相关关系。

H1b ：企业家创新精神与家族企业产业转型具有显著 正相关关系。

H1c ：企业家创新精神与家族企业国内区域转型具有显著的正相关关系，对家族企业国际化转型具有促进作用。

6.1.2 企业家创业精神与战略转型关系的研究假设

创业精神是通过冒险改变资源使用方式的行为，其对于产品转型的影响，可以从生命周期理论和资源基础理论两个视角来概括分析。基于生命周期理论，随着原材料价格的持续上升和竞争对手的不断涌现，导致企业原有产品难以保持较高的利润率，甚至有可能导致企业所占市场份额的变少。为扭转企业经营颓势，企业有必要响应国家供给侧结构改革的号召，积极实施创新发展战略，在开发新产品中寻找企业的利润增长点。因此，原有业务环境的竞争力迫使企业实施产品转型。基于资源基础理论，在企业的发展存在冗余资源时，可以考虑将多余的经济资源整合到其他产品市场，此时企业就有了实施产品多元化的需求。因此，善于利用公司的冗余资源，可以将资源优势转化为公司的经济效益。与市场经济成熟、法制完善的发达国家相比，我国作为一个快速发展的经济体，正在加速拓展和完善外部资本市场、劳动力市场和中间产品市场。因此，企业在市场上实现冗余资源的销售转移可能还会受到诸多限制。在这种条件下，实施产品转型战略，企业可以以内部资源转换来替代外部市场失灵，从而实现企业内部多余资源的转移，并通过实现规模经济，进一步提高企业绩效。

根据生命周期理论，由于不同产业的市场容纳量和盈利空间大相径庭，而新产业往往具有暴利、门槛低的特征。企业可通过多元化投资实现产业的加速拓展，不断在新兴产业中挖掘利润增长点，实现企业战略转型，尤其是当企业面临高度的环境不确定性和企业收益大幅波动时。此外，产业机会是企业集团实施产业转型的关键外部动因，产业未来发展空间和较低的竞争压力对企业选择产业多元化具有促进作用。管理层更急于获取新的竞争优势和更具实施多元化经营的动机。如果将其资产投放于相关程度较低的甚至不相关的产业中，企业家创新精神促使企业作出的一系列创新决策和创新活动的实施有利于企业不相关产业间的资源实现跨产业流动，打破不相关产业资源整合的障碍，将有利于这种不相关产业转型的成功实施，实现市场份额的更快增长，提升企业绩效。基于资源基础理论，企业家创业精神驱动的资源整合主要表现为外部资源整合，企业以外部动因为决策前提，结合企业现有情况，选择不同的资源整合手段，如合作、收购或者重组，推动企业产业转型的实施和发展。

创业精神影响企业日常经营管理决策过程，进而影响企业跨区域转型的实施。研究结果表明，一方面，企业家创业精神有助于企业识别区域转型机会，充分利用现有的资源实施区域转型，为企业创造收益；另一方面，企业家创业精神有助于企业利用外部资源，在原有资源和知识积累的基础上，实现资产的快速增长，为区域转型打下基础。无论是利用内部资源还是外部资源，都需要企业家发挥创业精神，识别创业机会，提出和选择创业活动方案，监督评价创业活动的实施效果。创业导向有助于引导企业整合内外部资源，在企业经营管理的动态失衡中寻找新的平衡状态，更有助于企业在动态产出中拓展新业务，开拓新市场。创业导向在拓展国际市场中给企业带来的新机会和超额利润，反过来促进企业更加积极地实施战略转型，以获得更加稳固的市场定位。另外，企业家创业精神中的冒险倾向有利于企业国际化氛围的形成，有助于企业作出国际化转型的决策。同时，具有创新精神和创新能力的高管，往往具有较强的风险承担意识，他们更倾向于从企业未来的发展考虑，在风险和收益并存的国际市场上寻找新的机遇，抓住企业区域扩张的机会，为进驻国际市场助力。

因此，在以上研究分析的基础上，提出如下假设：

H2：企业家创业精神与家族企业战略转型具有显著的正相关关系。

H2a：企业家创业精神与家族企业产品转型具有显著的正相关关系。

H2b：企业家创业精神与家族企业产业转型具有显著的正相关关系。

H2c：企业家创业精神与家族企业国内区域转型具有显著的正相关关系，对家族企业国际化转型具有促进作用。

6.1.3　企业家创新精神、股权集中度与战略转型关系的研究假设

股权集中度是股权集中或分散的程度。基于代理理论，鉴于控股股东与中小股东的利益差异化，控股股东的监管作用可能弱化或消失，甚至可能导致企业内部出现较为突出的代理问题。在企业重大管理决策上，控股股东拥有绝对控制权，基于自利天性和机会主义的人性假设，控股股东更可能会依仗控制权攫取额外利益，以实现控制权的私有收益，形成所谓的"隧道效应"。股权集中度方面，国外众多观点认为企业股权相对集中时，家族企业的研发创新能力受到抑制，投资决策也倾向于降低企业研发投入。

控股股东作为企业的利益相关者之一，对企业作重大战略决策起到至关重要的作用。家族通常会把企业当成私有财产，尽管在企业持续发展且规模不断扩大的过程中，迫切需要实施转型升级，增加了对职业经理人的需求数量，但家庭仍然不愿意为了实现长期的经济效益而失去短期的控制。由于内部集团持股比例较高，企业更容易以家族控制为首要意图。出于控制目的，家族通常在内外部环境动荡不安时加强权力集中，对创新战略持保守的态度。基于限制型社会情感财富视角，风险性高且回收期长的企业创新活动会为企业社会情感财富带来损失风险，以维护家族控制为目标的倾向不利于企业创新投入。从根本上来说，企业股权结构特征对企业诸多决策产生重要影响，例如组织治理结构、资源整合、创新研发等，最终产生强化或者弱化企业创新绩效或者财务绩效的结果。付瑶等在研究股权结构对企业在不同行业活动程度的影响中发现，股东控制权越大，对行业多元化战略的实施越具有抑制作用，且大股东的数量及与其他股东的相对力量，可以增强这种抑制作用[3]，因此，家族股权比例越高，越不利于企业家创新精神向产品转型的转化，会抑制企业的业务多元化。

企业区域转型是企业内部资源向外部资源转化的过程，其具有不确定性、复杂性以及周期较长的特点。以区域转型侧重关注地理区域的覆盖程度为出发

点，企业在区域转型的准备阶段，通常需要企业较高的资源承诺[4]，以确保在实施过程中，长期投入匹配的人力、财力和物力。在家族企业中，为了加强家族对企业的控制权，企业的股权结构通常呈现出一股独大的形式，同时重要岗位上多为家族成员。如果家族企业通过引入外部投资者投资或者借贷资金来缓解财务约束，势必会削弱企业的控制权或者带来更大的财务压力，甚至影响家族企业的正常运作。同时，企业国际化使得企业经营和管理环境更加复杂，身处企业重要岗位的家族成员相关知识及经验不足，家族企业从外部引入专业人才势必引起既得利益的家族成员的反对，进而阻碍家族企业的国际化进程[5]。加之，股权集中度高的家族企业更易出现代理问题，同时，在创新过程中，企业存在的风险厌恶和组织僵化的问题，会迫使企业在进行国际化决策时作出非理性的决策。此外，企业家创新精神发挥作用，企业实施资源整合的长期过程本身就具有高风险性和复杂性，使得企业很难预测创新实施带来的经济后果，增加了控股家族对企业通过创新实现国际化的担忧。

因此，在以上研究分析的基础上，提出如下假设：

H3：在企业家创新精神和家族企业战略转型的关系中，股权集中度起到负向调节作用。

H3a：家族企业的家族股权越集中，企业家创新精神对产品转型的正面影响越弱。

H3b：家族企业的家族股权越集中，企业家创新精神对产业转型的正面影响越弱。

H3c：家族企业的家族股权越集中，企业家创新精神对区域转型的正面影响越弱。

6.1.4 企业家创业精神、股权集中度与战略转型关系的研究假设

企业所处生命周期的阶段不同，企业面临的内外部条件也不同。企业股权结构存在差别，可能会导致企业在经营管理中的决策与以往不同。在控股股东性质方面，很多学者发现与非家族企业相比，家族企业的创业需求和创业能力更强。企业的股权集中度高时，股东在进行风险决策时也更容易团结一致，从而能够在面对企业外部危机时迅速反应。佟岩等认为，企业在不受牵制的状态下，为应对市场环境变化，实施的战略更倾向于作出技术改造和产品更新升级等行为[6]。同理，家族企业在市场经济环境下，为赢得市场竞争，更为直接的

途径是依靠自身产品和服务的持续更新升级，在产品转型中实现企业二次创业。与此同时，企业家创业精神所激发的创业行为更加驱动企业产品转型的实施。但是，另有研究认为家族持股比例较高，为实现在内外部环境不稳定的情况下持续发展，控股家族更倾向于分散投资，企业家所具有的创业精神也推动着企业发展新产业。

基于社会情感财富的理论视角，控股家族在所有权层面的参与度越高，越有可能在家族内部控制企业，将家族财富长久传承下去。以传承为目标的家族企业，更倾向于长期经营决策，拥有尝试冒险、实现多元化创业的意图，推动企业实施战略转型，以实现企业发展的持续性。例如，Miller 等认为，家族参与持股水平越高，在转型决策中越倾向于运用长期导向思维，将实现延长投资评估期的目的。研究结果表明，家族对 SEW 的追求，如权力传承、财富延续和企业可持续发展，会使家族更加注重企业的基业长青。

多元化发展需要各方面资源的更新升级和优化配置，投入差异化资本和人力等资源的过程。在开发新产品，进入新产业，拓展新区域的过程中，针对企业面临的不同风险和不确定性，有利于企业分散同质性投资，避免集中投资对企业造成覆灭性打击。在实施战略转型中的多元化资源投入，短期内不会对企业已有局面造成较大影响，长期内却可以为企业带来更优质的市场资源，且能在消耗自身冗余资源的前提下，不断推动企业发展新业务，降低企业对原有业务的依赖，从而实现企业利润来源的多样化，促使企业获得长足的发展。此外，家族企业在所有权层面参与管理的程度越高，企业家创业精神越有利于企业实施多元化发展战略，从而避免投资失误而导致满盘皆输的局面，保存家族财富[7]，因此，创业精神所涵盖的冒险意识和风险承担能力，在股权集中度的作用下更有助于企业战略转型的实施。

因此，在以上研究分析的基础上，提出如下假设：

H4：股权集中度对企业家创业精神和家族企业战略转型关系，具有正向调节作用。

H4a：家族企业的家族股权越集中，企业家创业精神对产品转型的正向影响越强。

H4b：家族企业的家族股权越集中，企业家创业精神对产业转型的正向影响越强。

H4c：家族企业的家族股权越集中，企业家创业精神对区域转型的正向影响越强。

6.2 模型构建

企业家创新创业精神是影响家族企业战略转型的关键因素之一。鉴于家族企业的特殊性，相较于一般企业，家族企业的企业家创新创业精神"家族性"特征明显。通过对企业家创新创业精神和战略转型的理论分析，以及相关研究假设的提出，本章选定家族企业的股权集中度作为调节变量，从企业家创新精神以及创业精神两个角度，以分析企业家创新创业精神与家族企业产品转型、产业转型、区域转型之间的关系。并选取企业规模、企业年限、净资产收益率、资产负债率、营收增长率等作为控制变量。企业家精神与家族企业战略转型之间关系的关联模型如图 6.1 所示。

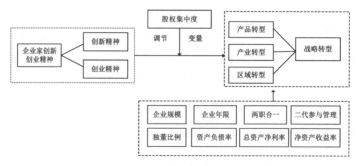

图 6.1 企业家创新创业精神与战略转型的关联模型

6.3 研究设计

6.3.1 样本选取和数据来源

为了研究企业家创新创业精神对战略转型的影响，综合考虑样本的现实性和可操作性，笔者筛选 2009—2019 年的沪深 A 股上市家族企业为研究样本。家族企业筛选参照如下标准：（1）企业实际控制人由家族成员担任；（2）高管团队中应当有两人及以上的家族成员占有职位。出于企业家创新精神和企业家创业精神对产品转型、产业转型和区域转型产生效果的周期性考虑，本书在选取数据时，将战略转型的数据比企业家创新精神和企业家创业精神的数据滞后三年。此外，笔者按照以下原则进行筛选：（1）剔除 ST、*ST 类，暂停上市及退市的企业样本，剔除金融保险行业的企业样本；（2）由于被解释变量战略转型的数据相较于解释变量、调节变量和控制变量滞后三年，并且出于信息稳定性考虑，剔除当期上市不足三年的企业样本；（3）剔除企业的财务数据为极端值或者信息披露不详的企业样本。在所有沪深 A 股主板上市的家族企业中，剔除初始样本中数据不完整的企业后，总共获得 3995 个有效企业样本。

本书战略转型相关指标的数据主要来源于同花顺 iFind 数据库，其他指标数据主要来源为 CSMAR 经济金融研究数据库，包括公司研究系列数据库、企业年报、企业招股说明书等，并在此基础上手工整理计算所得各指标。

6.3.2 变量选择和度量

1. 解释变量

（1）创新精神。Bantel 和 Jackson 认为，企业创新性体现在研发成果上 [8]。即企业家创新精神的最佳衡量指标，不仅是企业家倾注在创新活动中的投入，还包括投入所带来的产出效果 [9-10]。因此，创新精神所引起的创新活动，应从多个维度来衡量 [11]。由于持续性研发贯穿创新活动全过程，以保证创新成果能够满足市场需求和消费者需要 [12]。所以，在相关研究中，学者大多采用研发费用占总资产或者总收入比例、创新人均支出、研发人员数量等来衡量企业的创新投入 [13-14]。创新产出的识别变量则采用新产品总量 [15]、专利数量、专利申请数量 [16] 和专利被引频次。

在以往研究的基础上，笔者选取研发投入取自然对数，来衡量企业家创新精神在企业创新投入方面的决策表现，数据来源于企业年报。鉴于专利申请量这一衡量指标在数量和质量上的严谨性 [17-18]，选取企业年度专利申请量，来衡量企业家创新精神在产品创新产出方面的决策表现，其中包括企业发明专利、实用新型专利和外观设计专利。此外，考虑到专利数量对创新成果的不完全代表性，笔者参照李婧等人的做法，同时将无形资产比例纳入衡量创新精神的指标体系中 [9]，其中无形资产比例，即企业的无形资产与总资产之比。

（2）创业精神。创业精神的宏观测量和微观测量具有较大不同，现有研究大多采用自我雇佣率、企业进入率和退出率、私企占比 [16]、新创企业占比、小微企业产值或就业份额 [17]、企业数量、金融贷款总额与 GDP 的比值等 [18]，来衡量宏观企业家创业活动所体现的创业精神。

笔者研究微观层面企业家创业精神，借鉴胡德状等人和王素莲等人的成果 [19]，选取过度投资行为、风险投资行为以及寻租行为指标，以综合衡量企业家创业精神。参照王素莲和赵弈超的研究，采用企业风险资产总额与总资产的比重，来衡量企业家冒险倾向[20]。过度投资反映超出维持已有生产能力与资产状况之外的投资行为，寻租行为则反映了企业非生产性活动，三者结合较为全面地度量企业家创业精神。寻租行为采用企业单位资产的招待费用来衡量。过度投资行为采用企业购建固定资产、无形资产和其他长期资产，购买和处置子公司及其他营业单位，以及购买权益性和债权性投资所支付现金和与资产总额的比值来衡量。风险投资行为采用风险资产总额与资产总额的比值来衡量。

2. 被解释变量

（1）产品转型。在以往研究中，企业产品转型测量通常采用企业产品组合或结构的增减变化来度量。例如，在样本的变化滞后期设置为三年，计算基期和现期在核心产品收入比例的变化程度，以表示企业在三年来的产品转型情况[21]。Wang 等基于多元化组合的变化情况，采用企业多业务变化的熵值变化或企业产品多元化水平的变化来度量产品转型[22]。基于资源配置模式变化的角度，有学者提出多维度界定企业战略转型概念，并采用加总企业广告强度、研发强度、厂房和设备更新、非生产性支出、存货水平和财务杠杆六个变量的变化程度，以构建战略偏离度或战略背离度来衡量战略转型[23]。许春蕾采用相同的逻辑应用产品生产成本、产品组合结构、产品推广能力、产品运营能力以及产品盈利能力来衡量产品转型[24]。考虑到数据的可获得性，笔者参照张玉明等人[25]的做法，选择赫芬达尔指数法来测量企业产品转型，公式为 $HHI = 1 - \sum_{i=0}^{n} S_i^2$，其中 S_i 为企业在第 i 个产品类别的业务收入占企业主营业务总收入的比重，赫芬达尔指数 *HHI* 越大，产品转型程度越高。

（2）产业转型。对于实证研究中产业转型的衡量，研究人员主要采用企业经营涉及产业个数、产业赫芬达尔指数及熵指数这三种方法[26]。此外，金浩等利用前后年度间产业转型程度差值作为产业转型度量指标，用样本企业现期的熵值减去基期熵值，以衡量该期产业转型的程度[27]。

鉴于采用行业个数衡量产业转型的方法，虽然样本数据较易获得，但是该方法忽略了不同产业所占权重，并且测量方式和过程精确度不足，难以准确衡量企业实施产业转型的真实情况。赫芬达尔指数能够精确衡量产业集中度和各产业比重，但该方法易人为扩大行业间差距，衡量产业并不太准确。熵指数与赫芬达尔指数相似，将自然对数引入计算过程，恰恰弥补了赫芬达尔指数的计算缺点，从而更加准确地衡量产业转型程度。另外，采用现期熵指数和基期熵指数相减的方法太过烦琐。因此，笔者选择熵指数法来度量企业的产业转型，公式为 $EI = \sum_{i=1}^{n} S_i \ln \left(\frac{1}{S_i} \right)$，其中 S_i 为企业第 i 个行业收入与主营业务总收入之比，多元化程度越高，该指数越高。

（3）区域转型。现有研究成果中，对区域转型的衡量方式主要包括区域数量、外地（海外）业务收入与企业总收入的比值、外地（海外）员工数量与企业员工总量的比值以及经济学中的赫芬达尔指数、熵指数等[28]。

国内区域转型的测量。国内区域转型主要关注企业在国内各省区覆盖广度[29]，在国内区域转型的测量方式中，既有单维度指标，如外省设立子公司数量或跨省个数、外地经营收入与企业总收入的比值[30]，又有多维度指标，如在各区域经营收入占比计算的基础上，进一步计算出的企业赫芬达尔指数[31]。为更准确测量我国家族企业在国内各区域的覆盖程度，笔者选择赫芬达尔指数来衡量国内区域转型，公式为 $HHI = 1 - \sum_{i=0}^{n} S_i^2$，$S_i$ 为企业在第 i 个国内区域收入占比。首先，对国内市场按照地理区域的划分方法，划分为华北、东北、华东、华中、华南、西南、西北及港澳台其他地区。然后，将样本企业各区域的收入占比代入公式，计算出企业国内区域转型的赫芬达尔指数。

国际化转型的测量。企业国际化广义指企业将国内业务拓展到国外的跨国经营[32]，指内部资源向外部资源的转化的过程，笔者将其归类于企业区域转型的一部分，与国内区域转型并列。经济学派、组织行为学派和战略管理学派，分别从外部投资、活动形式以及区域扩张[33]的角度，对国际化内涵进行界定。由于界定不同导致构念的衡量方式不同，现有研究中存在单维度指标、多维度复合指标、多维度多指标三类衡量指标。但是，出于相关数据获取的难易程度考虑，结合我国家族企业国际化大多处在第一、二阶段的现状[34]，笔者参照王霄和韩雪亮的研究成果采用单一指标测量，以当期企业海外销售收入占总营业收入的比重，来测量企业实施国际化的情况[35]。

3. 调节变量

通过对相关文献进行梳理，笔者选取股权集中度为调节变量。家族企业的股权集中度反映控股家族对企业的控制强度，对家族企业重大战略决策至关重要，是推动战略转型实施关键要素。笔者选用家族持有的直接或间接股权比例来衡量股权集中度。

4.控制变量

家族企业战略转型不仅会受解释变量影响，还会受其他相关研究指标影响。为减少干扰因素对实证结果的影响，笔者基于前人研究成果，将企业规模、企业年限、董事长和总经理是否兼任、二代参与管理情况、独董比例、资产负债率、总资产净利率和净资产收益率等，作为控制变量，纳入实证模型。

（1）企业年限。基于企业生命周期理论，企业年限具有间接影响企业战略决策，以及实施战略转型的可能。因此，笔者将企业年限纳入控制变量，将企业成立年与观测年作差[36-37]，最后再取自然对数以消除数据不同量级对模型的影响。

（2）两职合一。董事长和总经理两职合一是权力相对集中的领导结构，其将战略决策权和战术决策权集中于一职。这种权力结构给予管理者在例外事项和日常事项的决策权，对于企业实施战略转型至关重要。因此，笔者根据已有研究，将董事长与总经理两职合一情况纳入控制变量[38-39]。

（3）二代参与管理。二代参与管理成为董事、监事或者高管，意味着企业经营管理权的交接[40]。鉴于我国家族企业处于代际传承的高峰期，代际传承对于家族企业实现基业长青至关重要。两代企业家在教育背景、经营理念、管理价值观等方面存在偏差，造成企业家创新创业精神差异性明显，这种认知偏差将会作用于家族企业战略转型[41]。因此，鉴于家族企业传承特性，笔者选择家族二代参与管理作为控制变量。

（4）企业规模。笔者参考薛有志等[42]的研究，鉴于企业因研发新产品、发展新产业、拓展新市场，得以实现规模积累，规模积累对滞后期战略转型具有影响。因此，笔者选择企业总资产的自然对数衡量企业规模。

（5）独董比例。独董制度，是保障企业治理效率的基本制度。其可以有效防止控股股东及管理层的内部控制，损害公司整体利益。研究表明，独立董事比例与董事会决策的有效性成正比。因此，笔者认为战略转型事关公司生存根本，独立董事极具规模所形成的影响力，对这类重大战略决策具有重要作用，或有助于推动企业战略转型的决策和实施。因此，笔者参照薛有志等的研究成果，选取独立董事在董事会中所占的比例作为控制变量[42]。

（6）资产负债率。该指标是企业总负债与总资产的比值，反映企业举债经营能力。对企业经营过程中的重大战略决策具有关键性的影响。笔者参考薛有志在相关研究中的处理方法[42]，选用资产负债率作为该模型的控制变量[43]。

（7）总资产净利率。该指标是净利润与平均资产总额的比值，是企业利用债权人和所有者权益总额所取得盈利的衡量指标，基于已有结论可知，企业经营收益会影响企业下一步的经营决策，包括企业开发新产品，发展新产业，跨区域经营进驻新市场等。一般地，总资产利润率越高，企业选择实施产品转型、产业转型和区域转型的意图越明显。因此，参照现有研究，选择该指标作为控制变量，纳入回归分析过程[44-45]。

（8）净资产收益率。该指标是净利润与净资产的比值，反映净资产的利润水平，衡量企业运用股东投资的效率。一般地，相对于企业持续经营，以求利益最大化，资本可看成稀缺性资源，企业净利润与净资产的比率越高，越容易对企业产品转型、产业转型和区域转型产生较为深远的影响。

相关变量定义及度量见表 6.1。

表 6.1　相关变量定义及度量

类型	名称		符号	描述
解释变量	创新精神	无形资产	*PI*	无形资产总额 / 资产总额
		专利申请	*Patent*	发明、实用新型和外观设计专利申请总量
		研发投入	*RD*	*Ln*（企业研究与开发支出总额）
	创业精神	寻租行为	*RS*	招待费 / 资产总额
		过度投资行为	*OI*	过度投资总额 / 资产总额
		风险倾向	*RI*	风险资产总额 / 资产总额
被解释变量	战略转型	产品转型	*PT*	$HHI = 1 - \sum_{i=0}^{n} S_i^2$，$S_i$ 为企业在第 i 个产品类别的收入占比
		产业转型	*BT*	$EI = \sum_{i=1}^{n} S_i \ln \left(\dfrac{1}{S_i} \right)$，$S_i$ 为企业在第 i 个行业类别收入占比
		国际化转型	*IT*	企业海外销售收入 / 销售总收入
		国内区域转型	*RT*	$HHI = 1 - \sum_{i=0}^{n} S_i^2$，$S_i$ 为企业在第 i 个国内区域收入占比
调节变量		股权集中度	*FO*	家族持有的直接或间接股权比例
控制变量		企业年限	*AGE*	*Ln*（当年年度 – 企业成立年度）
		两职合一	*DUA*	董事长与总经理两职兼任取 1，否则取 0
		二代参与管理	*GE*	参与管理为 1，否则为 0
		企业规模	*SIZE*	*Ln*（企业总资产）
		独董比例	*ID*	独立董事人数 / 董事会总人数
		资产负债率	*DAR*	总负债 / 总资产
		总资产净利率	*ROA*	净利润 / 平均资产总额
		净资产收益率	*ROE*	净利润 / 净资产

6.4 实证结果及分析

6.4.1 描述性统计分析

1. 不同战略转型的家族企业数量统计

在深入探究我国家族企业创新创业精神与企业战略转型之间的关系前，本章首先对家族企业战略转型情况进行了统计分析。表6.2主要报告了进行不同战略转型的家族企业数量情况。

表 6.2　不同战略转型的家族企业数量

时间	战略选择			
	产品转型	产业转型	国内区域转型	国际化
2012	5	7	1	4
2013	174	181	62	34
2014	306	330	116	70
2015	482	481	194	143
2016	502	515	195	152
2017	561	576	221	188
2018	689	710	292	240
2019	739	36	30	289
总计	3458	2836	1111	1120

随着我国经济增速放缓，供给侧结构改革的深化，家族企业纷纷选择产品转型，占样本总数的85%以上。家族企业实施产业多元化的趋势明显，发生产业转型的家族企业逐年增多。此外，选择国内区域转型的家族企业，占样本企业总数的30%左右；同时，全球命运共同体理念的提出促进世界经济的发展，"一带一路"经济区的开放促使我国经济与世界各国经济紧密相连。对企业来说，选择国际舞台来消化企业的产能过剩无疑是最佳出路。据此，相较于国内区域转型，家族企业选择国际化的不断增加。

2. 主要变量描述性统计

本部分主要针对实施不同战略转型的家族企业样本中，涉及的主要变量进行描述性统计分析，描述性统计分析涉及各个变量的最值、均值和标准差三方面。表6.3—6.6分别为发生产品转型、产业转型、国内区域转型和国际化的企业样本的统计结果。

关于样本企业实施产品转型的情况，从表6.3可以看到，研究期间，选择产品转型的家族企业数量增多，产品转型程度均值为 0.534815，整体产品转型程度处于中等水平。其中，最小值和最大值分别为 0 和 0.9158。由此可见，我国家族企业在供给侧结构改革的影响下，为企业发展考虑，已经意识到产品转型对企业发展的重要性，并且大部分企业已经开始实施产品转型，但是，样本企业间产品转型程度差异仍然较大。

表 6.3　产品转型样本的描述性统计结果

	有效的 N	最小值	最大值	平均值	标准差
无形资产（PI）	3458	0	0.6548	0.04625	0.0423343
专利申请量（Patent）	3458	0	5333	29.6825	125.97249
研发投入（RD）	3458	0	21.8802	17.423508	1.6938065
寻租行为（RS）	3458	0.0031	2.0967	0.146437	0.1534828
过度投资行为（OI）	3458	−0.0126	3.5116	0.170428	0.2534518
风险倾向（RI）	3458	0	0.6824	0.160924	0.1013941
产品转型（PT）	3458	0	0.9158	0.534815	0.2034968
股权集中度（FO）	3458	0.0021	0.8837	0.383979	0.1570291
企业规模（SIZE）	3458	19.1559	25.6445	21.497271	0.8457168
公司年限（AGE）	3458	1.4822	41.5315	13.569497	5.2807558
两职合一（DUA）	3458	0	1	0.416	0.4929
二代参与管理情况（GE）	3458	0	1	0.17	0.373
独董比例（ID）	3458	0.2500	0.6667	0.373332	0.0528848
资产负债率（DAR）	3458	0.0071	1.3518	0.323974	0.1771082
总资产净利润率（ROA）	3458	−0.3992	0.3300	0.058433	0.0521945
净资产收益率（ROE）	3458	−1.8069	0.5057	0.084955	0.0855862

关于样本企业实施产业转型的情况，从表 6.4 可以看到，样本企业产业转型程度均值为 0.371025，整体产业转型程度不高。另外，结合样本企业产业转型变化范围在 0 和 2.1302 之间，最值之差为 2.13，标准差为 0.43，样本企业间产业转型程度差异大。

表 6.4　产业转型样本的描述性统计结果

	有效的 N	最小值	最大值	平均值	标准差
无形资产（PI）	2836	0	0.6548	0.048076	0.0514418
专利申请量（Patent）	2836	0	5333	30.29	130.827
研发投入（RD）	2836	0	21.7387	17.186202	2.1359349

（续表）

	有效的 N	最小值	最大值	平均值	标准差
寻租行为（RS）	2836	0.0007	2.0967	0.148497	0.1542142
过度投资行为（OI）	2836	−0.0020	3.5116	0.161618	0.2416140
风险倾向（RI）	2836	0.0000	0.6824	0.160503	0.1052514
产业转型（BT）	2836	0	2.1302	0.371025	0.4341019
企业规模（SIZE）	2836	19.0455	25.2015	21.430128	0.8241411
股权集中度（FO）	2836	0.0026	0.8413	0.386452	0.1582169
公司年限（AGE）	2836	1.4822	40.5288	13.010809	5.2010422
两职合一（DUA）	2836	0	1	0.411	0.4921
二代参与管理情况（GE）	2836	0	1	0.16	0.3671
独董比例（ID）	2836	0.2500	0.6667	0.375296	0.0545026
资产负债率（DAR）	2836	0.0071	1.8061	0.321553	0.1835185
总资产净利润率（ROA）	2836	−0.3992	0.3784	0.057874	0.0526439
净资产收益率（ROE）	2836	−1.8069	0.6317	0.083548	0.0881646

表 6.5　国内区域转型样本的描述性统计结果

	有效的 N	最小值	最大值	平均值	标准差
无形资产（PI）	1111	0	0.5890	0.045771	0.0434447
专利申请量（Patent）	1111	0	1943	24.4680	77.85348
研发投入（RD）	1111	0	20.7303	17.101604	2.3111099
寻租行为（RS）	1111	0.0007	1.8009	0.153342	0.1675684
过度投资行为（OI）	1111	−0.0019	2.9747	0.158321	0.2535430
风险倾向（RI）	1111	0	0.6783	0.166472	0.1133479
国内区域转型（RT）	1111	0	1.0000	0.647270	0.1886615
股权集中度（FO）	1111	0.0118	0.8180	0.382363	0.1527186
企业规模（SIZE）	1111	19.0455	25.2015	21.419124	0.8572227
公司年限（AGE）	1111	2.4740	35.3589	13.513520	5.1257375
两职合一（DUA）	1111	0	1	0.40	0.491
二代参与管理情况（GE）	1111	0	1	0.14	0.342
独董比例（ID）	1111	0.3333	0.6667	0.374723	0.0529634
资产负债率（DAR）	1111	0.0071	1.1479	0.329475	0.1944887
总资产净利润率（ROA）	1111	−0.3685	0.2891	0.058954	0.0537926
净资产收益率（ROE）	1111	−0.5234	0.5057	0.087582	0.0788146

关于样本企业区域转型情况，从表 6.5 可以看到，样本企业国内区域转型

程度均值为 0.647270，标准差为 0.1887，整体国内区域转型程度较高，选择国内区域转型的家族企业较多，且国内区域转型在样本企业间产别较小。从表 6.6 可以看到，样本企业国际化程度均值为 0.048487，样本企业整体国际化程度处于较低水平，也从侧面表明我国家族企业目前尚处于国际化的初级阶段。另一方面，国内区域转型程度均值高于国际化程度，表明样本企业的国内区域转型较国际化转型更为成熟。

表 6.6　国际化转型样本的描述性统计结果

	有效的 N	最小值	最大值	平均值	标准差
无形资产（PI）	1120	0.0003	0.5890	0.047937	0.0422436
专利申请量（Patent）	1120	0	2201	42.6116	131.37471
研发投入（RD）	1120	0	21.1397	17.397584	2.1835457
寻租行为（RS）	1120	0.0002	2.0967	0.140913	0.1665810
过度投资行为（OI）	1120	−0.0126	2.9747	0.193853	0.2809474
风险倾向（RI）	1120	0.0040	0.6783	0.184404	0.1058000
国际化转型（IT）	1120	0	0.9292	0.048487	0.1293722
股权集中度（FO）	1120	0.0021	0.7854	0.377477	0.1563277
企业规模（SIZE）	1120	19.6955	25.6445	21.568042	0.9008499
公司年限（AGE）	1120	1.9260	41.5315	14.046722	5.3426294
两职合一（DUA）	1120	0	1	0.43	0.495
二代参与管理情况（GE）	1120	0	1	0.19	0.395
独董比例（ID）	1120	0.2500	0.6667	0.377150	0.0559461
资产负债率（DAR）	1120	0.0153	0.9947	0.339112	0.1776360
总资产净利润率（ROA）	1120	−0.3685	0.2522	0.054512	0.0532888
净资产收益率（ROE）	1120	−1.9159	0.3977	0.079986	0.1022639

由表 6.3—6.6 可知，在实施不同战略转型的样本企业中，企业家创新精神水平均较低，其中无形资产比例均值不到 5%，实施不同战略转型的企业样本标准差较小，企业间的指标水平差异不大。专利申请量最小值为 0，最大值为 5333，实施不同战略转型的企业样本中，专利申请量的标准差分别为 125.973、130.827、77.854、131.375，不同战略转型样本的均值相差不大且在 30 左右，表明样本企业间的专利申请水平存在较大差异，且平均水平不高，两极分化严重，排除企业的行业差异，也与我国企业普遍的创新水平不高有关。不同战略转型的企业样本中，研发投入的数据特征与专利申请水平相似，两极分化严

重。另外，实施不同战略转型的企业样本的企业家创业精神指标中，除了寻租行为指标和风险倾向指标无明显差异外，过度投资行为指标的均值在不同战略转型的样本中略有波动，说明寻租行为指标对于家族企业战略转型的影响的侧重点不同，值得后续研究进一步关注。

综合企业家创新创业精神情况和企业战略转型来看，家族企业战略转型的实施条件具有异质性，实施产品转型、产业转型、国内区域转型和国际化转型的样本企业，对应的企业家创新精神和企业家创业精神水平具有明显差异。据此，统计结果表明企业家创新创业精神对家族企业战略转型的类别影响存在一定侧重，因此，有必要就企业家创新创业精神与企业战略转型之间的关系实施进一步关注。

6.4.2 相关性分析

基于以上对主要变量的描述性统计分析，本章对主要变量进行 Pearson 相关性分析，得出各变量间相关性分析结果。通过表 6.7—6.10 的 Pearson 相关性分析，可初步了解各个变量间的相关性，有些解释变量与被解释变量之间有较强关联性，有些较弱，有些甚至没有关联性。

通过表 6.7 可知，无形资产（PI）、研发投入（RD）与企业产品转型（PT）均在 1% 水平上显著正相关，而专利申请量（$Patent$）与企业产品转型（PT）之间的关系并未通过显著性检验。寻租行为（RS）、过度投资行为（OI）与企业产品转型（PT）在 1% 的水平上显著正相关，风险倾向（RI）与企业产品转型（PT）在 1% 的水平上显著负相关。由此可初步判断企业家创新创业精神对企业产品转型具有显著影响，具体相关关系仍需通过回归分析来进一步探究。

通过表 6.8 可知，在企业家创新创业精神与产业转型的相关性分析结果中，无形资产（PI）与企业产业转型（PT）均在 1% 水平上显著正相关，研发投入（RD）、专利申请量（$Patent$）与企业产业转型（PT）在 1% 水平上显著负相关。寻租行为（RS）、风险倾向（RI）与企业产业转型（PT）在 1% 的水平上显著正相关，过度投资行为（OI）与企业产业转型（PT）之间的关系并未通过显著性检验，但关系方向与本书假设一致，因此企业家创业精神与产业转型之间的关系还需通过回归分析来进一步探究。

通过表 6.9 可知，在企业家创新创业精神与国内区域转型的相关性分析结果中，无形资产（*PI*）与企业国内区域转型（*PT*）均在 1% 水平上显著负相关，专利申请量（*Patent*）、研发投入（*RD*）与企业产品转型（*PT*）分别在 0.1 和 0.01 水平上显著正相关。寻租行为（*RS*）与企业产品转型（*PT*）在 5% 的水平上显著正相关，风险倾向（*RI*）、过度投资行为（*OI*）与企业产品转型（*PT*）在 1% 的水平上显著正相关，创业精神指标与国内区域转型之间的关系方向与本书假设一致。

通过表 6.10 可知，在企业家创新创业精神与国际化转型的相关性分析结果中，无形资产（*PI*）、专利申请量（*Patent*）与企业国际化转型（*PT*）之间的关系未通过显著性检验，研发投入（*RD*）与企业国际化转型（*PT*）在 0.01 水平上显著负相关。寻租行为（*RS*）、过度投资行为（*OI*）与企业国际化转型（*PT*）未通过显著性检验，风险倾向（*RI*）与企业国际化转型（*PT*）在 1% 的水平上显著负相关，企业家创新创业精神与国内区域转型之间的关系方向与本书假设不一致。

综合表 6.7—6.10 可知，在控制变量与被解释变量间，企业规模（*SIZE*）与企业战略转型之间均存在明显关联性，同样，企业年限（*AGE*）、两职合一（*DUA*）、二代参与管理（*GE*）、独董比例（*ID*）、资产负债率（*DAR*）、总资产净利率（*ROA*）、净资产收益率（*ROE*）和股权集中度（*FO*）与企业产品转型（*PT*）、产业转型（*BT*）、国内区域转型（*RT*）以及国际化转型（*IT*）之间存在关联，并且企业规模与企业年限对企业战略转型影响存在较大差异，说明在我国家族企业中处于不同规模或者不同存活时间，选择的战略转型类型也有侧重。

综合表 6.7—6.10 可知，本书所涉及的各变量之间的相关性，除国际化转型与企业家创新创业精神之间关联性较弱外，其他解释变量与被解释变量之间均具有较强关联性，说明企业实施国际化转型的程度不同于一般意义上的受寻租行为影响较深的国内区域转型，也受到例如国际上不同地域特征及风俗文化等较复杂因素的影响。为准确分析和验证变量间关系，需引入控制变量，进行回归分析。

表 6.7 产品转型样本的 Pearson 相关性分析

	PI	Patent	RD	RS	OI	RI	PT	FO	SIZE	AGE	DUA	GE	ID	DAR	ROA	ROE
PI	1															
Patent	0.005	1														
RD	0.141***	0.087***	1													
RS	0.101***	0.026	0.102***	1												
OI	0.010	-0.016	-0.075***	0.009	1											
RI	0.097***	0.018	0.083***	-0.031*	0.003	1										
PT	0.273***	-0.028	0.090***	0.141***	0.072***	-0.277***	1									
FO	0.019	0.021	0.010	-0.008	0.019	-0.034**	0.018	1								
SIZE	0.019	0.132***	0.116***	0.070***	0.055***	0.084***	-0.061***	0.021	1							
AGE	0.018	0.017	-0.064***	0.108***	0.054***	-0.007	-0.065***	0.024	0.014	1						
DUA	-0.026	0.016	-0.006	-0.021	-0.035***	0.010	-0.022	0.031*	-0.026	-0.038**	1					
GE	-0.024	-0.042***	-0.045***	-0.032*	-0.020	-0.003	-0.032*	0.009	0.009	0.026	-0.073***	1				
ID	0.016	-0.025	-0.079***	0.015	0.069***	-0.130***	0.171***	0.024	-0.032*	0.007	0.048***	0.017	1			
DAR	-0.010	0.026	0.142***	0.060***	-0.033*	-0.003	-0.121***	0.004	0.231***	-0.015	-0.034**	0.026	-0.013	1		
ROA	-0.075***	0.029*	-0.042**	-0.001	-0.025	-0.019	-0.033*	-0.016	0.001	-0.031*	0.050***	-0.004	0.031*	-0.243***	1	
ROE	-0.034**	-0.007	0.063***	0.078***	-0.025	-0.128***	0.047***	-0.012	0.007	-0.023	0.047***	-0.021	0.103***	-0.028*	0.505***	1

3458

注：* 表示 $p<0.1$，** 表示 $p<0.05$，*** 表示 $p<0.01$。

表 6.8 产业转型样本的 Pearson 相关性分析

	PI	Patent	RD	RS	OI	RI	BT	FO	SIZE	AGE	DUA	GE	ID	DAR	ROA	ROE
PI	1															
Patent	-0.011	1														
RD	-0.063***	0.018	1													
RS	0.017	-0.038**	-0.058***	1												
OI	0.016	0.015	0.013	0.019	1											
RI	0.067***	-0.039**	-0.053***	0.219***	-0.021	1										
BT	0.365***	-0.080***	-0.051***	0.146***	-0.021	0.476***	1									
FO	-0.001	-0.046**	0.006	-0.059***	0.051***	-0.069***	-0.096***	1								
SIZE	0.272***	0.083***	0.027	-0.049***	-0.039***	0.087***	0.661***	-0.071***	1							
AGE	0.048**	0.019	-0.039**	0.065***	0.071***	0.072***	0.078***	-0.104***	0.049***	1						
DUA	-0.011	0.000	0.006	-0.034*	0.055***	-0.033*	-0.032	0.124***	-0.059***	-0.041**	1					
GE	0.017	-0.017	-0.062***	0.042**	0.025	-0.039**	-0.042**	0.142***	0.000	0.067***	-0.113***	1				
ID	0.006	0.026	-0.056***	-0.029	0.036*	-0.039**	-0.031	0.173***	-0.001	0.012	0.135***	0.006	1			
DAR	-0.062***	-0.017	0.044**	0.141***	-0.084***	0.139***	0.109***	-0.191***	0.061***	0.118***	-0.095***	0.003	-0.062***	1		
ROA	-0.041**	0.005	0.080***	0.045**	0.135***	-0.005	-0.043**	0.144***	-0.014	-0.041**	0.063***	0.005	0.009	-0.256***	1	
ROE	-0.030	0.016	0.130***	0.050***	0.091***	0.022	-0.011	0.096***	0.041**	0.020	0.021	0.005	0.002	-0.098***	0.870***	1

2836

注：* 表示 $p<0.1$，** 表示 $P<0.05$，*** 表示 $P<0.01$。

表 6.9　国内区域转型样本的 Pearson 相关性分析

	PI	Patent	RD	RS	OI	RI	RT	FO	SIZE	AGE	DUA	GE	ID	DAR	ROA	ROE
PI	1															
Patent	0.024	1														
RD	-0.141***	0.073**	1													
RS	0.007	-0.017	0.005	1												
OI	0.081***	0.040	0.030	-0.003	1											
RI	-0.151***	-0.029	0.088***	0.066**	-0.181***	1										
RT	-0.094***	0.058*	0.177***	0.072**	0.086***	0.085***	1									
FO	-0.066**	-0.017	-0.028	-0.002	0.028	-0.034	0.067**	1								
SIZE	-0.060*	0.064**	0.236***	-0.029	-0.003	0.065**	0.334***	-0.041	1							
AGE	0.023	-0.038	-0.083***	0.041	-0.005	0.001	-0.085***	-0.153***	0.038	1						
DUA	-0.063**	0.063**	0.072**	-0.006	0.068**	-0.031	0.096***	0.065**	0.024	-0.058*	1					
GE	0.040	-0.031	-0.140***	0.045	-0.009	-0.058*	-0.005	0.134***	-0.062*	0.036	-0.127***	1				
ID	0.039	0.029	-0.063**	-0.026	0.035	0.053*	0.071**	0.159***	-0.027	-0.048	0.149***	0.033	1			
DAR	0.098***	-0.001	-0.040	-0.043	-0.121***	0.005	-0.513***	-0.122***	0.024	0.110***	-0.055*	-0.038	-0.043	1		
ROA	-0.085***	0.035	0.133***	0.035	0.087***	-0.076**	0.149***	0.131***	0.053*	-0.055*	0.096***	-0.002	-0.050*	-0.214***	1	
ROE	-0.095***	0.043	0.154***	0.010	0.045	-0.001	0.106***	0.093***	0.152***	0.017	0.063**	-0.021	-0.050	-0.065**	0.914***	1

注：* 表示 $p<0.1$，** 表示 $p<0.05$，*** 表示 $p<0.01$。

表 6.10 国际化样本的 Pearson 相关性分析

	PI	Patent	RD	RS	OI	RI	IT	FO	SIZE	AGE	DUA	GE	ID	DAR	ROA	ROE
PI	1															
Patent	-0.039	1														
RD	0.112***	0.014	1													
RS	-0.069**	-0.028	0.000	1												
OI	0.038	0.058*	0.046	-0.071**	1											
RI	-0.125***	0.062***	0.018	0.107***	-0.128***	1										
RT	0.027	-0.019	-0.189***	0.008	-0.002	-0.181***	1									
FO	-0.008	-0.026	-0.037	0.096***	.048	-0.091***	0.037	1								
SIZE	-0.081***	0.162***	0.145***	-0.169***	0.023	0.122***	-0.248***	-0.188***	1							
AGE	0.084***	0.019	0.044	0.024	0.087***	-0.005	-0.007	-0.040	0.083***	1						
DUA	-0.016	0.058*	0.008	0.089***	0.064**	-0.002	0.014	0.125***	-0.134***	-0.027	1					
GE	-0.052*	-0.036	-0.044	0.107***	-0.024	-0.076**	0.004	0.138***	0.048	0.068***	-0.119***	1				
ID	0.028	0.056*	-0.032	0.017	0.044	0.041	-0.052*	0.186***	-0.085***	0.011	0.103***	-0.003	1			
DAR	0.017	0.046	0.084***	-0.102***	-0.176***	0.271***	-0.254***	-0.164***	0.555***	0.011	-0.153***	0.003	-0.004	1		
ROA	-0.047	0.078***	0.046	0.065***	0.191***	-0.025	-0.014	0.121***	0.006	0.002	0.140***	-0.009	0.020	-0.320***	1	
ROE	0.106***	-0.016	0.055*	0.008	0.028	-0.215***	0.374***	0.052*	-0.178***	-0.005	-0.027	0.062**	0.004	-0.135***	-0.069**	1

1120

注：* 表示 $p<0.1$，** 表示 $p<0.05$，*** 表示 $p<0.01$。

6.4.3 多元线性回归分析

通过 Person 相关性分析，我们知道了变量之间的相关程度，接下来将利用 SPSS 22.0 进行多元线性回归分析以进一步验证本节提出的研究假设。根据上节变量选取和具体测量，本节构建各变量之间的回归模型。

为了验证创新精神与企业战略转型之间的关系，构建以下回归模型：

$$Y_i = \alpha_0 + \alpha_1 IS + \alpha_9 SIZE + \alpha_{10} AGE + \alpha_{11} DAR + \alpha_{12} ROE + \alpha_{13} IR + \delta \quad (6.1)$$

为了验证创业精神与企业战略转型之间的关系，构建以下回归模型：

$$Y_i = \alpha_0 + \alpha_2 ES + \alpha_9 SIZE + \alpha_{10} AGE + \alpha_{11} DAR + \alpha_{12} ROE + \alpha_{13} IR + \delta \quad (6.2)$$

为了验证创新精神、股权集中度与企业战略转型之间的关系，构建以下回归模型：

$$Y_i = \alpha_0 + \alpha_3 IS + \alpha_5 FO + \alpha_6 IS_i * FO + \alpha_9 SIZE + \alpha_{10} AGE + \alpha_{11} DAR + \alpha_{12} ROE + \alpha_{13} IR + \delta$$

$$(6.3)$$

为了验证创新精神、股权集中度与企业战略转型之间的关系，构建以下回归模型：

$$Y_i = \alpha_0 + \alpha_4 ES + \alpha_7 FO + \alpha_8 ES_i * FO + \alpha_9 SIZE + \alpha_{10} AGE + \alpha_{11} DAR + \alpha_{12} ROE + \alpha_{13} IR + \delta$$

$$(6.4)$$

其中：i=1，2，3，4，…，α_0 为方程截距，α_i 为回归系数；IS 为创新精神，ES 为创业精神；Y_1 为产品转型，Y_2 为产业转型；Y_3 为国内区域转型，Y_4 为国际化转型；FO 为实际控制人的控制权比例，IS_i*FO、ES_i*FO 为创新精神、创业精神与三者之间的交互项，其中 IS_1 为 PI，IS_2 为 $patent$，IS_3 为 RD，ES_1 为 RS，ES_2 为 OI，ES_2 为 RI；$SIZE$ 为企业总资产的自然对数，代表企业规模，AGE 为企业自成立到观测年的时间，DAR 为资产负债率，ROE 为企业净资产收益率，IR 为营收增长率，δ 为误差项。

1. 企业家创新精神与企业战略转型回归分析

表 6.11—6.13 汇总了企业家创新精神与企业战略转型的回归分析数据。该模型中方差膨胀系数（VIF）全部小于 1，远低于临界值 10，因此各变量间不存在多重共线性问题，确保了研究结果的准确性和可靠性。该模型的显著性 Sig 值均为 0.000，表明 F 值顺利通过检验。

表 6.11　企业家创新精神与产品转型的回归结果

变量	名称	产品转型 PT		
解释变量	PI	1.278*** （16.667）		
	Patent		−0.201 （−0.745）	
	RD			0.014*** （6.862）
控制变量	SIZE	−0.007* （−1.837）	−0.005 （−1.237）	−0.008* （−1.952）
	AGE	−0.003*** （−4.642）	−0.003*** （−4.230）	−0.002*** （−3.831）
	DUA	−0.013** （−1.999）	−0.016** （−2.314）	−0.016** （−2.322）
	GE	−0.013 （−1.489）	−0.017* （−1.882）	−0.014 （−1.554）
	ID	0.620*** （10.066）	0.639*** （9.993）	0.677*** （10.614）
	DAR	−0.150*** （−7.699）	−0.161*** （−7.961）	−0.176*** （−8.675）
	ROA	−0.356*** （−4.760）	−0.445*** （−5.730）	−0.416*** （−5.389）
	ROE	0.192*** （4.339）	0.196*** （4.265）	0.168*** （3.658）
常数		0.499*** （5.713）	0.514*** （5.623）	0.321*** （3.384）
模型 R^2		0.131	0.061	0.074
F 值		57.735	24.933	30.439
Sig 值		0.000	0.000	0.000

注：表中的数值为回归系数，括号内为其 t 检验值。* 表示在 0.1 水平（双侧）上显著；**表示在 0.05 水平（双侧）上显著；*** 表示在 0.01 水平（双侧）上显著。表 6.11—6.21 相同。

从企业家创新精神与企业产品转型模型的回归分析数据所汇总的表格 6.11 中可以看出：（1）解释变量无形资产比率（α=1.278，$p<0.01$）与企业产品转型之间呈显著正相关关系，且与产品转型（PT）之间的关系通过了显著性检验。此模型中，控制变量中企业年限（α=−0.003，$p<0.01$）与被解释变量产品转型呈显著负相关关系，独董比例（α=0.620，$p<0.01$）、资产负债率（α=−0.150，

$p<0.01$)、总资产净利润率（$\alpha=-0.356$，$p<0.01$）、净资产收益率（$\alpha=0.192$，$p<0.01$）也通过显著性检验，具有统计学意义。

（2）解释变量专利申请量与企业产品转型之间没有通过显著性检验。

（3）解释变量研发投入（$\alpha=0.014$，$p<0.01$）与企业产品转型之间呈显著正相关关系，且与产品转型（PT）之间的关系通过了显著性检验。此模型中，控制变量中企业年限（$\alpha=-0.002$，$p<0.01$）与被解释变量产品转型呈显著负相关关系，独董比例（$\alpha=0.677$，$p<0.01$）、资产负债率（$\alpha=-0.176$，$p<0.01$）、总资产净利润率（$\alpha=-0.416$，$p<0.01$）、净资产收益率（$\alpha=0.168$，$p<0.01$）也通过显著性检验，具有统计学意义。

通过以上分析可以得出，企业家创新精神对家族企业产品转型具有显著正相关关系。即企业家越具有创新精神，企业发生产品转型的程度越深。故假设H1a 得到验证。

表 6.12 企业家创新精神与产业转型的回归结果

变量	名称	产业转型 BT		
解释变量	PI	1.740*** （14.629）		
	patent		−4.468*** （−9.751）	
	RD			−0.014*** （−4.972）
控制变量	SIZE	0.317*** （42.653）	0.353*** （48.220）	0.348*** （47.084）
	AGE	0.003*** （2.693）	0.004*** （3.429）	0.004*** （2.983）
	DUA	0.011 （0.879）	0.011 （0.912）	0.012 （0.964）
	GE	−0.055*** （−3.394）	−0.054*** （−3.271）	−0.056*** （−3.343）
	ID	−0.228** （−2.105）	−0.204* （−1.842）	−0.260** （−2.316）
	DAR	0.210*** （6.086）	0.153*** （4.361）	0.169*** （4.740）
	ROA	0.542** （2.238）	0.391 （1.582）	0.365 （1.458）
	ROE	−0.386*** （−2.744）	−0.354** （−2.466）	−0.300** （−2.055）
常数		−6.533*** （−39.938）	−7.199*** （−44.180）	−6.836*** （−39.838）

（续表）

变量	名称	产业转型 BT		
模型 R^2		0.487	0.466	0.453
F 值		297.966	274.028	259.862
Sig 值		0.000	0.000	0.000

从企业家创新精神与企业产业转型模型的回归分析数据汇总表 6.12 中可以看出：

（1）解释变量无形资产比率（$\alpha=1.740$，$p<0.01$）与企业产业转型（BT）之间的关系呈显著正相关关系，通过了显著性检验。此模型中，控制变量中企业规模（$\alpha=0.317$，$p<0.01$）、企业年限（$\alpha=0.003$，$p<0.01$）、二代参与管理（$\alpha=-0.055$，$p<0.01$）、资产负债率（$\alpha=0.210$，$p<0.01$）、净资产收益率（$\alpha=-0.386$，$p<0.01$）也通过显著性检验，具有统计学意义。

（2）解释变量专利申请量（$\alpha=-4.468$，$p<0.01$）与企业产业转型（BT）之间的关系呈显著负相关关系，通过了显著性检验。此模型中，解释变量专利申请量（$\alpha=-4.468$，$p<0.01$）与企业产业转型呈显著负相关关系，控制变量中企业规模（$\alpha=0.353$，$p<0.01$）、企业年限（$\alpha=0.004$，$p<0.01$）、二代参与管理（$\alpha=-0.054$，$p<0.01$）、资产负债率（$\alpha=0.153$，$p<0.01$）、净资产收益率（$\alpha=-0.354$，$p<0.05$）也通过显著性检验，具有统计学意义。

（3）解释变量研发投入（$\alpha=-0.014$，$p<0.01$）与企业产业转型（BT）之间的关系呈显著负相关关系，通过了显著性检验。此模型中，控制变量中企业规模（$\alpha=0.348$，$p<0.01$）、企业年限（$\alpha=0.004$，$p<0.01$）、二代参与管理（$\alpha=-0.056$，$p<0.01$）、资产负债率（$\alpha=0.169$，$p<0.01$）、净资产收益率（$\alpha=-0.300$，$p<0.05$）也通过显著性检验，具有统计学意义。

通过以上分析可得，解释变量企业家创新精神与企业产业转型之间没有通过显著性检验，不具有统计学意义，因此，假设 H1b 没有通过检验。

表 6.13　企业家创新精神与区域转型的回归结果

变量	名称	国内区域转型 RT		国际化转型 IT	
自变量	PI	0.816*** (6.464)		−0.047 (−0.560)	
	patent		−0.759 (−1.098)	0.173 (0.637)	
	RD		−0.014*** (−6.283)		−0.011*** (−6.934)

（续表）

变量	名称	国内区域转型 RT			国际化转型 IT		
控制变量	SIZE	−0.045*** (−6.297)	−0.045*** (−6.124)	−0.041*** (−5.755)	−0.015*** (−3.062)	−0.015*** (−3.085)	−0.011** (−2.301)
	AGE	0.002** (2.226)	0.004*** (3.286)	0.003*** (2.659)	0.000 (0.307)	0.000 (0.249)	0.000 (0.520)
	DUA	−0.032** (−2.527)	−0.041*** (−3.209)	−0.038*** (−3.007)	−0.002 (−0.217)	−0.002 (−0.244)	0.000 (−0.045)
	GE	0.016 (0.939)	0.004 (0.257)	−0.015 (−0.855)	−0.005 (−0.511)	−0.004 (−0.452)	−0.008 (−0.873)
	ID	−0.281*** (−2.813)	−0.270*** (−2.647)	−0.293*** (−2.927)	−0.143** (−2.266)	−0.146** (−2.314)	−0.154** (−2.496)
	DAR	0.104*** (2.714)	0.107*** (2.739)	0.113*** (2.949)	−0.120*** (−4.654)	−0.121*** (−4.687)	−0.115*** (−4.566)
	ROA	−0.297 (−0.867)	−0.294 (−0.844)	−0.283 (−0.826)	−0.101 (−1.406)	−0.103 (−1.434)	−0.072 (−1.031)
	ROE	0.015 (0.066)	−0.006 (−0.026)	0.042 (0.191)	0.422*** (12.028)	0.419*** (12.014)	0.442*** (12.881)
常数		1.345*** (8.628)	1.361*** (8.565)	1.536*** (9.710)	0.439*** (4.164)	0.444*** (4.175)	0.541*** (5.215)
模型 R^2		0.167	0.136	0.165	0.196	0.196	0.229
F 值		24.478	19.265	24.182	30.046	30.059	36.644
Sig 值		0.000	0.000	0.000	0.000	0.000	0.000

从企业家创新精神与企业区域转型模型的回归分析数据汇总表 6.13 中可以看出：

（1）解释变量无形资产比率（α=0.816，p<0.01）与企业国内区域转型之间的关系呈显著正相关关系，且与国内区域转型（IT）之间的关系通过了显著性检验。此模型中，解释变量无形资产比率（α=0.816，p<0.01）与企业国内区域转型呈显著正相关关系，控制变量中企业规模（α=−0.045，p<0.01）、企业年限（α=0.002，p<0.05）、两职合一（α=−0.032，p<0.05）、独董比例（α=−0.281，p<0.01）、资产负债率（α=0.104，p<0.01）也通过显著性检验，具有统计学意义。

（2）解释变量专利申请量与企业国内区域转型之间没有通过显著性检验。

（3）解释变量研发投入（α=−0.014，p<0.01）与企业国内区域转型之间的关系呈显著负相关关系，且与国内区域转型（RT）之间的关系通过了显著性检验。此模型中，解释变量研发投入（α=−0.014，p<0.01）与企业国内区域转型呈显著负相关关系，控制变量中企业规模（α=−0.041，p<0.01）、企业年

限（α=0.003，$p<0.01$）、两职合一（α=-0.038，$p<0.01$）、独董比例（α=-0.293，$p<0.01$）、资产负债率（α=0.113，$p<0.01$）也通过显著性检验，具有统计学意义。

（4）解释变量无形资产比率与企业国际化转型之间没有通过显著性检验。

（5）解释变量专利申请量与企业国际化转型之间没有通过显著性检验。

（6）解释变量研发投入（α=-0.011，$p<0.01$）与企业国际化转型之间的关系呈显著正相关关系，且与国际化转型（IT）之间的关系通过了显著性检验。此模型中，控制变量中企业规模（α=-0.011，$p<0.05$）、独董比例（α=-0.154，$p<0.05$）、资产负债率（α=-0.115，$p<0.01$）、净资产收益率（α=0.442，$p<0.01$）也通过显著性检验，具有统计学意义。

通过以上分析可得，解释变量企业家创新精神与企业国内区域转型之间没有通过显著性检验。企业家创新精神负向影响企业国际化转型，即企业家越具创新精神，企业的国际化程度越低。因此，假设 H1c 没有通过检验。

2. 企业家创业精神与企业战略转型回归分析

表 6.14—6.16 汇总了企业家创业精神与企业战略转型的回归分析数据。根据表中的数据我们可以得出：创业精神显著影响家族企业战略转型，因此，此值可以满足本书研究的需求。并且该模型中方差膨胀系数（VIF）全部小于 1 远低于临界值 10，因此排除了各变量之间的多重共线性问题，确保了研究结果的准确性和可靠性。该模型的显著性 Sig 值均为 0.000，表明 F 值顺利通过检验。

从企业家创业精神与企业产品转型模型的回归分析数据所汇总的表格 6.14 中可以看出：

（1）解释变量寻租行为与企业产品转型之间关系显著，且与产品转型（PT）之间的关系通过了显著性检验。此模型中，解释变量寻租行为（α=0.202，$p<0.01$）与企业产品转型呈显著正相关关系，控制变量中企业年限（α=-0.003，$p<0.01$）、独董比例（α=0.635，$p<0.01$）、资产负债率（α=-0.169，$p<0.01$）、总资产净利润率（α=-0.425，$p<0.01$）、净资产收益率（α=0.162，$p<0.01$）也通过显著性检验，具有统计学意义。

（2）解释变量过度投资行为与企业产品转型之间关系显著，且与产品转型（PT）之间的关系通过了显著性检验。此模型中，解释变量过度投资行为（α=0.047，$p<0.01$）与企业产品转型呈显著正相关关系，控制变量中企业年限（α=-0.003，$p<0.01$）与被解释变量产品转型呈显著负相关关系，独董比例

（α=0.623，$p<0.01$）、资产负债率（α=-0.158，$p<0.01$）、总资产净利润率（α=-0.440，$p<0.01$）、净资产收益率（α=0.200，$p<0.01$）也通过显著性检验，具有统计学意义。

（3）解释变量风险倾向与企业产品转型之间无显著相关关系，且与产品转型（PT）之间的关系未通过显著性检验。此模型中，解释变量风险倾向与产品转型无显著性关系，控制变量中企业年限（α=-0.003，$p<0.01$）与被解释变量产品转型呈显著负相关关系，独董比例（α=0.513，$p<0.01$）、资产负债率（α=-0.166，$p<0.01$）、总资产净利润率（α=-0.395，$p<0.01$）、净资产收益率（α=0.109，$p<0.05$）也通过显著性检验，具有统计学意义。

因此，假设 H2a 得到验证。通过以上分析可以得出，企业家创业精神对家族企业产品转型具有显著正相关关系。即企业家越具有创业精神，企业发生产品转型的程度越深。故假设 H2a 得到验证。

表 6.14　企业家创业精神与产品转型的回归结果

变量	名称	产品转型 PT		
解释变量	RS	0.202*** （9.200）		
	OI		0.047*** （3.546）	
	RI			−0.527 （−8.475）
控制变量	SIZE	−0.008* （−1.885）	−0.006 （−1.580）	0.000 （−0.059）
	AGE	−0.003*** （−5.280）	−0.003*** （−4.424）	−0.003*** （−4.523）
	DUA	−0.015** （−2.173）	−0.015** （−2.200）	−0.014** （−2.075）
	GE	−0.014 （−1.542）	−0.016* （−1.766）	−0.017** （−1.965）
	ID	0.635*** （10.042）	0.623*** （9.732）	0.513*** （15.703）
	DAR	−0.169*** （−8.430）	−0.158*** （−7.787）	−0.166*** （−8.469）
	ROA	−0.425*** （−5.547）	−0.440*** （−5.687）	−0.395*** （−5.267）
	ROE	0.162*** （3.541）	0.200*** （4.348）	0.109** （2.442）

（续表）

变量	名称	产品转型 PT		
常数		0.552*** （6.147）	0.540*** （5.947）	0.539*** （6.145）
模型 R^2		0.083	0.064	0.124
F 值		34.882	26.355	54.042
Sig 值		0.000	0.000	0.000

从企业家创业精神与企业产业转型模型的回归分析数据所汇总的表格 6.15 中可以看出：

（1）解释变量寻租行为与企业产业转型之间关系显著，且与产品转型（BT）之间的关系通过了显著性检验。此模型中，解释变量寻租行为（$\alpha=0.491$，$p<0.01$）与企业产业转型呈显著正相关关系，控制变量中企业规模（$\alpha=0.353$，$p<0.01$）、企业年限（$\alpha=0.003$，$p<0.01$）、二代参与管理（$\alpha=-0.058$，$p<0.01$）、资产负债率（$\alpha=0.095$，$p<0.01$）、净资产收益率（$\alpha=-0.348$，$p<0.05$）也通过显著性检验，具有统计学意义。

（2）解释变量过度投资行为与企业产品转型之间的关系未通过显著性检验。

（3）解释变量风险倾向（$\alpha=1.726$，$p<0.01$）与企业产品转型之间的关系呈显著正相关关系，且与产业转型（BT）之间的关系通过了显著性检验。此模型中，控制变量中企业规模（$\alpha=0.331$，$p<0.01$）、二代参与管理（$\alpha=-0.029$，$p<0.05$）、净资产收益率（$\alpha=-0.401$，$p<0.01$）也通过显著性检验，具有统计学意义。

因此，假设 H2b 得到验证。通过以上分析可以得出，企业家创业精神对家族企业产业转型具有显著正相关关系。即企业家越具有创业精神，企业发生产业转型的程度越深。故假设 H2b 得到验证。

表 6.15　企业家创业精神与产业转型的回归结果

变量	名称	产业转型 BT		
解释变量	RS	0.491*** （12.596）		
	OI		0.015 （0.579）	
	RI			1.726*** （35.385）

（续表）

变量	名称	产业转型BT		
控制变量	SIZE	0.353*** （48.767）	0.348*** （46.803）	0.331*** （53.374）
	AGE	0.003*** （2.653）	0.004*** （3.153）	0.002* （1.855）
	DUA	0.015 （1.184）	0.011 （0.880）	0.018* （1.669）
	GE	−0.058*** （−3.571）	−0.051*** （−3.056）	−0.029** （−2.057）
	ID	−0.205* （−1.874）	−0.232** （−2.057）	−0.132 （−1.405）
	DAR	0.095*** （2.694）	0.163*** （4.558）	0.032 （1.058）
	ROA	0.255 （1.041）	0.418 （1.655）	0.345* （1.651）
	ROE	−0.348** （−2.451）	−0.378** （−2.586）	−0.401*** （−3.299）
常数		−7.239*** （−44.898）	−7.083*** （−42.851）	−6.968*** （−50.659）
模型 R^2		0.477	0.448	0.618
F 值		286.824	254.953	506.945
Sig 值		0.000	0.000	0.000

从企业家创业精神与企业区域转型模型的回归分析数据所汇总的表格6.16中可以看出：

（1）解释变量寻租行为与国内区域转型之间的关系没有通过显著性检验。

（2）解释变量过度投资行为与国内区域转型之间的关系没有通过显著性检验。

（3）解释变量风险倾向（$\alpha=-0.175$，$p<0.01$）与企业国内区域转型之间的关系呈显著负相关关系，且与国内区域转型（RT）之间的关系通过了显著性检验。此模型中，解释变量风险倾向（$\alpha=-0.175$，$p<0.01$）与企业国内区域转型呈显著负相关关系，控制变量中企业规模（$\alpha=-0.045$，$p<0.01$）、企业年限（$\alpha=0.004$，$p<0.01$）、两职合一（$\alpha=-0.040$，$p<0.01$）、资产负债率（$\alpha=0.122$，$p<0.01$）通过显著性检验，具有统计学意义。

（4）解释变量寻租行为与企业国际化转型之间没有通过显著性检验。

（5）解释变量过度投资行为与企业国际化转型之间没有通过显著性检验。

（6）此模型中，解释变量风险倾向（$\alpha=-0.071$，$p<0.05$）与企业国际化转型（IT）之间的关系呈负相关关系，且通过了显著性检验。控制变量中企业规模（$\alpha=-0.015$，$p<0.01$）、独董比例（$\alpha=-0.139$，$p<0.05$）、资产负债率（$\alpha=-$

0.108，p<0.01）、净资产收益率（α=0.407，p<0.01）也通过显著性检验，具有统计学意义。

因此，假设 H2c 得到拒绝。通过以上分析可以得出，企业家创业精神对家族企业区域转型具有显著负相关关系。即企业家越具有创业精神，企业发生区域转型的程度越低。故假设 H2c 得到拒绝。

表 6.16 企业家创业精神与区域转型的回归结果

变量	名称	国内区域转型 RT			国际化转型 IT		
自变量	RS	0.015 (0.475)			−0.019 (−0.899)		
	OI		−0.030 (−1.405)			−0.014 (−1.093)	
	RI			−0.175*** (−3.603)			−0.071** (−2.041)
控制变量	SIZE	−0.045*** (−6.196)	−0.045*** (−6.200)	−0.045*** (−6.206)	−0.015*** (−3.126)	−0.014*** (−2.867)	−0.015*** (−3.150)
	AGE	0.004*** (3.283)	0.004*** (3.334)	0.004*** (3.235)	0.000 (0.283)	0.000 (0.342)	0.000 (0.256)
	DUA	−0.042*** (−3.223)	−0.041*** (−3.187)	−0.040*** (−3.138)	−0.001 (−0.138)	−0.001 (−0.173)	−0.001 (−0.183)
	GE	0.004 (0.217)	0.004 (0.222)	0.000 (−0.022)	−0.003 (−0.361)	−0.005 (−0.515)	−0.005 (−0.607)
	ID	−0.274*** (−2.683)	−0.269*** (−2.643)	−0.253** (−2.495)	−0.144** (−2.285)	−0.140** (−2.220)	−0.139** (−2.205)
	DAR	0.107*** (2.727)	0.101** (2.562)	0.122*** (3.121)	−0.121*** (−4.680)	−0.126*** (−4.822)	−0.108*** (−4.074)
	ROA	−0.297 (−0.850)	−0.282 (−0.809)	−0.359 (−1.034)	−0.097 (−1.344)	−0.092* (−1.271)	−0.092 (−1.283)
	ROE	−0.009 (−0.041)	−0.015 (−0.065)	0.031 (0.139)	0.419*** (12.010)	0.421*** (12.068)	0.407*** (11.479)
常数		1.369*** (8.624)	1.375*** (8.668)	1.385*** (8.772)	0.449*** (4.221)	0.420** (3.984)	0.454*** (4.315)
模型 R^2		0.135	0.137	0.145	0.196	0.197	0.199
F 值		19.139	19.364	20.778	30.114	30.168	30.578
Sig 值		0.000	0.000	0.000	0.000	0.000	0.000

3. 企业家创新精神、股权集中度与企业战略转型回归分析

表 6.17—6.19 汇总了企业家创新精神、股权集中度与企业战略转型的回归分析数据。根据表中的数据我们可以得出：股权集中度对企业家创新精神和企业战略转型的调节作用显著，因此，此值可以满足本书学术研究的需求。并且该模型中方差膨胀系数（VIF）全部小于 1 远低于临界值 10，因此排除了各变量之间的多重共线性问题，确保了研究结果的准确性和可靠性。该模型的显著

性 Sig 值均为 0.000，表明 F 值顺利通过检验。

根据表 6.17，我们可以看到，在验证股权集中度对企业家创新精神与企业产品转型间关系的影响模型时，方程拟合度提高且 F 值显著。企业家创新精神与股权集中度的交互项中，$PI*FO$、$patent*FO$ 没有通过显著性检验，$RD*FO$（$\alpha=-0.024$，$p<0.05$）通过了显著性检验。

结果表明，加强家族股权集中度，不利于推动企业家创新精神对企业产品转型的正面影响。这也符合我国家族企业当前的发展情况，随着家族企业规模扩大，一些企业开始考虑进入实施产品创新或者产品转型以适应更新变换的新市场。此外，随着家族股权集中度的加大，基于代理理论，笔者认为相比较机构投资者更为积极的投资方式，控制家族基于保有企业现有财富的诉求，更加倾向于稳健的投资策略，对于企业产品转型所需增加的生产线，引进新技术来开发新产品，持更为保守的态度。因此，假设 H3a 得到部分验证。

表 6.17 企业家创新精神、股权集中度与产品转型的回归结果

变量	名称	产品转型 PT		
解释变量	$IS_1=PI$	1.448*** （7.088）		
	$IS_2=patent$		0.105 （0.106）	
	$IS_3=RD$			0.005 （0.932）
调节变量	FO	0.036 （1.189）	0.024 （1.092）	−0.403** （−1.971）
交互项 $i=1，2，3$	IS_i*FO	−0.436 （−0.904）	−0.638 （−0.327）	−0.024** （2.081）
控制变量	SIZE	−0.007* （−1.842）	−0.005 （−1.270）	−0.008** （−1.999）
	AGE	−0.003*** （−4.647）	−0.003*** （−4.256）	−0.002*** （−3.830）
	DUA	−0.013** （−2.026）	−0.016** （−2.351）	−0.016** （−2.363）
	GE	−0.013 （−1.502）	−0.017* （−1.883）	−0.014 （−1.568）
	ID	0.619*** （10.053）	0.638*** （9.969）	0.674*** （−1.568）
	DAR	−0.150*** （−7.692）	−0.162*** （−7.963）	−0.175*** （−8.666）
	ROA	−0.356*** （−4.759）	−0.444*** （−5.722）	−0.412*** （−5.339）
	ROE	0.192*** （4.340）	0.197*** （4.274）	0.165*** （3.584）
常数		0.486*** （5.515）	0.508*** （5.550）	0.480*** （3.891）

（续表）

变量	名称	产品转型 PT		
模型 R^2		0.131	0.061	0.075
F 值		47.358	20.503	25.404
Sig 值		0.000	0.000	0.000

根据表 6.18，我们可以看到，在验证股权集中度对企业家创新精神与企业产业转型间关系的影响模型时，方程拟合度提高且 F 值显著。企业家创新精神与股权集中度的交互项中，$PI*FO$（$\alpha=-2.686$，$p<0.01$），$patent*FO$（$\alpha=-31.366$，$p<0.01$），通过了显著性检验。

结果说明加强家族股权集中度，对创新精神和产业转型间关系存在负向调节效应。随着家族股权集中度的提高，交互项的结果显示其对于创新精神中无形资产指标对产业转型的作用更倾向于替代作用，而非调节作用。随着机构投资的力度加大，其对于研发投入与产业转型的正向作用具有弱化效应。因此，假设 H3b 得到验证。

表 6.18 企业家创新精神、股权集中度与产业转型的回归结果

变量	名称	产业转型 BT		
解释变量	$IS_1=PI$	2.847*** （8.732）		
	$IS_2= patent$		2.421** （2.207）	
	$IS_3=RD$			−0.007 （−1.249）
调节变量	FO	0.053 （1.020）	−0.001 （−0.027）	0.297 （1.148）
交互项 $i=1，2，3$	IS_i*FO	−2.686*** （−3.638）	−31.366*** （−6.946）	−0.021 （−1.407）
控制变量	$SIZE$	0.315*** （42.271）	0.354*** （48.690）	0.347*** （46.874）
	AGE	0.003** （2.547）	0.004*** （3.126）	0.003*** （2.847）
	DUA	0.013 （1.091）	0.018 （1.481）	0.014 （2.847）
	GE	−0.047*** （−2.896）	−0.048*** （−2.922）	−0.052*** （−3.095）
	ID	−0.205* （−1.869）	−0.127 （−1.145）	−0.240** （−2.110）
	DAR	0.207*** （5.942）	0.152*** （4.326）	0.162*** （4.527）
	ROA	0.586** （2.421）	0.434* （1.771）	0.396 （1.578）

（续表）

变量	名称	产业转型 BT		
控制变量	*ROE*	−0.391*** (−2.790)	−0.335** (−2.353)	−0.309** (−2.117)
常数		−6.513*** (−39.650)	−7.237*** (−44.437)	−6.918*** (−36.575)
模型 R^2		0.490	0.476	0.454
F 值		246.580	233.040	213.186
Sig 值		0.000	0.000	0.000

根据表 6.19，我们可以看到，在验证股权集中度对企业家创新精神与企业国内区域转型间关系的影响模型时，方程拟合度提高且 F 值显著。企业家创新精神与股权集中度的交互项中，patent*FO（$\alpha=18.165$，$p<0.1$）通过了显著性检验。结果说明加强家族股权集中度，对创新精神和国内区域转型间关系存在正向调节效应。

根据表 6.19 可知，在验证股权集中度对企业家创新精神与企业国际化转型间关系的影响模型时，方程拟合度提高且 F 值显著。企业家创新精神与股权集中度的交互项中，PI*FO（$\alpha=1.015$，$p<0.1$）通过了显著性检验。结果说明加强家族股权集中度，对创新精神和国际化转型间关系存在正向调节效应。因此，假设 H3c 得到拒绝。

表 6.19 企业家创新精神、股权集中度与区域转型的回归结果

变量	名称	国内区域转型 RT			国际化转型 IT		
解释 变量	$IS_1=PI$	1.011** (3.052)			−0.418* (−1.794)		
	$IS_2=patent$		−7.589** (−2.073)			−0.039 (−0.053)	
	$IS_3=RD$			−0.012*** (−2.619)			−0.014*** (−3.505)
调节 变量	*FO*	−0.067 (−1.270)	−0.126*** (−3.074)	0.027 (0.123)	−0.110*** (−3.068)	−0.065** (−2.590)	−0.226 (−1.151)
交互项 i=1，2，3	IS_i*FO	−0.544 (−0.630)	18.165* (1.899)	−0.007 (−0.533)	1.015* (1.770)	0.633 (0.304)	0.010 (0.857)
控制 变量	*SIZE*	−0.044*** (−6.161)	−0.044*** (−6.106)	−0.040*** (−5.646)	−0.016*** (−3.239)	−0.016*** (−3.329)	−0.012** (−2.590)
	AGE	0.002** (2.169)	0.004*** (3.148)	0.003*** (2.617)	5.681E-5 (0.086)	6.798E-5 (0.104)	0.000 (0.408)
	DUA	−0.034** (−2.680)	−0.043*** (−3.376)	−0.040*** (−3.168)	0.000 (0.038)	0.000 (−0.038)	0.001 (0.114)
	GE	0.010 (0.571)	−0.002 (−0.125)	−0.021 (−1.224)	−0.001 (−0.150)	−0.001 (−0.097)	−0.004 (−0.485)

4. 企业家创业精神、股权集中度与企业战略转型回归分析

表 6.20—6.22 汇总了企业家创业精神、股权集中度与企业战略转型的回归分析数据。该模型中方差膨胀系数（VIF）全部小于 1 远低于临界值 10，该模型的显著性 Sig 值均为 0.000，表明 F 值顺利通过检验。

根据表 6.20，我们可以看到，在验证股权集中度对企业家创业精神与企业产品转型间关系的影响模型时，方程拟合度提高且 F 值显著。企业家创业精神与股权集中度的交互项中，OI*FO（$\alpha=0.107$，$p<0.05$）通过了显著性检验。结果说明加强家族股权集中度，对创业精神和产品转型间关系存在正向调节效应。因此假设 H4a 得到验证。

表 6.20 企业家创业精神、股权集中度与产品转型的回归结果

变量	名称	产品转型 PT		
解释变量	$ES_1=RS$	0.119** (2.055)		
	$ES_2=OI$		0.015 (0.808)	
	$ES_3=RI$			−0.376*** (−4.519)
交互项 （i=1，2，3）	ES_i*FO	0.223 (1.548)	0.107** (2.400)	−0.360 (−1.728)
控制变量	SIZE	−0.008* (−1.939)	−0.006 (−1.363)	0.000 (−0.090)
	AGE	−0.003*** (−5.354)	−0.003*** (−4.553)	−0.003*** (−4.524)
	DUA	−0.016** (−2.292)	−0.015** (−2.255)	−0.014** (−2.081)
	GE	−0.014 (−1.528)	−0.016* (−1.728)	−0.017* (−1.912)
	ID	0.633*** (10.014)	0.635*** (9.884)	0.528*** (8.491)
控制变量	DAR	−0.169*** (−8.405)	−0.154*** (−7.585)	−0.165*** (−8.438)
	ROA	−0.423*** (−5.521)	−0.440*** (−5.686)	−0.392*** (−5.229)
	ROE	0.162*** (3.560)	0.197*** (4.291)	0.110** (2.460)
常数		0.561*** (6.200)	0.513*** (5.618)	0.515*** (5.809)
模型 R^2		0.084	0.066	0.124
F 值		28.890	22.202	44.547
Sig 值		0.000	0.000	0.000

根据表 6.21，我们可以看到，在验证股权集中度对企业家创业精神与企业产业转型间关系的影响模型时，方程拟合度提高且 F 值显著。企业家创业精神与股权集中度的交互项中，$RS*FO$（$\alpha=0.440$，$p<0.1$）通过了显著性检验，结果说明加强家族股权集中度，对创业精神和产业转型间关系存在正向调节效应。因此 **H4b** 得到验证。

根据表 6.22 可知，在验证股权集中度对企业家创业精神与企业国内区域转型间关系的影响模型时，企业家创业精神与股权集中度的交互项中，$RS*FO$（$\alpha=0.453$，$p<0.05$）、$OI*FO$（$\alpha=0.249$，$p<0.1$）通过了显著性检验。在验证股权集中度对企业家创业精神与企业国际化转型间关系的影响模型时，企业家创业精神与股权集中度的交互项中，$RI*FO$（$\alpha=0.494$，$p<0.05$）通过了显著性检验，结果说明加强家族股权集中度，对创业精神和区域转型间关系存在正向调节效应。因此 **H4c** 得到验证。

表 6.21　企业家创业精神、股权集中度与产业转型的回归结果

变量	名称	产业转型 BT		
解释变量	$ES_1=RS$	0.321*** （3.008）		
	$ES_2=OI$		0.052 （0.796）	
	$ES_3=RI$			1.579*** （12.626）
调节变量	FO	−0.108** （−1.986）	−0.052 （−1.110）	−0.096* （−1.659）
交互项 （i=1，2，3）	ES_i*FO	0.440* （1.694）	−0.086 （−0.608）	0.390 （1.270）
控制变量	$SIZE$	0.352*** （48.619）	0.347*** （46.655）	0.330*** （53.085）
	AGE	0.003*** （2.597）	0.004*** （2.962）	0.002* （1.693）
	DUA	0.016 （1.323）	0.013 （1.056）	0.019* （1.800）
	GE	−0.055*** （−3.357）	−0.046*** （−2.722）	−0.026* （−1.816）
	ID	−0.184* （−1.657）	−0.200* （−1.754）	−0.116 （−1.217）
	DAR	−0.116 （−1.217）	0.156*** （4.327）	0.028 （0.922）
	ROA	0.289 （1.179）	0.443* （1.751）	0.355* （1.696）
	ROE	−0.354** （−2.495）	−0.381*** （−2.612）	−0.399*** （−3.285）

（续表）

变量	名称	产业转型 BT		
常数		−7.193*** （−44.136）	−7.058*** （−42.348）	−6.918*** （−49.125）
模型 R^2		0.478	0.449	0.616
F 值		235.232	208.958	286.848
Sig 值		0.000	0.000	0.000

表 6.22　企业家创业精神、股权集中度与区域转型的回归结果

变量	名称	国内区域转型 RT			国际化转型 IT		
自变量	$ES_1=RS$	−0.162* （−1.724）			0.033 （0.482）		
	$ES_2=OI$		−0.130** （−2.179）			−0.031 （−1.047）	
	$ES_3=RI$			−0.072 （−0.594）			−0.259*** （−2.848）
调节 变量	FO	−0.152*** （−3.138）	−0.131*** （−3.051）	−0.047 （−0.792）	−0.046 （−1.497）	−0.071*** （−2.606）	−0.151*** （−3.286）
交互项 i=1，2，3	ES_i*FO	0.453** （1.966）	0.249* （1.787）	−0.287 （−0.954）	−0.110 （−0.760）	0.045 （0.682）	0.494** （2.222）
控制 变量	$SIZE$	−0.045*** （−6.188）	−0.044*** （−6.057）	−0.044*** （−6.023）	−0.016*** （−3.295）	−0.015*** （−3.091）	−0.017*** （−3.493）
	AGE	0.004*** （3.346）	0.004*** （3.293）	0.004*** （3.201）	6.303E−5 （0.096）	0.000 （0.202）	−5.012E−5 （−0.077）
	DUA	−0.043*** （−3.300）	−0.044*** （−3.386）	−0.043*** （−3.366）	0.001 （0.119）	0.000 （0.019）	−0.001 （−0.099）
	GE	−0.001 （−0.073）	−0.003 （−0.145）	−0.007 （−0.393）	0.000 （0.037）	−0.001 （−0.135）	−0.003 （−0.294）
	ID	−0.258** （−2.519）	−0.251** （−2.457）	−0.222** （−2.179）	−0.116 （−1.826）	−0.119* （−1.865）	−0.100 （−1.579）
	DAR	0.105*** （2.662）	0.088** （2.229）	0.113*** （2.869）	−0.123*** （−4.770）	−0.127*** （−4.885）	−0.108*** （−4.101）
	ROA	−0.235 （−0.675）	−0.287 （−0.824）	−0.343 （−0.989）	−0.087 （−1.206）	−0.076 （−1.056）	−0.068 （−0.950）
	ROE	−0.026 （−0.116）	0.009 （0.039）	0.039 （0.173）	0.416*** （11.955）	0.418*** （11.993）	0.401*** （11.371）
常数		1.420*** （8.892）	1.400*** （8.837）	1.368*** （8.561）	0.474*** （4.384）	0.463*** （4.356）	0.534*** （4.983）
模型 R^2		0.143	0.144	0.151	0.202	0.202	0.207
F 值		16.669	16.798	17.766	25.449	25.481	26.370
Sig 值		0.000	0.000	0.000	0.000	0.000	0.000

6.4.3.5 假设接受情况汇总

所有假设被接受情况如表 6.23 所示。

表 6.23 所有假设接受情况汇总

序号	假设内容	假设支持情况
H1	企业家创新精神与家族企业战略转型具有显著正相关关系	部分支持
H1a	企业家创新精神与家族企业产品转型具有显著正相关关系	支持
H1b	企业家创新精神与家族企业产业转型具有显著正相关关系	—
H1c	企业家创新精神与家族企业区域转型具有显著正相关关系	—
H2	企业家创业精神与家族企业战略转型具有显著正相关关系	部分支持
H2a	企业家创业精神与家族企业产品转型具有显著正相关关系	支持
H2b	企业家创业精神与家族企业产业转型具有显著正相关关系	支持
H2c	企业家创业精神与家族企业区域转型具有显著正相关关系	拒绝
H3	股权集中度负向调节企业家创新精神和家族企业战略转型的关系	部分支持
H3a	家族股权越集中，企业家创新精神对产品转型的正面影响越弱	支持
H3b	家族股权越集中，企业家创新精神对产业转型的正面影响越弱	支持
H3c	家族股权越集中，企业家创新精神对区域转型的正面影响越弱	拒绝
H4	股权集中度正向调节企业家创业精神和家族企业战略转型的关系	支持
H4a	家族股权越集中，企业家创业精神对产品转型的正面影响越强	支持
H4b	家族股权越集中，企业家创业精神对产业转型的正面影响越强	支持
H4c	家族股权越集中，企业家创业精神对区域转型的正面影响越强	支持

参考文献

[1] HITT M A, HOSKISSON RE, KIM H. International diversification: effects on innovation and firm performance in product-diversified firms[J]. Academy of Management Journal,1997, 40(4): 767–798.

[2] LU J, LIU X H, IGOR F, WRIGHT M. The impact of domestic diversification and top management teams on the international diversification of Chinese firms[J]. International Business Review, 2014, 23(2): 455–467.

[3] 付瑶，尹涛，陈刚 . 股权结构对上市企业多元化战略的影响 [J]. 南京社会科学，2020（5）：22-28.

[4] 徐炜，马树元，王赐之 . 家族涉入、国有股权与中国家族企业国际化 [J]. 经济管理，2020，42（10）：102-119.

[5] 王敏，胡晶晶 . 股权结构、企业国际化与经营绩效 [J]. 财会通讯,2017（18）：

49-52.

[6] 佟岩，冉敏，王茜 . 战略类型、股权结构与创新驱动型并购 [J]. 中央财经大学学报，2020（3）：44-52.

[7] 石本仁，毕立华 . 家族涉入对企业多元化战略的影响——基于中国家族上市公司的实证研究 [J]. 暨南学报（哲学社会科学版），2018，40（4）：61-73.

[8] BANTEL K, JACKSON S.Top management and innovations in banking: does the composition of the top team make a difference? [J].Strategic Management Journal, 1989, 10(1): 107-124.

[9] 李婧，贺小刚，连燕玲，等 . 业绩驱动、市场化进程与家族企业创新精神 [J]. 管理评论，2016，28（1）：96-108.

[10] 刘啟仁，黄建忠 . 产品创新如何影响企业加成率 [J]. 世界经济，2016，39（11）：28-53.

[11] 孙慧，张双兰 . 国际化背景下动态能力与企业创新绩效的关系研究——来自中国高技术企业的经验证据 [J]. 工业技术经济，2018，37（11）：35-43.

[12] 吴伟伟，刘业鑫，于渤 . 技术管理与技术能力匹配对产品创新的内在影响机制 [J]. 管理科学，2017，30（2）：3-15.

[13] 鲍新中，陶秋燕，盛晓娟 . 企业并购后整合对创新影响的实证研究——基于资源整合产生协同效应角度的分析 [J]. 华东经济管理，2014，28（8）：101-106.

[14] 陈建林，冯昕珺，李瑞琴 . 家族企业究竟是促进创新还是阻碍创新？ 争论与整合 [J]. 外国经济与管理，2018，40（4）：140-152.

[15] 董晓芳，袁燕 . 企业创新、生命周期与聚集经济 [J]. 经济学（季刊），2014，13（2）：767-792.

[16] 靳卫东，高波 . 企业家精神与经济增长：企业家创新行为的经济学分析 [J]. 经济评论，2008（5）：113-120.

[17] AUDRETSCH D B, KEILBACH M C, LEHMANN E E, DAVID B. Entrepreneurship and economic growth[M]. Oxford: Oxford University Press, 2006.

[18] 李宏彬，李杏，姚先国，等 . 企业家的创业与创新精神对中国经济增长的影响 [J]. 经济研究，2009，44（10）：99-108.

[19] 胡德状，刘双双，袁宗 . 企业家创业过度、创新精神不足与"僵尸企业"——基于"中国企业—劳动力匹配调查"（CEES）的实证研究 [J]. 宏观　质量研

究，2019，7（04）：64-79.

[20] 王素莲，赵弈超.投资、企业家冒险倾向与企业创新绩效——基于不同产权性质上市公司的实证研究 [J].经济与管理，2018，32（6）：45-50.

[21] NAKAUCHI M, WIERSEMA M F. Executive succession and strategic change in Japan[J]. Strategic Management Journal, 2015, 36(2): 298-306.

[22] WANG X A, Wan W P, Yiu D W. Product diversification strategy, business group affiliation, and IPO underpricing: a study of Chinese firms[D]. Kalamazoo: Western Michigan University, 2018.

[23] KARAEVLI A, ZAJAC E J. When Do Outsider CEOs Generate Strategic Change? The Enabling Role of Corporate Stability[J]. Journal of Management Studies, 2013, 50(7): 1267-1294.

[24] 许春蕾.体育用品上市公司产品战略转型影响因素的实证研究——基于2008-2015 年面板数据 [J].北京体育大学学报，2017，40（5）：22-27，33.

[25] 张玉明，李荣，闵亦杰.家族涉入、多元化战略与企业研发投资 [J].科技进步与对策，2015，32（23）：72-77.

[26] 赵冰.民营企业核心能力、管理者认知与多元化战略选择 [D].广州：华南理工大学，2016.

[27] 金浩，张俊丽，李国栋.企业政治关联变化与多元化战略转型绩效关系实证研究 [J].现代管理科学，2016（4）：96-98，108.

[28] STADLER C, MAYER M J, HAUTZ J, Matzler K. International and product diversification: which strategy suits family managers? [J]. Global Strategy Journal, 2018, 8(1): 184-207.

[29] 郑蔚，郑坚顺.多元化战略、多样化环境与上市公司经营绩效关系的实证检验 [J].统计与决策，2016（13）：163-166.

[30] 汪建成，毛蕴诗.中国上市公司扩展的业务、地域多元化战略研究 [J].管理世界，2006（2）：152-153.

[31] 梅楠.我国传媒企业区域多元化及业务多元化对绩效影响的研究 [J].中国软科学，2009（S1）：193-197，211.

[32] 刘松柏.企业国际化：中国企业面临的挑战 [J].北京社会科学，2003（1）：112-118.

[33] 杨丽丽，赵进 . 国际化程度与企业绩效关系实证研究综述 [J]. 外国经济与管理，2009，31（4）：15-21，36.

[34] 张晓涛，李航，刘亿 . 后金融危机时期我国家族企业国际化经营绩效研究——基于控制权视角 [J]. 吉林大学社会科学学报，2017，57（5）：5-14，202.

[35] 王霄，韩雪亮 . 家族涉入、权力结构与企业转型行为——基于社会建构视角的实证研究 [J]. 暨南学报（哲学社会科学版），2014，36（12）：9-23，156.

[36] 庞长伟，李垣，段光 . 整合能力与企业绩效：商业模式创新的中介作用 [J]. 管理科学，2015，28（5）：31-41.

[37] 赵凤，王铁男，王宇 . 外部技术获取与企业财务绩效的关系：产品多元化的中介作用研究 [J]. 经济管理，2016，38（5）：64-74.

[38] 许娟娟，陈艳，陈志阳 . 股权激励、盈余管理与公司绩效 [J]. 山西财经大学学报，2016，38（3）：100-112.

[39] 覃少波 . 高管持股如何影响高新技术企业成长性 [D]. 南京：广西大学，2017.

[40] 黄海杰，吕长江，朱晓文 . 二代介入与企业创新——来自中国家族上市公司的证据 [J]. 南开管理评论，2018，21（1）：6-16.

[41] 朱仁宏，伍兆祥，靳祥鹏 . 言传身教：价值观一致性、家族传承与企业成长关系研究 [J]. 南方经济，2017（8）：68-83.

[42] 薛有志，周杰 . 产品多元化、国际化与公司绩效——来自中国制造业上市公司的经验证据 [J]. 南开管理评论，2007，10（3）：77-86.

[43] 谢永珍，张雅萌，吴龙吟，等 . 董事地位差异、决策行为强度对民营上市公司财务绩效的影响研究 [J]. 管理学报，2017，14（12）：1767-1776.

[44] TONG T W, HE W, HE Z L, et al. Patent regime shift and firm innovation: evidence from the second amendment to China's patent law[R]. Academy of Management Proceedings, 2014, 2014(1): 14174.

[45] 张运来，王储 . 旅游业上市公司多元化经营能够降低公司风险吗？——基于2004—2012 年 A 股上市公司数据的实证研究 [J]. 旅游学刊，2014，29（11）：25-35.

第 7 章 结论与展望

7.1 研究结论

7.1.1 企业家精神驱动家族企业产业转型的研究结论

对于家族企业而言，作为企业家核心内涵的企业家精神对于家族企业的成长发挥着至关重要的作用。企业产业转型作为家族企业寻求持续成长的重要战略选择，势必会受到企业家精神的影响。因此，本书采用多案例的质性分析方法和扎根理论的编码技术，提炼出中国情境下家族企业企业家精神的内涵及构成要素，阐释企业家精神对家族企业产业转型的影响作用。

根据产业转型案例企业的数据编码结果，笔者认为家族企业企业家精神是多维度的，由创新精神、创业精神、担当精神、合作精神、学习精神以及务实精神所构成。基于动态能力的视角，探究得出家族企业企业家精神对企业产业转型的影响作用模型，即企业家精神可以促进家族企业动态能力的生成和发展，而企业动态能力为家族企业成功实施产业转型奠定了基础。通过探究家族企业企业家精神和企业动态能力不同维度间的影响关系，发现合作精神、学习精神、创新精神、创业精神影响着环境洞察能力；创业精神、担当精神、务实精神、合作精神影响着资源整合能力；创新精神、合作精神、创业精神影响着变革更新能力；学习精神、创新精神、合作精神影响着组织学习能力。环境洞察能力、资源整合能力、变革更新能力和组织学习能力影响着家族企业产业转型的转型动因识别、转型战略制定、转型战略实施三个阶段。

本书旨在明确企业家精神与家族企业产业转型两者之间具体的影响作用。希望能够让家族企业主意识到企业家精神对于企业实现基业长青具有重要意义，从而使得企业主重视家族内部企业家精神的培育与传承。

7.1.2 企业家精神驱动家族企业产品转型的研究结论

本书采用多案例研究方法，运用扎根理论数据编码技术，在解读出当今时代背景下家族企业企业家精神的内涵与构成基础上，进一步探索企业家精神驱动家族企业产品转型的影响机理。通过对产品转型案例企业的数据编码发现，企业家精神是一个动态多维的概念，主要由担当精神、创新精神、创业精神、进取精神、探索精神、学习精神、专业精神、冒险精神 8 种精神组成。企业家精神对家族企业产品转型的影响机理可从转型动因识别、转型规划设计、转型实现路径及转型实施保障四个阶段来体现。不同的企业家精神要素分别对该四个阶段产生影响作用。担当精神、创新精神、创业精神、进取精神及专业精神可影响企业家在产品转型前进行动因识别；担当精神、冒险精神、创新精神、学习精神、进取精神、探索精神及专业精神驱动家族企业产品转型规划设计阶段的推进；接下来，家族企业产品转型的实现主要通过产品结构创新和产品组合调整两条路径来进行，在这一阶段企业家的创新精神、进取精神、学习精神和探索精神发挥了主要作用。最后，学习精神、探索精神、进取精神和专业精神为产品转型的顺利实施保驾护航。

7.1.3 企业家精神驱动家族企业区域转型的研究结论

区域转型是家族企业战略转型的一种，其可促进家族企业扩大企业版图，满足企业发展的需求。同时，企业进行区域转型有利于区域间经济互动，激发区域市场竞争活力。而企业家精神是家族企业发展的内源动力，是企业战略转型的重要引擎，影响着家族企业区域转型的诸多方面。本书在采用多案例研究方法的基础上，运用扎根理论数据编码技术对案例企业数据进行处理，解读当今时代背景下家族企业企业家精神的内涵及构成，并进一步探索出企业家精神驱动家族企业区域转型的内在机理。

通过对区域转型案例企业的数据编码分析，笔者发现家族企业企业家精神是一个多维度概念，由创业精神、创新精神、担当精神、合作精神、冒险精神、学习精神、进取精神和探索精神组合而成。企业家精神驱动家族企业区域转型的内在机理为，企业精神的不同要素组合驱动了家族企业区域转型各阶段的依次展开。具体体现为：创新精神、担当精神、进取精神和创业精神影响家族企业主对家族使命的感知与承担以及对企业文化与目标的设立，而家族使命及企业文化与目标中则蕴含着家族企业的区域转型意愿；创新精神、合作精神、担当精神、创业精神、学习精神、探索精神及冒险精神直接驱动了家族主进行信息获取、资源准备及市场分析等转型准备活动，而其中创新精神、合作精神及担当精神又可通过影响社会关系网络的建立与维护，而间接影响家族企业区域转型准备阶段的信息获取及资源准备情况；冒险精神、合作精神、创新精神、创业精神、探索精神、学习精神则可以直接驱动企业主进行战略规划制定、战略执行和战略控制等转型实施活动，其中合作精神还可以通过社会关系网络间接对战略规划活动和战略控制活动产生发挥作用，进而影响区域转型的实施情况。

7.1.4 企业家创新创业精神驱动家族企业战略转型的实证研究结论

本书通过对企业家创新创业精神、家族股权集中度和企业战略转型的相关文献的梳理，首先，提出对企业家创新创业精神的概念界定及战略转型的维度界定；其次，根据企业家创新创业精神、家族股权集中度和企业战略转型之间的关系分析，提出相应的研究假设，构建本研究变量之间的关系模型；再次，本研究选取 2009—2019 年深沪 A 股家族企业，共计 3995 个有效样本企业，汇总企业家创新创业精神、家族股权集中度以及战略转型所需的指标，并给予实证支撑。利用 SPSS 软件对企业家创新创业精神、家族股权集中度和企业战略转型之间的关系进行实证分析，并验证家族股权集中度的调节效应，从而建立企业家创新创业精神影响企业战略转型的作用机制。根据文献分析与实证检验结果，本研究得出以下结论：

（1）企业家创新精神的不同维度对企业战略转型的影响不同。企业家创新精神对产品转型呈显著正相关关系，研究表明，实施产品转型的企业必须进行创新活动来开发新产品。企业家创新精神中无形资产比例对产业转型具有促进作用，而专利申请量和研发投入对产业转型具有抑制作用。由此可知仅仅依靠创新活动的短期绩效是无法促进企业成功实施产业转型的。相较于产品转型，企业家创新精神对家族企业产业转型的作用是一个更为漫长的转变过程。企业家创新精神中无形资产比例对国内区域转型呈显著正相关关系，研发投入对国内区域转型呈显著负相关关系。由此可知，在国内区域转型中，加大创新投入反而不利于推进家族企业在国内区域转型，而代表企业长期创新成果的无形资产比例反而更有利于促进国内区域转型。同样，在国际化转型中，企业研发投入在短期内对国际化转型反而有抑制作用。

（2）企业家创业精神里的不同维度对企业战略转型的影响不同。企业家创业精神中的寻租行为以及过度投资行为对于企业产品转型具有显著正相关关系。由此可知，企业生产性投资对于企业产品转型具有直接促进作用。企业家创业精神中的寻租行为以及风险倾向对于企业产品转型具有显著正相关关系，相对于产品转型，企业产业转型具有更强的风险性，不仅需要企业生产性投资，还需要企业非生产性的风险投资。企业家创业精神中的风险倾向对于企业区域转型具有抑制作用，在企业国内区域转型，特别是国际化转型中，影响其转型程度及效果的因素更加纷繁复杂，企业家创业精神中的冒险倾向不仅不利于开拓市场，反而容易招致企业在区域转型过程中的失败，因此需要格外谨慎，并且应该采取更加稳健的策略助推企业区域转型的实施。

（3）在家族企业中，家族股权集中度对企业家创新创业精神与家族企业战略转型间的关系具有不同的调节作用。股权集中度在企业家创新精神与企业产品转型以及产业转型的关系中具有负向调节作用，控股家族的股权越是集中，企业家创新精神对产品转型的正向作用越弱。家族所占股权比重大，说明企业的大部分经济资源由家族成员控制。一方面，当企业经营出现较大风险时，家族成员的利益就会受损。另一方面，出于对企业的控制欲望不希望股权被稀释，家族企业会减少研发投入。然而，股权集中度在企业家创新精神与区域转型的关系中具有正向调节作用，相较于产品以及产业转型，控股家族更加倾向于企业实施区域转型。在股权集中度对企业家创业精神与家族企业战略转型的调节作用中，具有正向调节作用，相比较其在创新精神对企业战略转型的调节作用，控股家族更加侧重创业资源对于战略转型的影响。

7.2 研究展望

本书通过理论分析、案例分析和实证分析的方法研究了企业家精神与企业战略转型之间的关系，但是本书的研究还存在一定的局限性，因此，提出以下三个方面的研究展望：

（1）本书的多案例研究部分选取了已经完成或正在进行企业战略转型的家族企业，虽然样本的选取具有典型性，但选取的样本企业局限于传统的房地产业、工程服务业及制造业等行业，存在一定的局限性。因此，今后的研究可以选择更多行业的家族企业，例如金融投资、互联网等行业，以增大研究结论的说服力。并在后续的研究中将案例分组，突出每个案例在产品转型过程中的典型性。

（2）在家族企业产业转型研究方面，尽管采取多案例研究方法可以帮助我们证明企业动态能力在家族企业企业家精神和企业产业转型之间具有中介作用，但是案例研究与大样本实证研究不同，案例研究不能得出中介效应的大小。未来考虑可以使用大样本统计分析以检验案例研究结论。在家族企业区域转型研究方面，本书虽然综合考虑了国内区域扩张与国外区域扩张两个区域转型方向，但并未细致区分企业家精神对家族企业两种区域转型影响机理的不同，未来研究可选取典型案例全面且细致地研究两种转型方向下企业家精神影响的差异性。在家族企业产品转型方面，考虑到成长背景、教育经历等影响企业家精神的因素的差异性，今后的研究可以分别探索家族企业创始人和继承者的企业家精神，更为细致地研究两代企业家间的差异对家族企业产品转型的影响机理。

（3）在实证研究方面，本书仅选取深圳和上海 A 股市场上市的家族企业作为样本，研究样本选择还不够丰富。未来的研究可以考虑把中小企业、创业板和非上市家族企业包括进来，以进一步提高结论的可靠性。另外，本书主要通过公司二手数据对企业家创新创业精神进行定量指标分析，难以纳入企业家的创新创业认知、企业家创新创业经验、家族对企业家创新创业精神的态度等内在因素，这一问题的解决有待学者们的进一步深入研究。